موسوعة تاريخ أوروبا

عصر النهضة

(١٥٠٠-١٧٨٩م)

الجزء الثاني

تأليف

د. مفيد الزيدي

دار أسامة

للنشر والتوزيع

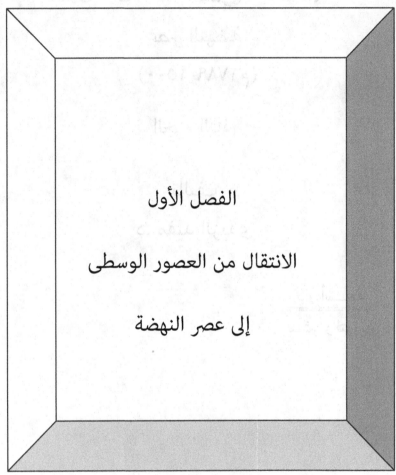

الفصل الأول

الانتقال من العصور الوسطى

إلى عصر النهضة

أعني: بلاغة العصر الجاهلي
قبل: مطلع القرآن (أراها العصر
الجاهلي)

أولاً: بداية العصر الحديث

ثانياً: مظاهر الانتقال إلى العصر

الحديث

تمهيد

لا يبدو ان العصور الوسطى كأنها فترة انحطاط وتأخر أوروبية حسب ما قد يعتقد البعض، وتعد هذه واحدة من أهم فترات التاريخ الأوروبي وأساس فهم التاريخ الحديث، والتي تبدأ منذ سقوط الإمبراطورية الرومانية الغربية على أيدي الجرمان والقبائل البربرية في منتصف القرن الخامس الميلادي، وتستمر حتى مطلع القرن الخامس عشر، والتي شهدت أوروبا خلالها تطورات مهمة سياسية وعسكرية واقتصادية واجتماعية، وحتى نهاية هذا العصر ومحاولة رجالات فيه النهوض بالواقع الأوروبي السائد.

لقد ظهرت بوادر تغيير في القرن العاشر في الحياة المدنية، ونوع من الاستقرار أفضل مما سبق، ثم في القرن الثاني عشر، مع الازدهار العلمي خاصة في الكنائس والأديرة والاتصال بين الشرق والغرب.

وبدأ عصر الترجمة من علوم اليونان والفلسفة والديانة اليونانية رغم أنها لم تكتسب التجديد، بل بقيت تقليدية كلاسيكية في تعاطيها في الأحداث والعلوم، وأخذ أهل العصور الوسطى العلوم كما هي، إلى أن ظهر عصر النهضة، وسادت الفكرة التي تشير بعدم جواز الاعتقاد بكل شيء دون تمحيصه أو محاولة فهمة.

وعلى ذلك بدأت العقول تتحرر، واتجه الناس للنقد الذي لم يكن سائداً في العصور الوسطى، ووجد الآن من ينتقد ليس السياسية فحسب، بل الدين والكنيسة والبابوات والقسس والأباطرة.

وظهر الهراطقة الذين تعرضوا لتعاليم الكنيسة الكاثوليكية نقداً في أوائل القرن الحديث، ونتج عنها حركة الإصلاح الديني البروتستانتي، ونشأت أيضاً في هذا العصر الجامعات، وانتشر التعليم وعمق الثقافة، واشرفت الجامعات على علاقة الأساتذة مع الطلبة بدرسون الفلسفة والرياضيات، وانتشرت الجامعات في أماكن عدة، ولقيت تشجيع البابوات ودعمهم المادي والمعنوي، ونشأت كليات العلوم الإلهية والفنون والعلوم الإنسانية والقانونية، إلا ان الدين وعلومه حظي باهتمام أكثر.

أولاً: بداية العصر الحديث

اختلفت الآراء حول بداية العصر الأوروبي الحديث؛ نظراً لعدم وجود فاصل زمني موضوعي بينه وبين العصور الوسطى، ولذلك يعد عصر النهضة الاوروبية هو هذا الحد على أكبر ترجيح، ويرى معظم المؤرخين أن سقوط القسطنطينية على يد العثمانيين عام ١٤٥٣م هو بداية للتاريخ الأوروبي الحديث؛ نظراً لقيام حركة نهضة علمية في أوروبا ومغادرة عدد كبير من العلماء والفلاسفة اليونانيين من القسطنطينية متجهين نحو أوروبا ومعهم المخطوطات والكتب المهمة، والتي انبثقت عنها الدراسات الجديدة؛ لكي تسير بعصر النهضة الأوروبية واحياء العلوم.

ان التحديد ليس بالضرورة يعني حداً فاصلاً بين عصر وآخر، وإنما هو تطور إنساني يعتمد فيه التطور على ما سبق من ظروف وأحداث تؤثر في سير الحوادث، وتصنع التاريخ بسلوكها ومواهبها والانتقال من العصور الوسطى إلى العصر الحديث بالتدريج.

ثانياً: مظاهر الانتقال إلى العصر الحديث

تغيرت معالم أوروبا أواخر القرن الخامس عشر ومطلع القرن السادس عشر بشكل كبير، ولكنها كانت تغيرات تدريجية لم تندفع مرة واحدة على أوروبا.

١- المظهر الثقافي:

كان من أبرز المظاهر لهذا التحول هو المظهر الثقافي، حيث الكنيسة هي الملاذ للثقافة والتعليم، وصبغت الجانب الثقافي لغة الدين، وكان العلماء هم في الوقت نفسه رجال الدين، واللغة اللاتينية أساس التعليم، وعلى كل فرد ان يتعلمها.

اما اللغات القومية فهي للتعامل المحلي، ولا سبيل أمام طالب العلم سوى إتقان اللغة اللاتينية التي كانت لغة الجامعات، يتفاهم بها الطلبة مع أساتذتهم، ونصحت الجامعات الأوروبية بضرورة إجادة الطالب المتقدم للغة اللاتينية وعدم إجازته إن كان بخلاف ذلك.

من هنا كانت الجامعات عالمية، وليست محلية، فيها طلاب من كل البلاد يأتون للدراسة على يد الأساتذة المشهورين واللامعين علمياً وثقافياً، ثم تطورت الدراسة

تدريجياً، واتجهت نحو القومية كلغة، ولم تعد اللاتينية وحدها لغة الثقافة والأدب، وأخذت الجامعات تتصدى السيادة الكنسية البابوية وتناهض خضوع الكنائس الغربية للبابوية، وأبرزها جامعة باريس التي أيدت استقلال الكنيسة الفرنسية واكتسبت الصبغة القومية في عهد لويس الحادي عشر (١٤٦١-١٤٨٣م)، فقد اهتمت أغلب الشعوب الأوروبية بجغرافية العالم وإبعاده من الاحتلال البرتغالي عام ١٤١٥، تبعتها سلسلة كشوفات جغرافية أدت بفاسكو دي جاما إلى الدوران حول أفريقيا عام ١٤٩٢م، وتأسيس الإمبراطورية البرتغالية في استعمارها للشرق، ثم اكتشاف أمريكا والتفوق التجاري الإيطالي على الدول التي تطل على المحيط الأطلسي والقريبة منه، وأخذت الدول تلك تتنافس على الاستعمار، وتكوّن لها إمبراطوريات وراء البحار.

وحققت الكشوفات الجغرافية انجازات ثقافية وسياسية، وبدأ الاتساع في دائرة اهتمام الكنيسة بالمعارف الإنسانية، ونشر الكتب المطبوعة، والتناقض بين علوم الجامعات المفروضة من الكنيسة والحقائق الجغرافية، وازدادت معرفة الإنسان بالعلم وأهمية البحث والتحري.

٢- المظهر الاقتصادي والاجتماعي:

تميزت العصور الوسطى بالإقطاع Feudal، والذي أخذت مظاهره بالتلاشي في العصر الحديث، وكانت الأرض أساس الثروة الزراعية والاقتصادية، وانعدم وجود الصناعة والطبقة الوسطى، وكان المجتمع الأوروبي طبقتين: (الأشراف) و(الفلاحين)، الأولى طبقة عليا بيدها كل الامتيازات، والثانية طبقة دنيا لا تملك أي شيء، من رقيق الأرض.

مع بداية العصر الحديث أخذت الأوضاع في أوروبا تتغير من الناحية الاقتصادية، ففي فرنسا كان النظام السائد هو النظام الإقطاعي، والملك هو الذي يحكم الإقطاع في باريس، ولا يتعداه خارجها. ومع ضعف الإشراف بسبب الحروب المتتالية قويت مكانة الملوك وسيطروا على خارج باريس، وكان صراعاً طويلاً بين الأشراف والملكية، انتهى بهدم الإقطاعية، وتحرر الفلاحون من رق الأرض ومنحوا حق الملكية وكان هذا تطوراً اقتصادياً مهماً.

وأصبح الناس يشعرون بأن الأرض لم تعد المصدر الأساسي للثروة، وانتعشت التجارة والصناعة، وظهرت الطبقة الوسطى، واشتغلت هذه في الأعمال التجارية، وحصلت على الثروة والأموال، وخاصة مع العلاقات التجارية بين أوروبا والعالم الجديد بعد الكشوفات التجارية، وازدياد العلاقات الأوروبية بالشرق الغني بالغلال والمنتجات من جانب آخر.

وانتعشت أحوال أوروبا الاقتصادية بانتعاش الطبقة الجديدة والتي كانت تسعى إلى تدعيم نفوذ الملكيات وسيادة الاستقرار والأمن وممارسة النشاط ومضاعفة الثروة، وارتبطت بذلك مع مصلحة الملوك في الصراع ضد الأشراف.

ورأت الملكية ان من مصلحتها الاستعانة بمواهب رجال الطبقة المتوسطة والانتفاع بأموالهم، وعين الملوك منهم أعضاء في البرلمان وحكاماً في الأقاليم وقضاة ومشرعين. وشهدت الحياة العسكرية تحولاً في نظرة الملوك للحكم والسياسة، فبعد ان حكموا في السابق معتمدين على الجيوش التي يجمعها الاشراف عند الحروب، عمدوا لإنشاء الجيوش الثابتة زمن الحرب والسلم، للحفاظ على مصالحهم ضد الأشراف والأعداء في الخارج.

وتقدمت الجيوش بالحروب والغزوات التي يخطط لها الملوك، ومع ظهور البارود والمفرقعات التي دكت معاقل الأشراف وحصونهم نهاية العصور الوسطى. وأظهر العصر الحديث روح جديدة هي التفكير الحر أو الفردية، أي انفصال الفرد عن التقيد بما لا يعتقد به في داخل نفسه، وظهرت في التفكير الديني، ونتيجتها ظهور حركة الإصلاح، ومحاولة المصلحين تغيير ما يرونه ضد العقيدة والدين الصحيح. ولكن هذا لا يعني ان الفرد كان حراً، بل مقيداً برأي حكومة بلدته، وإنما له الحق في الهجرة والتنقل؛ بحثاً عن الحرية والفكر الحر والتأمل.

ولم تكن فكرة روح الفردية مفاجئة في ظهورها، بل احتاجت أجيال متعاقبة من النمو والتطور، وظلت حتى الثورة الفرنسية واعلان حقوق الإنسان وشعار الحرية والإخاء والمساواة. فبدأت الفكرة تنساب في فرنسا وتنتقل إلى شعوب أخرى، وظلت عقود طويلة لكي تتحقق على أرض الواقع.

أما المدن فقد ظهرت في أوائل القرن الحادي عشر نتيجة لنمو التجارة والصناعة والتخلص من سيطرة الأشراف الزراعية، واضعاف النظام الإقطاعي وتدعيم المدن الإيطالية والألمانية خاصة، حتى أصبحت جمهوريات حرة منفصلة عن الدولة الإقطاعية التي كانت جزءاً منها.

وساعدت مدن أخرى في فرنسا وإنكلترا الملك على تدعيم نفوذه ضد النبلاء والإقطاع ورأى سكان المدن ان من مصلحتهم تدعيم سلطان الملك، لأن قيام حكومة مركزية قوية على رأسها سلطان الملك يؤدي إلى استباب الأمن والاستقرار، وأفضل من التقسيم الإقطاعي الذي يقف حجر عثرة في سبيل حرية التجارة ويضعفها، وساعدت بذلك المدن في بعض الدول الأوروبية في تدعيم سلطة الملكية المطلقة وخاصة في أوروبا الغربية، وأصبحت المدن مراكز للثقافة والفكر، وتجمع المفكرون المثقفون فيها، وتبادلوا الأفكار وعملوا على الإصلاح والنمو في المدينة لصالح الشعب.

وقد نمت التجارة والصناعة في عصر النهضة الأوروبية وتميزت المدن الإيطالية بذلك دون سواها في اوروبا، وكانت لها تقاليدها التجارية منذ العهد الروماني عندما كانت المدن الإيطالية مركزاً لتجارة العالم، وساعد على ذلك موقعها الجغرافي في حوض البحر المتوسط الذي جعلها على مدى العصور الوسطى والنهضة من أعرق الدول الأوروبية حضارة وسكاناً، وتفوق بذلك المجتمع الإيطالي عن سواه في أوروبا.

واستفاد الإيطاليون من اتصالهم بالعرب والمسلمين، والدولة البيزنطية المجاورة، وتجلى ذلك في تقدمهم التجاري ونشاطهم مع الهند والصين، وكان الإيطاليون يريدون الحصول على نفائس وثروات الشرق، وعقد الصداقة مع العرب لتصبح بلادهم وسيطاً تجارياً بين الشرق (الهند والصين) والغرب (أوروبا).

وتكونت المدن الإيطالية التجارية الساحلية جنوا وبيتيزا والبندقية، والشركات التجارية والسفن المتجهة إلى الإسكندرية ويافا وعكا والقسطنطينية لجلب بضائع الشرق من حرير وجواهر وذهب وعاج، وما ينقص أوروبا من نفائس الشرق والأصباغ والتوابل والرقيق، وتخصص الإيطاليون في الأسواق العربية، ينقلون منها إلى جبال الألب، ثم إلى فرنسا وألمانيا، ومنذ القرن الرابع عشر مع تقدم الملاحة البحرية،

واستخدموا جبل طارق عبر مضيقه إلى إنكلترا والبلاد الواقعة على سواحل البحر (بحر الشمال). فاستغل الإيطاليون هذا المنفذ البري والبحري لنقل تجارة الشرق في أوروبا الغربية مقابل ما يحصلون عليه من نقود ذهبية وفضية وتبادل في البضائع والمواد الخام (كتان، وصوف وجلود وفراء) وتُحمل إلى إيطاليا، ويقوم الإيطاليون بتحويلها إلى منتجات رائعة ويتم بعدها التبادل التجاري بين الغرب والشرق.

ونتج عن هذه التجارة العالمية تطور في مختلف المجالات، وإصلاح شامل في المواصلات لتسهيل الطرق التجارية وإنشاء الجسور على الأنهار وعقد معاهدات واتفاقيات بين الدول التي تمر بها التجارة وتأسيس المصارف وعقد الصفقات وتذليل العقبات أمام العملات وتبادلاتها. وحقق التجار الإيطاليون أرباحاً طائلة، وأقرضوا البابوات والأمراء الأموال عندما كانوا يحتاجونها، واترفوا في المظاهر الحياتية بسبب هذه الثروات وتفننوا باقتناء التحف الفنية النفيسة، وخاصة الرسوم النادرة واللوحات الزيتية المشهورة والخالدة التي رسمها فنانو العصر، وبقيت حتى الوقت الحاضر روعة في الرسم والجمال.

واشتهرت مدن إيطالية بالثروة والغنى، مثل ميلان وجنوا وبولونيا وفيرونا وبادوا، ولكن فاقت هذه المدن البندقية وفلورنسة، فالأولى مركز تجارة التوابل ونفائس الشرق، والثانية مركز صناعة النسيج من صوف وحرير، وأمامها مدن فرنسا الجنوبية على وادي الرون، والشمالية في وادي السين ووادي المارن، والمدن الألمانية على طول نهر الرين من أستراسبورج إلى كولون، وكلها لديها صلات تجارية بالمدن الإيطالية، وامتدت بينها جميعاً وبين المدن في شمال أوروبا صلات وثيقة.

وقد تنافست المدن الإيطالية على التجارة فيما بينها مع ضعف الوحدة وفكرتها في إيطاليا بسبب قوة سلطة البابا ذي النفوذ الذي منع قيام زعيم ليوحد البلاد، وكانت شخصية البابا الروحية تمنع من هذا العمل.

وعجزت إيطاليا عن كسب وحدتها، ومن ثم فإن التنافس التجاري بين المدن جعلها تفضل الاستقلال عن جاراتها ولا تخضع لدولة أخرى أو تنضم إليها، ورأت أنها لا تستطيع ان تدعم وجودها إلا بالمنافسة التجارية.

أما الولايات البابوية فكانت تمتد في وسط شبه الجزيرة الإيطالية من جنوب مصت نهر النبر إلى مصب نهر البو، وتشمل على عدة مدن وحصون تحت سلطة حكام يعترفون بسيادة البابا، ويخضعون لسلطانه، وأصبح للبابا مركز خاص في صدارة السياسة الإيطالية، ودخل العديد من البابوات في السياسة والترف والغنى.

وتدخل البابوات في السياسة الإيطالية والأوروبية، وأصبحت إيطاليا في هذا الوقت بعيدة عن تحقيق الوحدة الإيطالية القومية؛ نظراً للظروف السياسية والاجتماعية التي عاشتها في فرقة وخلاف، ولم تتحقق الوحدة الشاملة إلا في النصف الثاني من القرن التاسع عشر، ثم إن إيطاليا كانت مهد حضارة عريقة. وكان الشعب الإيطالي يتمتع برخاء اقتصادي وعلمي وحب للفنون والآداب، مما جعل منها مركزَ إشعاع حضاري للنهضة الأوروبية[١].

وقد توسعت خلال القرنين الخامس عشر والسادس عشر رقعة المناطق الخاضعة للنفوذ الأوروبي، وتم اكتشاف ساحل أفريقيا وشمال وجنوب أمريكا. ووصلت المنافذ المائية إلى الهند وجزر المحيط الأطلسي والمحيط الهادي، ووضع الأوروبيون أيديهم على معظم أنحاء العالم، كأساس للاستعمار الأوروبي الحديث.

كانت الدوافع عديدة لهذه التوجهات الأوروبية، فالعامل الاقتصادي هو الأول في هذه الدوافع التي أوحت للأوروبيين بالتوجه نحو الكشف عن البلاد المجهولة والطرق البحرية الجديدة بين أوروبا والهند، والتي لم تكن تجارة الشرق تصل إليها إلا بعد ان تمر في عدة احتكارات ترفع اسعارها، وتجعلها لربما نادرة، ولم يدفعوا رسوم باهظة جمركية فرضها حكام مصر والشام، واحتكار تجار البندقية للبضائع من الموانئ السورية والمصرية إلى أوروبا.

وهكذا فإن الدول الأوروبية وجدت ان عليها حل مشاكلها عن طريق التخلص من احتكار البنادقة بالوصول إلى أسواق الشرق مباشرة دون أية وساطة، وترمي أيضاً إلى مواجهة القوى الإسلامية العربية، ورأت تلك الدول ان البحث عن طريق بحرية جديدة تحقق هدفها، وهو السبيل نحو البحث عن طريق جديد، وهذا هو محور الفصل القادم.

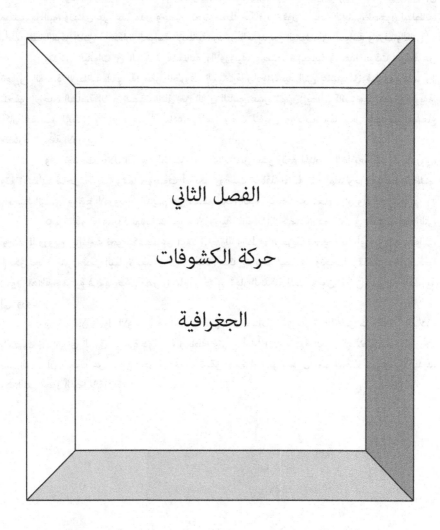

الفصل الثاني

حركة الكشوفات

الجغرافية

أولاً: الكشوفات البرتغالية.

أ- اكتشاف رأس الرجاء الصالح.

ب- البوكيرك والاستعمار البرتغالي.

ج- استعمار البرازيل.

د- نهاية الامبراطورية البرتغالية.

ثانياً: الكشوف الاسبانية.

أ- ماجلان.

ب- كانو.

ج- كورتير.

د- بيزارو.

أدت الحروب الصليبية إلى فتح أبواب الأسواق التجارية في الشرق، ومهدت لقيام العلاقات التجارية والاقتصادية بين الشرق والغرب، وسعت المدن الإيطالية - وخاصة البندقية - إلى احتكار تلك التجارة، وعادت عليهم بالأرباح والثروة.

أدت الدوافع الاقتصادية والدينية والسياسية لظهور الكشوفات الجغرافية، فبعد العامل الاقتصادي الذي شرحناه فإن العامل الديني كان له أثره الفعال في النشاط الاستكشافي، فقد كان الأوروبيون - وخاصة الاسبان - لديهم معلومات عن بلاد يستطيعون جعلها ميداناً للتبشير بالمسيحية الكاثوليكية، والتوغل فيها عن طريق الدين، وكأهداف موجهة ضد المسلمين.

وهذا ما فعله كولمبس وهنري الرابع، وحاول الأخير أن يقوم بحملات صليبية ضد المسلمين في شمال أفريقيا عام ١٤١٥م، ويأمل ان يؤدي هذا إلى ارتياد الساحل الغربي لأفريقيا، لهدفين: الأول الوصول إلى أسواق الهند والشرق، وثانيهما: الوصول إلى مملكة القديس يوحنا في شرق أفريقيا، وهي مملكة مسيحية، كان الأوروبيون يسمعون عنها، ويتناقلون أخبار قوة حاكمها، ويأملون ان يتخذوها قاعدة في أفريقيا والانقضاض منها على الدول الإسلامية التي تحتكر التجارة.

أولاً: الكشوف البرتغالية:

كانت البرتغال أول دولة قامت بكشوفات برتغالية وتوفرت لها خبرة ومعرفة بالسفن، والبحار، والبوصلة البحرية، وحركة النجوم، وكروية الأرض، وعلم الجغرافيا.

ترتبط حركة الكشف البرتغالي بحياة الأمير هنري الملاح، الابن الثالث لملك البرتغال يوحنا الأول، وهنري رجل متدين شديد التعصب، واهتم من صغره بالجغرافيا والفلك، ودرس الخرائط الجغرافية، والأجرام السماوية، والطرق البحرية، وحركة الرياح التي تساعد الملاحة والملاحين، وهي الملاحة الشراعية، واهتم ببناء السفن مما ساعد على تطور الملاحة والمعرفة بالإبحار على المحيطات.

وشارك في عدة مغامرات حربية ضد بلاد المغرب في شمال أفريقيا بحجة القضاء على القرصنة في شمال أفريقيا، ونجح في الاستيلاء على سبتة على الشاطئ

الشمالي الإفريقي، عينه أبوه حاكماً عليها. وحاول التقدم نحو طنجة للاستيلاء عليها وانتزاعها من المغاربة، إلا انه فشل في احتلالها، وحول جهوده نحو الشواطئ المراكشية على المحيط الأطلسي، وتم له إخضاع أفريقية الشمالية الغربية من نهر السنغال إلى غانا. واهتم بنشر المسيحية بفعل الروح الصليبية المسيطرة عليه، تقودها المغامرات التي قام بها لنشر المسيحية في أفريقيا.

ورأى هنري الملاح ان يستغل الرقيق من القارة الأفريقية والتجارة بهم، لكي يحصل على الأموال لحكومته وإنشاء إمبراطورية برتغالية تحقق الرغبة الدينية، وعدت مملكته في قلب أفريقيا حصناً للمسيحية في تلك المناطق المجهولة.

وكان هنري يهدف إلى إقامة صلات مع الملك يوحنا لتأمين طريقه نحو نهر السنغال، والتقدم نحو البحر الأحمر والموانئ الغربية، ثم إلى الهند والصين، وبذلك يحقق الهدف الأكبر، وهو الوصول إلى الشرق الأقصى.

ونجح هنري الملاح في التجول في المحيط الأطلسي والكشوفات الجغرافية عن بعض الجزر في ذلك المحيط، وهي ماديرا وأزور وكناري، وتحقق له هدف آخر وهو مواصلة ارتياد الساحل الغربي لأفريقيا، وذلك عندما واصلت بعثاته جهودها.

وتحقق في عام ١٤٤١م للبرتغاليين الاتصال الحقيقي بالبقاع الأفريقية، واستغلوا الأراضي الغنية بالغابات، ونشطوا في الساحل الإفريقي ورسموا له الخرائط، وعينوا عليها المعامل الجغرافية الرئيسية.

واكتشف البرتغاليون عام ١٤٦٠م جزائر خليج الرأس الأخضر، ورسموا خرائط الساحل في السنغال وغامبيا، واستطاع هنري ان يحقق حتى وفاته الوصول إلى ثلث الساحل الإفريقي الغربي، واقاموا عليه نقاطاً محصنة، كقواعد حربية وتجارية لهم.

عمل الملك جورج الثاني، أو يوحنا الثاني على مواصلة جهود هنري الملاح، وأرسل عام ١٤٦٢م بعثة حربية إلى ساحل ليبيريا، ثم وصل البرتغاليون إلى ساحل العاج وساحل الذهب ونيجيريا والكاميرون، ووصلوا إلى مصب نهر الكنغو، واحتكروا

الملاحة على الساحل الإفريقي الغربي، بحيث لم يسمح لبحارة الدول الأخرى بالملاحة هناك إلا بتصريح خاص من البرتغال.

وساعدت في نجاح البرتغاليين استعانتهم بالملاحة التي عرفها العرب، وسبقوا بها الأوروبيين، وجاب الملاحون أرجاء المحيط الهندي والملايو وبحر الصين، وتجاربهم الملاحية الأصلية في البحر الأحمر، والساحل الأوروبي، والأفريقي للمحيط الأطلسي، وغرب أفريقيا، ولذلك اهتم البرتغاليون قبيل قيامهم بالمغامرات الكشفية بالحصول على هذه المعلومات بإرسال بعثات إلى البلاد العربية استطاعت الحصول على بعض الخرائط التي رسمها العرب للمحيط الهندي وبحر الصين.

وتوقفت جهود البرتغاليين في الكشف الجغرافي بسبب قيام الحرب بين الاسبان والبرتغال بين (١٤٧٥-١٤٧٩م)، ولكنهم عاودوا نشاطهم في عام ١٤٨٧م عندما أرسل الملك يوحنا الثاني بعثة كشفية يرأسها الملاح الكبير برثليمو دياز.

كان هدف برثليمو دياز ارتياد الساحل الإفريقي والدوران حول القارة بقصد الوصول إلى الهند عن طريق البحر مباشرة، ونجح دياز في ارتياد الساحل نحو الجنوب حتى وصل إلى خليج ألجو في أجواء عاصفة، وسماه خليج الزوابع. ثم عاد في عام ١٤٨٨م إلى البرتغال مبشراً بأن الطريق إلى الهند أصبح واضح المعالم. ورأى الملك ان يغير اسم الخليج إلى "الرجاء الصالح"، لأنه بعث الرجاء في كشف الطريق البحري المباشر إلى الهند.

كانت إسبانيا تسعى من جانبها في الوصول إلى الهند عن طريق الاتجاه غرباً، وعهدت إسبانيا بذلك إلى الرحالة الجنوي حزستوف كولمبس في عام ١٤٩٢م. ونشب الصراع الإسباني- البرتغالي، وكل منهما يسعى إلى تأمين حقه في الأراضي الجديدة التي اكتشفها، والطرق الملاحية التي اهتدى إليها، والثروات التي توقع ان تهبط عليه، ولما اشتد النزاع بين البلدين، واتجاها إلى تحكيم البابا اسكندر السادس، وقررا قبول حكمه، ونظر البابا في الأمر، ثم اصدر حكمه بأن تقتسم إسبانيا والبرتغال كل الأراضي الجزائر التي تم كشفها بالفعل، وسوف تكتشف بعد ذلك في الغرب، وباتجاه الهند أو اتجاه المحيطات.

كان هذا الحكم البابوي أساساً للمعاهدة التي عقدت بين البلدين، وهي معاهدة توردسيلاس عام ١٤٩٤م التي قضت بأن تستولي البرتغال على كل المكتشف شرقي خط وهمي يرسم بطول المحيط الأطلسي على بعد ٣٧٠ ميلاً غربي الجزائر في الرأس الأخضر، على حين يعطى لإسبانيا كل شيء يقع غربي هذا الخط، ومكّن الوضع البرتغال من المطالبة بأن تكون البرازيل من نصيبها وحدها.

أ- اكتشاف رأس الرجاء الصالح:

مضى البرتغاليون بعد كشف الرجاء في مغامراتهم في الشرق لاحتكار منتجاته، ومحاولة ضرب القوى الإسلامية بحرمانها من أسباب نموها وتطورها الاقتصادي. واعدت حملة بحرية بقيادة فاسكودي جاما لتكملة الوصول إلى الطريق الجنوبي الإفريقي، ومواصلة الرحلة إلى الهند، ونجح الملاح من تحقيق هذا الهدف، وتمكن من إنجاز الدوران حول جنوبي أفريقيا، ووصل إلى ساحلها الشرقي نحو موزنبيق، وهناك تعرف ببعض الملاحين العرب، وأخذ منهم مرشداً بصيراً بأمور الملاحة وطرقها عبر أحمد بن ماجد، وساعده على الوصول إلى الساحل الغربي للهند، واستطاع الاتصال بالامراء الهنود، وعقد معهم الاتفاقات التجارية، ثم عاد إلى بلاده عام ١٤٩٩م وسفنه مشحونة بالتوابل والمنتجات الشرقية، وبذلك تحقق للبرتغال كشف طريق بحري مباشر إلى الهند.

وانتقل الثقل التجاري العالمي من حوض المتوسط إلى المحيط الأطلسي، وهو الأسوأ في آثاره على العرب والمسلمين، والتجارة بين أوروبا والعالم الشرقي عبر المتوسط، كانت مصر المملوكية بلغت قوتها بداية القرن السادس عشر، من حيث الثروة والتجارة، وعلى علاقات واسعة مع التجار البنادقة والجنويين الذين انتقلوا بمتاجرهم من الشرق إلى أوروبا عن طريقين تتحكم فيهما مصر المملوكية، وهما: طريق الفرات - حلب - الإسكندرونة - أوروبا، وطريق البحر الأحمر - السويس - القاهرة - الرحمانية على النيل - ثم الإسكندرية، وبعد ذلك تنقل إلى الموانئ الإيطالية في طريقها إلى الدول الأوروبية.

وانتهى هذا العهد الذي حصل فيه العرب على ثروات كبيرة، سواء من الملاحة أوالتجارة بين الهند والصين وأوروبا وحتى نهاية القرن الخامس عشر، وكانت السفن العربية تجوب المحيط الهندي وموانئه، وانتهى كل ذلك ليحل البرتغاليون محلهم في احتكار التجارة الشرقية وطردهم بعد الاستيلاء على مراكز حصينة، كبعض الموانئ والجزر التي يستطيعون منها إغلاق البحر الأحمر والخليج العربي في وجه الملاحة العربية.

أما في الهند نفسها، فقد عمد البرتغاليون إلى امتلاك اجزاء من الساحل، ووضعوا فيها بعض قواتهم البحرية والبرية، ليخضعوا أمراء المسلمين في الهند، ويجبروهم على توقيع معاهدات تلزمهم باقتصار التجارة على البرتغاليين.

واستصرخ الأمراء الهنود المسلمين حكام البلاد العربية والإسلامية ليمدوا لهم يد المساعدة في تلك الحرب المقدسة، ووجد استصراخهم صدى لدى سلطان مصر المملوكي، والذي أعد اسطولاً ضخماً لمنازلة البرتغاليين في اعالي البحار الشرقية، ولكن تمكن الأسطول البرتغالي بقيادة ألميد من ان يهزم الأسطول المصري في معركة ديو البحرية عام ١٥٠٩م.

ب- البوكيرك والاستعمار البرتغالي:

واصل البرتغاليون تدعيم تفوقهم البحري وسيطرتهم التجارية في البحار الشرقية والمضي في تنفيذ سياستهم التوسعية، وكلفوا أحد كبار قوادهم البحريين، وهو الفونسو البوكيرك الذي كان معروفاً بنزعته الاستعمارية، وتعصبه ضد المسلمين، ليواصل تحقيق الأهداف الاستعمارية، واستولى البوكيرك على هرمز على الخليج العربي عام ١٥٠٩م، وعلى سقطرة عند مدخل البحر الأحمر، وعلى جوا، حيث أقام أول محطة تجارية للبرتغال. ثم استولى على ملقا قرب سنغافورة عام ١٥١١م، وأصبح البوكيرك أول حاكم برتغالي على المناطق الساحلية التي احتلها البرتغاليون في الهند.

وكان الشرق العربي قد وقع عام ١٥١٦م تحت حكم العثمانيين، ووقع عبء ذلك ضد الإقدام البرتغالي من البحار الشرقية على عاتق العثمانيين، إلا أنها فشلت في انتزاع التفوق البحري من البرتغاليين.

ومضى هؤلاء في توسعهم متخذين الشرق الأقصى مجالاً للتقدم شرقاً، واستولوا على الملايو وانفتح الطريق أمامهم إلى سيام وجاوه وبلغ نشاطهم ساحل الصين. وتطورت جهود البرتغاليين من كشف الطريق البحري المباشر إلى الهند إلى احتلال الأراضي وتكوين إمبراطورية في أجزاء من أفريقيا وآسيا.

ج- استعمار البرازيل:

كان الملاح البرتغالي كبدال في طريقه إلى الهند عام ١٥٠٠م، دفعته الريح إلى الغرب حتى نزل بساحل البرازيل، ولكن الجهود التي كان البرتغاليون يبذلونها في الشرق صرفتهم عن الاهتمام بالبرازيل.

ولاحظ البرتغاليون ان تطلعاتهم في احتكار التجارة الشرقية لم تتحقق تماماً، وأن إسبانيا قد تفوقت عليهم في سياستها الاستعمارية في أمريكا، وما حظيت به إسبانيا من الذهب والفضة، وعندما أدركوا ذلك عادوا للاهتمام بالبرازيل.

وبدأت تتوغل في البرازيل منذ عام ١٥٢٥م، وتنظم استغلالها واتبعت نظام الإقطاع، واقطعت المغامرين من البرتغاليين إقطاعات من أرض البرازيل، ويرتكز على إقطاع على قاعدة على الساحل، ثم يتوغل صاحب الإقطاع نحو الداخل. واستعمرت بذلك البرتغال أرض البرازيل، ونشرت لغتها فيها، ونظمها وتقاليدها والديانة المسيحية على المذهب الكاثوليكي.

وبدأت حركة واسعة لنقل آلاف العبيد من وطنهم في أفريقيا إلى أمريكا، ليعملوا في مزارعها ومناجمها أرقاء لأصحاب الأراضي، وبفضل سواعد السود تم تعمير الأراضي وزيادة الإنتاج وبنيت المدن.

وفي نهاية القرن السادس عشر كان في البرازيل وحدها حوالي ٢٥ ألفاً من البيض والمختلطين، و١٨ ألفاً من الوطنيين الذين نقلوا المدنية الأوروبية والتعاليم المسيحية، و١٤ ألفاً من العبيد الأرقاء المسخرين لزراعة الأراضي والأعمال اليدوية.

وقد تنوعت سياسة التوسع البرتغالي في أهدافها واتجاهاتها، وانحصر التوسع البرتغالي في العالم الجديد الذي كانت البرازيل فيه من نصيب البرتغال، وسياسة الأخيرة متجهة إلى تشجيع البرتغاليين على الاستيطان وتحقيق الاستغلال وتدعيم

الاستعمار، حتى أصبح البرتغاليون الذين استوطنوا البرازيل يشعرون ان بلادهم، لهم فيها مصالح ثابتة. واستطاعت البرازيل ان تدافع عن نفسها لمستعمرة برتغالية في أول الأمر، حتى إذا استكملت البرازيل مقوماتها استقلت عن البرتغال في القرن التاسع عشر.

واتجه التوسع البرتغالي في الشرق إلى أفريقيا وآسيا، واحتل البرتغاليون المراكز والمحطات التجارية واحتكروا التجارة الشرقية. والتوسع البرتغالي في الشرق لم يتجه إلى الأرض يزرعها، والمناجم يستخرج معادنها، أو إلى جبي الضرائب من السكان.

ولم يكن التوسع البرتغالي في الشرق قائماً على قواعد وأساليب استعمارية من استيطان واستقرار وتعمير، ولهذا فإن الإمبراطورية البرتغالية الشرقية لم تصمد طويلاً أمام منافسة الدول الاستعمارية الأوروبية، فسرعان ما انهارت وحلت محلها إمبراطوريات جديدة.

وكان الاستعمار البرتغالي أساساً يتجه إلى التجارة والأرباح والحكومة، وامتدت أراضيهم من أفريقيا إلى آسيا وجزائر متناثرة في البحار الشرقية. ورغم ان البرتغال استطاعت السيطرة على الطريق البحري والتفوق في المياه الشرقية على مدى قرن ونصف، إلا أنها عجزت عن احتكار تجارة الشرق في أيديها احتكاراً تاماً.

وكان التجار العرب يجدون مجالاً للخلاص من الحصار البرتغالي، فيحملون في سفنهم الخفيفة ما استطاعوا من المنتجات الشرقية، وينفذون بها إلى البحر الأحمر والخليج العربي، وينتقلون إلى مصر أو غيرها، حيث يبيعونها للتجار البنادقة حتى عام ١٥٤٠م، حيث عادت التجارة الشرقية، وترد بكميات وفيرة إلى الإسكندرية وحلب، حيث ينقلها تجار البنادقة وغيرهم إلى موانئ أوروبا الجنوبية والغربية.

وكان فيليب الثاني ملك إسبانيا يعمل على بسط سيادة أسرته في أوروبا في عام ١٥٧٨م، حيث سنحت له الفرصة بضم البرتغال إلى أملاكه، وأصبحت ايبيريا تحت سلطته، ومهد له الطريق إلى ضمها موت ملكها هنري الكاردينال، وطالب فيليب

بعرشها بحق الوراثة، وأرسل إليها جيشاً بقيادة دوق ألفا، واستولى عليها بمساعدة أسطول كبير من الساحل، وبقيت في يد الأسبان لمدة ستين عاماً، إلى ان استقلت ثانية عام ١٦٤٠م.

كان هذا التوسع هو بسط النفوذ البرتغالي في أمريكا الجنوبية وأفريقية وجزر الهند الشرقية وأوروبا. وتوسعت رقعة الأراضي الإسبانية في أوروبا، وبسط نفوذها على المستعمرات البرتغالية في أمريكا الجنوبية وأفريقية وجزر الهند الشرقية واستقلالها في وقت كانت خزائن إسبانيا شبه فارغة، وأخيراً سارت الإمبراطورية البرتغالية في الشرق إلى الانحلال.

وعندما فقدت البرتغال نفسها استقلالها، ووقعت تحت حكم إسبانيا حين آل عرش البرتغال من بعد وفاة الملك سبستيان آخر ملوك البرتغال في القرن السادس عشر إلى فيليب الثاني ملك إسبانيا في عام ١٥٨٠م، واستمرت الدولتان تحت تاج واحد من عام ١٥٨٠م إلى عام ١٦٤٠م.

إلا ان ضعف الإمبراطورية البرتغالية قد بدأ من منتصف القرن الخامس عشر، وزاده ضعفاً استيلاء الاسبان على البرتغال، على يد ملك إسبانيا فيليب الثاني الذي أهمل الإمبراطورية البرتغالية، ولم يهتم بها، وأصبحت مصالح البرتغال وأملاكهم نهباً للدول الأخرى، وكانت الدول الأوروبية الأخرى هي هولندا وإنكلترا وفرنسا ونزلت ميدان المنافسة الاستعمارية.

د- نهاية الإمبراطورية البرتغالية:

أدت عوامل إلى نهاية الإمبراطورية البرتغالية، حيث فقد نظام الحكم الذي اتبعوه في أملاكهم، وكان كل همهم الحصول على تجارة التوابل واحتكارها، وانهم بحاجة إلى تدعيم حكمهم عن طريق إنشاء محطات مسلحة لتمويل أساطيلهم، وبمثابة قواعد ومنافذ بحرية هندية، هذه المحطات مراكز مهمة لتجارة التوابل.

واقاموا في الشرق مراكز استعمارية على ساحل الملابار، وحصلوا من السكان على الجزية، ومنعوهم من التجارة، واكتفوا بإقامة القلاع والحصون ومحطات مسلحة في سومطرة، ومسقط، وعدن، وهرمز، وملقا، أي محطات رئيسية على منافذ

البحار ومسالكها. وأقام البرتغاليون في الشرق الأقصى نظاماً من الحكم كان من أسباب انحلال إمبراطوريتهم، وجمعوا السلطة كلها في شخص نائب الملك المقيم في جوا، والذي تمتع بسلطة مطلقة، ولم يكن مسؤولاً إلا أمام الملك البرتغالي نفسه، وكان يفرض الضرائب، وينفق على الإدارة، ويعامل الأهالي بقسوة رغم حاجتها إلى الأموال، فضلاً على نشر المسيحية بالقوة، وأنشأ البرتغاليون لهذا الغرض "جوا" محاكم تفتيش عام ١٥٦٠م.

كانت بذلك عظمة البرتغال ظاهرية لم تستفد منها الإمبراطورية، وظلت تعتمد على الرقيق، وانتشر الفقر في البلاد وتعست البلاد، وظلت لشبونة العاصمة غير مزدهرة طويلاً، رغم أنها مركز للتجارة داخل البلاد وخارجها[٢].

ثانياً: الكشوف الإسبانية

إسبانيا أيضاً دخلت ميدان الكشوفات الجغرافية بنفس دوافع البرتغال، وهي الرغبة في الاتصال بدول الشرق عن طريق بحري مباشر، والاستيلاء على التجارة الشرقية، والتحرر من السيطرة الاحتكارية للبندقية.

اتجه البرتغاليون إلى الشرق لتحقيق تلك الأهداف، واتجه الإسبان إلى الغرب، وأعدوا في عام ١٤٩٢م بعثة يرأسها الملاح كرستوفر كولمبس، وخرج إلى المحيط، وظل يبحر غرباً حتى وصل إلى أرض يابسة، واعتقد أنه وصل إلى جزء من ساحل الهند.

وتوالت رحلاته فاكتشف جزر الانتيل الكبرى، وجزر الانتيل الصغرى، وجزيرة سان سلفادور في البهاما، وحاول كولمبس استعمار الأراضي الجديدة ونشر المسيحية بين السكان الأصليين، سماهم كولمبس "الهنود".

وفي رحلته الثالثة عام ١٤٩٨م وصل إلى مصب نهر أورينوكو، واكتشف أجزاء من أمريكا الوسطى، ولكن وشي به بعض الأسبان، وأظهروا كولمبس أنه مخادع أضاع أموال الدولة على رحلاته، لم تستفد منها الدولة إلا عدد من الرقيق الذين يعملون في الممتلكات الجديدة، ولم تحصل إسبانيا على الذهب المطلوب، ولم يتناسب

٢٢

مع ما تطمح إليه، ولذلك أبعد الملاح عن مهامه وأعيد مكبلاً بالقيود إلى إسبانيا نتيجة لحقد المستثمرين، ومات كولمبس عام ١٥٠٦م.

أدت رحلات كولمبس إلى ان الملوك الكاثوليك عملوا على تثبيت ملكيتهم لهذه الأراضي الجديدة، وخصوصاً عندما نشط البرتغاليون في كشوفهم. وكان اهتمام البابا إسكندر السادس عام ١٤٩٢م بتقسيم الكشوفات الجغرافية بين الملوك الكاثوليك، وأدت الرحلات أيضاً إلى فتح الطريق لرحلات الأفراد والمغامرين.

واستطاع الرحالة الجدد بين سنتي ١٤٩٩-١٥٠٨م ان يصلوا إلى جزر بهاما، ثم نهر الأمازون وبنما وكوبا، وتوطيد الحكم الإسباني في أمريكا الوسطى والجنوبية. وفي مقدمة هؤلاء المغامرين البلوا الذي عبر بنما، حتى وصل المحيط الهادي، وأعلن امتلاكه لتلك الجهات باسم ملك إسبانيا عام ١٥١٨م.

أ- ماجلان:

كلف الإمبراطور شارل الخامس فردينان ماجلان بالبحث عن الطريق الغربي للهند (١٥١٩-١٥٢٢م)، وهو ملاح برتغالي دخل في خدمة إسبانيا. خرج ماجلان في سبتمبر/ أيلول عام ١٥١٩م حتى وصل إلى شاطئ البرازيل عند ريودو جانيرو، ثم إلى مصب نهر لابلاتا، ثم الدوران حول أمريكا الجنوبية. ودخل في نوفمبر/ تشرين الثاني ١٥٢٠م في المحيط، وسماه الهادي، وواصل سيره فيه حتى وصل جزر الفلبين التي كان وصلها البرتغاليون عن طريق الشرق.

ب- كانو:

كانت السفينة الإسبانية التي قادها جون سباستيان دل كانو قد شقت طريقها بعد موت ماجلان في جزر البهار عبر المحيط الهندي إلى الجنوبي لأفريقيا، وعادت لإسبانيا بعد ذلك، ودارت السفينة حول العالم بعد ان كانت واحدة من أسطول من خمس سفن تحت قيادة ماجلان.

وقد رأى الإمبراطور شارل الخامس بهذا النصر نصراً إلهياً لأسرته النمساوية الكاثوليكية، وتحقيقاً للأمل الذي راود الأسرة وانصارها من الكاثوليك الذين كانوا

يعتقدون ان القدر سيجعل النمسا تبسط سيطرتها على العالم أجمع، وان الكاثوليكية سوف تحكم العالم كله.

ج- كورتير:

أصبحت كوبا خاضعة لإسبانيا، وكان كورتير قد أبحر منها وضم المكسيك إلى أملاك إسبانيا بعد ان تغلب على السكان الأصليين الملقبين بالأزتك، وخطف ملكهم مونتزوما، ونصب نفسه حاكماً على بلادهم، اما السكان فقد وجدوا في نظام الجيش المتطور بالنسبة لهم شيئاً جديداً، والتي جلبها كورتيز معه.

د- بيزارو:

قام بيزارو - وهو محترف بركوب البحر - بجولة في بنما، واجتمع بأحد الملاحين الاسبان الذي أخبره بوجود أراضٍ غنية بالذهب والفضة في أمريكا الجنوبية على ساحل المحيط الهادي، ويسكنها أقوام يعرفون باسم الأنكا. وكان بيزارو يبحث عن المغامرة من أجل الذهب، وجمع معه مائة ملاح ومغامر، وأقلع إلى المكان الذي سمع عنه، إلا أنه جدد المحاولة بعد سنتين عام ١٥٢٦م، ورأى السكان الأصليين، حيث الذهب والأراضي الزراعية، وأدرك ضرورة الاستقرار فيها بدلاً من بنما.

وبعد ان اكتشف بيزارو المناطق الجديدة عاد إلى إسبانيا، وحصل على تفويض من الإمبراطور في السادس والعشرين من يوليو/ تموز ١٥٢٩م خوله سلطة نائب ملك في البلاد، واستعمل بيزارو القسوة والعنف مع الحاكم المجلي ليبرو، فأحرق أرضه، وأخذ ثروته.

اتصفت أعمال الاسبان بالنهب والسلب والقسوة من أجل حب المغامرة والكسب السريع. ثم اتجه الاسبان بعد الاستقلال إلى اتباع سياسة استعمارية تقوم على الاستغلال والبحث عن المعادن النفيسة، واستخدام السكان في تعدين الذهب والفضة، وعمل الاسبان على إدخال حضارتهم في البلاد الأمريكية التي استولوا عليها، وكان له أثره في تطور المدينة لغة وثقافة وديانة، وان الوطنيين لم يتقبلوا الأمر في البدء ونظروا إلى الاسبان نظرة عداء، ولكن الإرساليات التبشيرية التي أرسلتها إسبانيا مع

حركات الغزو والاستعمار أخذت تنشر الكاثوليكية بين السكان وحمايتهم من الاعتداء والتسخير.

ونجحت هذه السياسة في فرض الإسبانية على المستعمرات الأمريكية، وقامت مدن جديدة بفتح مناطق المناجم والتعدين وإسكان الأهالي بينها، وعملوا في السخرة وحصلوا كعمال على الأجور، وجلب الاسبان الأيدي العاملة والعبيد من أفريقيا كزنوج عملوا خلال قرون طويلة.

ثم استخدموا في إنتاج المناجم وفلاحة الأراضي، وجلبوا الزنوج وعملوا على زرع الغلات الزراعية الجديدة، وزادت صادرات الذهب والفضة مع زيادة الاهتمام بالزراعة[٣].

الفصل الثالث

حركة الإصلاح الديني

في أوروبا

أولاً: أسباب حركة الإصلاح الديني.

ثانياً: الإصلاح الديني في ألمانيا.

ثالثاً: الحركة اللوثرية.

رابعاً: الإصلاح الديني في سويسرا.

خامساً: الإصلاح الديني في إنكلترا.

سادساً: الإصلاح الديني في فرنسا.

سابعاً: الإصلاح المضاد.

حركة الإصلاح الديني الأوروبية هي بمثابة حدث هام في التاريخ الأوروبي بعد ان سبقتها تطورات أسهمت في ظهورها للتخلص من شرور الكنيسة والتحول نحو عهد جديد في حركة واجهت قمع وقسوة الكنيسة الكاثوليكية، إلا انها لم تتمكن من إنهائها، وبقيت تتفاعل مع مفكرين ورجال دين واصلاحيين ينتقدون المظاهر السلبية في الكنيسة، وواجهت الأخيرة كل هذه الدعوات والإصلاحات ووصفتها بالإلحاد والمروق واصدرت أحكاماً بالموت عليهم.

وقد انفجرت حركة الإصلاح الديني في مطلع القرن السادس عشر كحركة سياسية واجتماعية وثورية، شملت مناطق واسعة من أوروبا، وكان لهذه الحركة دوافع عديدة وأسباب.

أولاً: أسباب حركة الإصلاح الديني

كانت مساوئ الكنيسة الكاثوليكية وممارسات رجالاتها من أسباب ودوافع الإصلاح الديني، والمعروف ان الكنيسة الكاثوليكية سيطرت على الناس لفترة طويلة، ومارست القمع تجاه كل فكرة أو رأي لا ينطبق على أفكارها ويتوافق مع نهجها، وحاربت آراء المفكرين الأحرار ووصفتهم بالإلحاد والمروق، وقضت على العديد من هؤلاء عن طريق محاكم التفتيش.

وكان العديد من رجالات الكنيسة يعيشون حياة بعيدة عن المسيحية والحياة الدينية الزاهدة، وأصبحوا رجالات إقطاع امتلكوا مساحات واسعة من الأراضي الزراعية، وباعوا المناصب الدينية وتاجروا بصكوك الغفران. وكانت الكنيسة حريصة على تفسير الدين بشكل يخدم مصالحها، ومنعت الناس من قراءة الكتاب المقدس دون إشراف رجال الدين، حتى لا تُفَسَّر نصوصه بصورة لا تخدم مصالحها، وساعدها في ذلك كون رجال الدين هم الفئة المتعلمة الوحيدة تقريباً. وسيطرت الكنيسة على قلوب وعقول الناس، ومارست حولهم أساليب عدة لتعزيز نفوذها وسيطرتها.

تحولت الكنيسة الكاثوليكية مطلع القرن السابع عشر إلى قوة ليست دينية فحسب، بل قوة سياسية، وفيها البابا الزعيم الروحي المسيحي للعالم الكاثوليكي، وللكنيسة مؤسسات إدارية ومالية وقضائية وعسكرية. وبدأت البابوية تبحث عن أساليب

أخرى لتوفير موارد مالية جديدة، ودخلت الحروب مع الأباطرة، وفرضت ضرائب جديدة، وبيعت المناصب الدينية وصكوك الغفران.

ونشرت الكنيسة أفكاراً ربطت الإنسان بها، وبالقناعة في الحياة الدنيا، وان الإنسان مذنب على الدوام، ولا يستطيع التكفير عن ذنوبه إلا عن طريق رجالات الكنيسة التي تستطيع هي ورجالاتها التخليص من الذنوب هذه من خلال الصكوك والأسرار المقدسة، فعاش رجالات الكنيسة حياة الترف والبذخ، واستخدموا محاكم التفتيش للتخلص من معارضي الكنيسة بطرق بشعة وقاسية، ففقدت هيبتها ومكانتها الدينية في نظر الناس. ووجهت انتقادات للكنيسة وازدادت المطالب بضرورة الإصلاح والتغيير في الجوانب السلبية.

أدت النهضة الأوروبية إلى إحداث حركة الإصلاح الديني نظراً لأفكار النهضة، وبعث التراث التقليدي، والتقدم العلمي، وحركة الإنسانية، واختراع الطباعة، وفتح آفاق أمام الناس نحو حياة جديدة بعيداً عن سيطرة الكنيسة، واستندت الأخيرة في هيمنتها السياسية على أوروبا، وبرزت أفكار النهضة لتنسف النظام الكلاسيكي وهيمنة الكنيسة.

وأدى نمو الوعي القومي وقيام الحركات القومية الملكية دافعاً نحو الإصلاح الديني، وتطلع الناس إلى إقامة الكنائس القومية البعيدة عن الهيمنة الأجنبية المتمثلة بالبابوية. وتطلع الناس إلى إجراء الطقوس الدينية بلغاتهم القومية بدلاً من اللغة اللاتينية التي ما كان يفهمها إلا رجال الدين والمثقفون، وتجلى في قيام رواد الإصلاح بترجمة الكتاب المقدس إلى اللغات القومية وتأليف التواشيح الدينية بهذه اللغات، مع خشية البابوية من تنامي المشاعر القومية هذه في ظل رفعها لشعارات دينية عالمية، وكانت البابوية تسعى لفرض الهيمنة السياسية وإخضاع السلطة الدنيوية لها، ودخلت في صراعات مع الإمبراطورية، ونشطت بحيث واجهت ردود فعل من الملكيات القومية في أوروبا الغربية.

وكان تطلع الأمراء والنبلاء والطبقة الوسطى والملوك للاستحواذ على ممتلكات الكنيسة الواسعة، وأدت الرغبة المشتركة إلى التفاف سكان الدول الأوروبية

حول حركة الإصلاح الديني، وان المتغيرات التي حدثت في القارة الأوروبية فرضت على هذه الفئات التزامات جديدة، كانوا عاجزين عن تحقيقها.

وكانت الملكية ترغب في فرض هيمنتها على كل جوانب الحياة ومنها الكنيسة، وكان النبلاء ينظرون بحسد إلى ممتلكات الكنيسة من الأراضي، وينتظرون الفرصة المواتية للاستحواذ عليها، ووجدوا ضالتهم في حركة الإصلاح الديني، وحاولت كل فئة توجيه هذه الحركة بشكل يخدم مصالحها.

وقد ظهر رجال من رواد الإصلاح ودعوا للإصلاح في الكنيسة وأحوالها، وانتقدوا البابوية، ودعوا للعودة إلى المسيحية الحقيقية، والابتعاد عن الحياة الدنيا وملذتها، وإدانة ظاهرة صكوك الغفران والتفرغ للدين، وكلها من عوامل بروز حركة الإصلاح الديني. ورغم ان العديد من هؤلاء المصلحين قد قتلوا على أيدي الكنيسة ومريديها، إلا أنهم مهدوا الطريق لحركة الإصلاح الديني في مطلع القرن السادس عشر.

أدى الإنسانيون دوراً حيوياً في توعية الناس وتهيئة العقول لقبول فكرة الإصلاح، وانتقد هؤلاء المظاهر السلبية في الكنيسة ورجال الدين وفسحوا المجال أمام النقد وحركة التغيير والإصلاح.

ثانياً: الإصلاح الديني في ألمانيا

كانت ألمانيا في هذا الوقت مجموعة إمارات ودويلات إقطاعية مستقلة، ومدن حرة وأراضٍ خاضعة للإمبراطورية الرومانية المقدسة، ورغم محاولات الإمبراطور مكسمليان (١٤٩٣-١٥١٩م) بهدف تقوية السلطة المركزية، وإقامة مؤسسات إمبراطورية موحدة لكل أنحاء الإمبراطورية، إلا أن هذه المحاولات لم تتحقق، ووقف الأمراء الألمان ضد محاولات الإمبراطور في إقامة جيش إمبراطوري وفرض ضرائب موحدة على أنحاء الإمبراطورية. •

أما الإمبراطور شارل الخامس (١٥١٩-١٥٥٥م) حفيد مكسمليان، فقد كان ملكاً على إسبانيا والأراضي المنخفضة وإيطاليا في نفس الوقت، وهذا فضلاً عن كونه إمبراطوراً للإمبراطورية الرومانية المقدسة، وقد مُنع من إقامة سلطة مركزية في

الإمبراطورية نتيجة الانشغال بالتوسع في إقامة إمبراطورية كاثوليكية عالمية، وصراعه مع ملك فرنسا فرانسوا الأول، وأهمل الشؤون الألمانية، وأدى ذلك إلى استمرار حالة الانحلال في الإمبراطورية ككل.

وكانت الإمبراطورية قد دخلت مرحلة انحلال منذ القرن الثالث عشر، وكان الأمراء الناضجون يؤدون دوراً هاماً في انتخاب الإمبراطور، ولدى الإمارات الإقطاعية قدرات متفاوتة حجماً وإمكانات، وضمت الإمبراطورية في عهد آل هبسبورغ النمسا والتيرول وستيريا وكارينتيا وكراينا والراين وبرغنديا والأراضي المنخفضة، ومدن حرة تدخل ضمن الإمبراطورية، وكانت سلطة الإمبراطورية شكلية على هذه الدويلات والمدن.

كانت هذه الإمارات والدويلات في صراعات وعداءات مستمرة، وتنامت مع الزمن سلطة الأمراء المحليين، ولكل أمير حق سك عملة نقدية خاصة، وجمع الضرائب وتشكيل المحاكم الخاصة، واستغلال ضعف السلطة المركزية، وتقوية المراكز، والاستحواذ على الأراضي والمدن القريبة من إقليم كل واحد، ومارست هيئات الحكم في المدن السياسية ذاتها لتقوية مركزها، واستحوذت على كل شيء في المدينة.

وأدى هذا الحال إلى تدهور الأوضاع الاقتصادية والحروب الإقطاعية بين هذه الدويلات، وتنافس الأمراء، وإقامة الجيوش المحلية، والاهتمام بالترف والملذات والبلاطات الخاصة، وكلها على حساب دافعي الضرائب والأتاوات من الفلاحين بالدرجة الأساسية.

فكان النظام الإقطاعي قد أضعف ألمانيا بعد أن استغل الإقطاعيون الفلاحين أبشع استغلال، وشكلت الضرائب ثقلاً كبيراً على كاهل الناس، هذا فضلاً عن ضرائب الأمراء الإقطاعيين ونهبهم الأراضي العامة، ومنع الفلاحين من حق الصيد في الغابات أو جمع الوقود.

وكانت الكنيسة متحالفة مع الإقطاعيين في استغلال المكان، وامتلكت مساحات واسعة من الأراضي استغلتها بنفس الاساليب الإقطاعية، ووقفت بوجه كل المحاولات

من أجل تغيير الأوضاع في البلاد، لأنها وجدت في تغيير الأوضاع خطراً على مصالحها وثرواتها التي تأتي إليها من ألمانيا والمدن الأخرى الألمانية والأرياف، وبذلك أثارت هؤلاء ضدها من المعاناة من الإقطاعيين وسياسة النهب التي اتبعها السكان.

ولم تتمكن الطبقة الوسطى في ألمانيا من توحيد القوى المعارضة لإجراء التحولات في البناء السياسي والاجتماعي وأوروبا الغربية الأخرى، وحاولت فئات الفرسان ان تواجه هذه الأوضاع، ولكن واجهت مشكلة نمو أسلحة حديثة لا تتناسب مع أسلحتها التقليدية، وفقدان دور الفرسان أمام المشاة. وأدرك الفرسان ان الخروج من أزمتهم يكمن في تقوية الإمبراطورية واقامة دولة ألمانية موحدة، ولكن هذه الطموحات انهارت ولم تحقق أي نجاح لتناقضها مع العصر.

تفاعلت هذه العوامل في تجزئة ألمانيا، وسارت من الإقطاع إلى تدهور الاقتصاد، والتناقضات الاجتماعية، والثورات الفلاحية، وانتفاضات الفرسان وسط المدن ضد الأوضاع السائدة، وتعمقت التناقضات هذه في سيادة الكنيسة الكاثوليكية في البلاد.

كانت الكنيسة الكاثوليكية تحتل موقعاً خاصاً في ألمانيا، وعدد كبير من الأساقفة ورجال الدين في ألمانيا يمثلون أمراء إقطاعيين إمبراطوريين، ويتسلم البابا مبالغ كبيرة من ألمانيا على شكل ضرائب العشر، ومبالغ التعيين في المناصب الدينية وبيع صكوك الغفران والهبات التي ترسل إلى روما من قبل الأمراء والقوى المنقذة للحجاج.

وضعفت السلطة الإمبراطورية، وتنامت السلطة البابوية في البلاد، وكانت البابوية تثير استياء أوساط واسعة من سكان ألمانيا، وكان الأمراء والنبلاء يحلمون بمصادرة ممتلكات الكنيسة.

أما سكان المدن من الطبقة الوسطى فتطلعوا إلى كنيسة قومية لا تكلفهم أموالاً طائلة، والفلاحون ينظرون إلى كبار رجال الدين نظراتهم إلى سادتهم الإقطاعيين، واتخذت المسألة الدينية في ألمانيا صفة شعبية ومسألة إنقاذ ألمانيا من البابوية مسألة

قومية. ولذلك كان من الطبيعي أن وجهت أولى الضربات في حركة الإصلاح الديني ضد البابوية في ألمانيا.

أسهم الإنسانيون في تهيئة الناس لقبول الإصلاح الديني، واهتم الإنسانيون بدارسة اللاهوت والعقيدة المسيحية، واتخذت النهضة في ألمانيا طابعاً من الإصلاح الديني وحلقات من التراث القديم في الجامعات الألمانية، وانتقدت الفلسفة المدرسية في التعليم الجامعي. وطالب الإنسانيون بتحرير العلوم من الفكر الكنسي، وتحرير الفكر من قيود الكنيسة، واهتم الإنسانيون في قضايا مهمة، مثل التطور القومي للألمان، ودور البابوية في تدهور ألمانيا.

ومن أجل إثارة الشعور القومي للألمان لجأوا إلى التراث الشعبي، وظهرت كتابات الدعوة إلى الفكر العلمي والالتزام بالخلق العليا، وتقديم الدنيا بشكل إيجابي والدعوة إلى مبادئ قومية ووطنية، ووجهت انتقادات لاذعة لرجال الدين والأوضاع الإقطاعية والفرسان السادة الذين لم يقدموا خدمات جديدة لبلادهم.

وقد مهد للحركة الإصلاحية رجال من الإنسانيين، أبرزهم أرازمس الروتردامي - (١٤٦٦-١٥٣٦م) من روتردام الهولندية - في الأصل، وقضى سنوات طويلة في أحد الأديرة، وعاش بعد ذلك في هولندا وفرنسا وإنجلترا وإيطاليا، وقضى سنوات عدة في ألمانيا، ودرس نتاجات الإنسانيين الألمان والكتابات القديمة، وكان فكر أرازمس مرتبطاً بالإنسانيين الألمان، ونال شهرة واسعة في ألمانيا، أدت ترجماته للإنجيل وكتابات آباء الكنيسة من اليونانية إلى اللاتينية دوراً بارزاً في الحياة الثقافية، وكتب بسخرية لنشر السلبيات وحياة الجهل والغباء، وانتقادات لاذعة لكبار رجال الدين، واتهمهم بالجشع وحب المال وإشعال الحروب، وإهمال الروح والفكر الحر والعقل ونشر الخرافة. كما دعا هذا المفكر الإنساني إلى وضع أسس عقلانية، وإلى ضرورة الإصلاح في الكنيسة من الداخل.

أما يوهان رينخلن (١٤٥٥-١٥٢٢م) فهو إنساني آخر في ألمانيا، وحاول رينخلن التوفيق بين الأخلاق المسيحية ومفاهيم الإنسانية، وأكد النظرة الإيجابية للحياة

الدنيا، وتجنب الصدام بالكنيسة ووقف ضد الحركة البروتستانتية، ورغم ذلك دخل في صراع طويل مع رجال الدين في كولن ووقف إلى جانبه الشباب من الإنسانيين.

أما أولريخ فون هوتن (١٤٨٨-١٥٢٣م) الذي هرب من الدير واختار حياة بسيطة، فقد كرس نفسه للحركة الإنسانية، وأكد على حياة الانسان، وهاجم البابوية بعد زيارته لروما عام ١٥١٣م، وفضح البابا وقال انه من الفاسدين، وسخر من صكوك الغفران.

وكان هوتن على علاقة بحركة الفرسان، واعتقد بأن هؤلاء سيعيدون للإمبراطورية قوتها، ودعم هوتن حركة مارتن لوثر، ودعا إلى طرد القس من ألمانيا وفرض الإصلاح بالقوة ودعم انتفاضة الفرسان عام ١٥٢٢م.

وقد أسهم الإنسانيون الألمان فكرياً في حركة الإصلاح الديني في ألمانيا، ووقع العديد من زعماء الإصلاح تحت التأثير المباشر لأفكارهم، ومنهم لوثر.

ثالثاً: الحركة اللوثرية

ظهرت حركة ثورية في ألمانيا عرفت بالإصلاح الديني، وارتبطت هذه الحركة باسم لوثر، وهو من ايسلين من سكسونيا (١٤٨٣-١٥٤٦م) من أسرة ثرية، درس في جامعة ايرفورت عام ١٥٠١م، وأصبح قساً، وعام ١٥٠٩م أصبح استاذاً للفلسفة واللاهوت في ويتنبورغ بسكسونيا.

تأثر لوثر بأفكار الإنسانيين والمصلح الديني هس، واعتنق أفكاراً تتناقض مع الكنيسة الكاثوليكية، وآمن أن خلاص الإنسان في الإيمان، وان علاقة الفرد بالله لا تحتاج إلى وسيط، وان الإيمان هو طريق الخلاص، مما يعني رفض فكرة الكنيسة القائمة على رجال الدين وسيادتهم وحق الكنيسة في سيادة العالم.

ورفض فكرة ان الكنيسة تستطيع ان تكفر ذنوب الإنسان عن طريق الطقوسية الدينية، واهتم بالكتاب المقدس بدل كتابات آباء الكنيسة وقوانين وقرارات المجامع الكنيسة والبابوات، وكانت الكنسية تعدها جزءاً مهماً من مصادر المسيحية.

وكانت آراء لوثر تهدف إلى التخلص من الكنيسة البيروقراطية التي تكاملت خلال العصور الوسطى، والعودة إلى المسيحية الديمقراطية البسيطة دون التنظيم الكنسي والطقوس الدينية، ودون التملك الإقطاعي لرجال الدين.

وكان لوثر يعبر عن الطبقة الوسطى التي تدعو إلى كنيسة بسيطة غير مكلفة، وخصص لوثر للكنيسة دوراً في تفسير نصوص الكتاب المقدس والإيمان الصحيح، وان لا يفسر المسيحيون النصوص الدينية بشكل مستقل؛ حتى لا يؤدي إلى تفسيرات ثورية واجتماعية تعارض الكنيسة من جهة، وتدعم معارضيها من جهة أخرى. ورأى لوثر في سلطة الدولة وسيلة لتوفير الأمن والنظام للفرد المسيحي، ولا بد من الانصياع لها، وهكذا فصل لوثر بين الإيمان الداخلي للفرد وطبيعة السلطة، وأكد على ان انصياع الفرد المسيحي للسلطة لا يعني فقدانه لحريته.

وقد تجمعت فئات واسعة من سكان ألمانيا حول شعارات لوثر في بداية حركته، وكل فئة تنطلق من مصالحها الخاصة للمساهمة في هذه الحركة، وكان النبلاء يطمعون في توسع ممتلكاتهم وفي الاستحواذ على ممتلكات الكنيسة الكاثوليكية، أما الفئات الفقيرة فكانت حركة الإصلاح الديني بالنسبة لها تعني إجراء تغييرات جذرية في الكنيسة والنظام الاجتماعي، ولا تهتم بالنقاشات الفكرية والدينية.

وكان من أعمال لوثر البارزة ضد الكنيسة رفض صكوك الغفران، وعلق (٩٥) بنداً وضعها على باب جامعة ويتنبورغ عام ١٥١٧م، احتجاجاً على بيع صكوك الغفران التي حولت المشاعر الدينية للفرد المسيحي إلى تجارة، واستند لوثر على نصوص الكتاب المقدس، دون ان يفكر بالانفصال عن الكنيسة الكاثوليكية، وأخذت مناقشات لوثر تثير القلق لدى البابوية، خاصة ان لوثر دخل في نقاش حول قدرة الكنيسة على أداء دورها دون البابا، وألغى دور رجال الدين، وان كل مسيحي يمثل رجل دين أمام الـلـه.

ولم ينكر هس انه وقعت تحت تأثير أفكاره المبادئ المسيحية الحقيقة على حد قوله، وانه حرف هس عملاً غير صحيح أو شرعي، ونقطة افتراق واضحة بين لوثر والكنيسة الكاثوليكية.

ثم طالب لوثر الناس بمحاربة البابوية ومن يؤيدها، ورفض الذهاب إلى روما، وفشلت البابوية في اقناع السلطات بإلقاء القبض عليه، وفي أيلول/ سبتمبر ١٥٢٠م أصدرت البابوية قرار الحرمان بحق لوثر، ورد عليه بمقالات شديدة العنف هاجمت البابوية والكنيسة الكاثوليكية، ووصف البابا بعدو المسيح وأحرق قرار الحرمان علناً في جامعة ويتنبروغ.

وطالب لوثر الإمبراطور شارل الخامس ان يحرر روما نفسها من البابوية ومصادرة ممتلكاتها في ألمانيا، حيث طمع شارل الخامس بإقامة إمبراطورية كاثوليكية عالمية بدعم من البابوية، فرأى في لوثر خطراً عليه.

اجتمع الرايخ بحضور شارل الخامس الذي عرف بعدائه للخارجين على الكنيسة، ودعمه البابوية بطرق شتى، وكان شارل يحتاج البابوية في حروبه الإيطالية ضد ملك فرنسا، وطلب من لوثر ان يتخلى عن آرائه، لكنه رغم ذلك رفض وقال انه لن يتخلى عنها، وانه على حق تبعاً لنصوص الكتاب المقدس، لذلك لم يتخذ الرايخ أي قرار بشأن لوثر.

وفي آيار/ مايو ١٥٢١م قام شارل الخامس بالقبض على لوثر، وحرق كتبه وصادر ممتلكات أعوانه، لكن صاحب سكسونيا حمى لوثر وأخفاه في قلعته، حيث وجد سكسونيا بالحركة اللوثرية وسيلة له في مجابهة مخططات الإمبراطور واتباعه، وظل لوثر في مخبئه حتى آذار/ مارس ١٥٢٢م ثم عاد لموطنه وظل اعتقاله دون تنفيذ، وترجم لوثر الإنجيل إلى اللغة الألمانية، وأثرت الترجمة في تطور الإصلاح في ألمانيا، واستفاد الألمان من هذه النصوص في دعم مطالبهم الاجتماعية والسياسية.

ثم أخذ لوثر يستخدم أساليب سلمية علنية للإصلاح الديني ويطالب بفصل الكنيسة الألمانية عن البابوية، ومصادرة ممتلكات الكنيسة، وإقامة تنظيم كنسي جديد، وتقرب إلى الأمراء الألمان، وابتعد عن الجماهير تدريجياً. وظهرت تيارات في حركة الإصلاح الديني في ألمانيا أكثر تشدداً من لوثر، مثل توماس موندير، وظهرت بداية انشقاق حركة الإصلاح الديني في ألمانيا. وكان مونزير معجباً بموقف لوثر من البابوية، وبشر بأفكاره، ثم اختلف معه، وتشدد أكثر، ووصفه بالانتهازية.

فهاجم مونزير الإقطاعيين والنبلاء ورجال الدين، وآمن بالعقل الإنساني وعدّه سيد الأشياء، وان المسيح إنسان عادي ونبي، وآمن بعودة المسيح إلى الأرض، وفسر ذلك بثورة اجتماعية. وعد الأمراء والفرسان مستغلين يجب القضاء عليهم، ودعا لاتحاد مسيحي شامل لتنفيذ المهمة، وبعد طرده من سكسونيا جاب الأقاليم والبلدان.

وقد اندلعت الحرب الفلاحية الكبرى في (١٥٢٤-١٥٢٥م) التي أصبحت حركة شعبية واسعة، شملت مناطق واسعة من البلاد، وهددت النظام الإقطاعي، واستمرت الحرب حتى عام ١٥٢٦م. وطالب الفلاحون بإلغاء الضرائب والاتاوات وأعمال السخرة، وإعادة الأراضي العامة لهم، وإلغاء ضريبة العشر، ووضعت مطالبهم في وثيقة (البنود الاثني عشر)، وتمكن الإمبراطور والأمراء والبابا من قمع الحركة، وقتل الكثير من الفلاحين. وقد فشلت الحرب الفلاحية في تحقيق أهدافها، وادى ذلك إلى تقوية نفوذ الأمراء والإقطاعيين، وبعث الإقطاع، وتجزئة البلاد سياسياً.

وفشل الحركة الفلاحية وضع حركة الإصلاح الديني أمام الخطر، وحاولت الكنيسة استعادة نفوذها وهيمنتها من جديد على ألمانيا، ووقف الأمراء الذين تمكنوا حتى هذه الفترة من الاستحواذ على مساحات من ممتلكات الكنيسة المصادرة - وقفوا ضد هذا التوجه.

وتسبب هذا النزاع في الحرب بين الإمبراطور والأمراء الكاثوليك ومن خلفهم البابوية من جهة، والأمراء اللوثريون البروتستانت من جهة أخرى، وكان الحلف البروتستانتي للأمراء اللوثريين قد ظهر في ثلاثينيات القرن السادس عشر في ألمانيا، ووسع الأمراء البروتستانت ممتلكاتهم على حساب أراضي الكنيسة.

لكن الإمبراطور بدأ - بعد توقيع الصلح مع ملك فرنسا عام ١٥٤٦م - يتفرغ لمحاربة الأمراء البروتستانت، واستعان في صراعه معهم بجيش إسباني ضم (٤٠) ألف شخص. واندلعت الحرب بين الطرفين، وهزم الإمبراطور الأمراء اللوثريين عام ١٥٤٧م، واستسلموا للإمبراطور الذي يعمل من أجل فرض الكاثوليكية من جديد على كل ألمانيا، ويحاول تقليص نفوذ الأمراء، وأثارت إجراءاته هذه استياء البروتستانت مع

الكاثوليك. وهكذا عقد حلف من البروتستانت والكاثوليك ضد الإمبراطور، ودعمه البابا خشية من الإمبراطور، وكان ذلك سراً.

وشن الأمراء هجوماً ضد الإمبراطور، وهزموه عام ١٥٥٢م، وهرب إلى كارنتيا، حيث كان شقيقة حاكماً عليها، وبعد مفاوضات طويلة بين شارل الخامس والأمراء وبوساطة شقيقة فرديناند وقع عام ١٥٥٥م صلح اوغسبورغ، الذي أعطى الحق للأمير في اختيار المذهب لسكان الإمارة، واعترافاً منه بانهيار مشاريعه وأحلامه التوسعية.

وتنازل شارل الخامس عن عرش الإمبراطورية في العام نفسه وخلفه فرديانو. لكن أسباب الصراع بقيت في ألمانيا، من صراعات وحروب دينية وشهدت حرب الثلاثين عاماً (١٦١٨-١٦٤٨م)، وانهارت أحلام شارل الخامس، واستمرت التجزئة السياسية والاقتصادية، وضعفت السلطة المركزية، وتنامت سلطة الأمراء والإقطاعيين في البلاد في ألمانيا، وانقسمت إلى كاثوليك وبروتستانت، ونشب صراع بين الأمراء والإقطاعيين الألمان، واكتسب الصراع بعداً دينياً، بل سياسياً.

رابعاً: الإصلاح الديني في سويسرا

تتكون سويسرا في العصر الحديث من مقاطعات أو كانتونات، وحصل اتحادها هذا على اعتراف الإمبراطورية الرومانية المقدسة مطلع القرن السادس عشر، وظلت سويسرا تعاني من تدخل الدول الأوروبية المجاورة في شؤونها الداخلية، واستخدام السويسريين كمرتزقة في الجيوش الأوروبية المتحاربة، وكانت المقاطعات الكبيرة تتدخل بين الحكومات الأوروبية والمقاطعات الصغيرة الريفية في جمع المرتزقة وإرسالهم إلى ميادين المعارك والحروب في مختلف الأراضي والجبهات الأوروبية.

وأدركت بعض القوى السويسرية الأخطار الناتجة عن هذه الظاهرة، وتعرقل هدفها في إقامة دولة مركزية موحدة، ولذلك استقبلت هذه القوى حركة الإصلاح الديني بالقبول، وحاولت ان تستخدمها كوسيلة نحو بعث سويسرا من أجل ان تكون قوة سياسية، وإلحاق الهزيمة برجال الدين والإقطاعيين. وتزعم الإصلاح الديني في سويسرا زوينكلي، وهو أولريخ زوينكلي، من أسرة فلاحية مرموقة (١٤٨٤-١٥٣١م)،

وحصل نتيجة لظروفه الجيدة على ثقافة متميزة، ودرس في جامعة فينا، وأجاد اليونانية واللاتينية، واعتنق الفكر الإنساني بفضل علاقته مع ارازمس الروتردامي.

دعا زوينكلي إلى نقاء المسيحية من الشوائب التي علقت في العصور الوسطى، وانفصل عن الكنيسة عام ١٥١٩م، ونشر أفكاره الإصلاحية في عام ١٥٢٢م في سبع وستين مادة، وفسر النصوص الدينية عن طريق العقل أفضل من مارتن لوثر، وأعطى رعاياه في الكنيسة نوعاً من الديمقراطية في انتخاب زعمائهم بأنفسهم، وعقد المناقشات والمؤتمرات، وبحث القضايا المهمة.

وكانت زيوريخ مركز الحركة الزوينكلية، وانتشرت في المدن السويسرية الأخرى، ودعمت المقاطعات الحضرية زوينكلي، ووقفت الريفية إلى جانب البابوية والإمبراطور ضد زوينكلي، مما أدى إلى صراعات بين الطرفين: الحضر والريف، وأسهم زوينكلي شخصياً في المعارك، فقتل في معركة عام ١٥٣١م، وخسرت المقاطعات الحضرية، وفرضت عليها غرامات مالية، ومنعت من ممارسة السياسة أو التدخل فيها في المقاطعات الريفية.

فقدت حركة الإصلاح السويسرية بمقتل زوينكلي رائداً ونصيراً لها، وأخذت جنيف تحل محل زيوريخ، وارتبطت باسم جان كالفن (١٥٠٩-١٥٦٤م) الفرنسي الذي درس في جامعة باريس مادة القانون والعلوم الكلاسيكية، وأجاد اللغات القديمة والتاريخ واللاهوت، وتحول إلى البروتستانتية متأثراً بأفكار لوثر. وعندما واجه اتباعه الاضطهاد هرب إلى ألمانيا، ثم إلى بازل السويسرية ورومي إلى جنيف لتزعم حركة الإصلاح الديني فيها.

وضع كالفن أفكاره عام ١٥٣٦ في كتابه (تنظيمات العقيدة المسيحية)، وانتشر بين البروتستانت، وهو باللاتينية، وترجم للغات أوروبية أخرى، ورفض فكرة الكنيسة الخاصة، ولكنه أجبر عليها فيما بعد بسبب الإصلاح الكاثوليكي المضاد والنزعة الثورية بين أنصار الإصلاح الديني.

وانطلق كالفن من فكرة ان الخلاص يتم عبر الإيمان، وان خلاص الإنسان أو عدمه قدر أزلي، وان على الإنسان المؤمن ان يدرك انه مختار أساساً.

واهتم بالكنيسة وتنظيمها، وأنها جمع أهل الروح والمختارين المنتخبين، ووضع لها نظاماً شديداً، ويُنتخب المسؤولون في كنيسته من أنصار الكنيسة أنفسهم ولا يقتصر ذلك على الزعيم الدنيوي لكنيسته، بل الروحي أيضاً، وعقدت مؤتمرات السينود لإدارة شؤون الكنيسة.

وترأس كالفن الحزب البروتستاني في جنيف وكنيستها، وخضع له المجلس المحلي في المدينة بين (١٥٤٠-١٥٦٤م)، وفرض الزهد على الناس ومنع البذخ والاحتفالات والرقص والموسيقى وأقام أكاديمية بروتستانتية انطلق منها مبشرون إلى أوروبا، وعدت جنيف مثابة بابوية البروتستانت.

واهتم كالفن بالعمل، ورفض السلبية تجاه الدنيا، ودعا للنشاط الخلاق، وعارض الترف، ودعا للتقشف، وتقليص العطل والأعياد، وتنظيم الاقتصاد الأسري، ومكافحة روح الاستهلاك، وأكد على أهمية النواحي الاجتماعية والاقتصادية والسياسية بدعمها لحركة الإصلاح، وأكد وحقق ذلك في جنيف، وان السلطة أداة لخدمة المؤمنين والحفاظ على المسيحية، وان غضب الله على الكنيسة أو الإرادة الإلهية إذا خرجت عن الطريق القويم.

أصبحت الكالفنية مذهباً دينياً عالمياً، وانتشرت في أوروبا، وخاصة على الأراضي المنخفضة وفرنسا، وسُمُّوا أتباعها هيكونوت، وحاولت الكنيسة الكاثوليكية احتواء البروتستانتية أو الحد منها، وعرفت بحركة الإصلاح الكاثوليكي المضاد.

خامساً: الإصلاح الديني في إنكلترا

وقفت الملكية ضد الإصلاح، ثم تبنته حتى ان هنري الثامن قاد الإصلاح في إنكلترا، وأرسل إلى البابا عام ١٥٢١م كتاباً بهذا الخصوص، واقتنع حكام البلاد بأن الإصلاح في الكنيسة الإنكليزية مهم في تعزيز الملكية، ولذلك تميز الإصلاح في إنكلترا بأن الملكية هي التي قادته عكس حركات الإصلاح الأخرى في أوروبا.

انفصلت الكنيسة الإنكليزية عن البابوية لرفض البابا الموافقة على طلاق هنري من زوجته كاترين الأرغونية، ورداً على ذلك قرر البرلمان عام ١٥٣٤م فصل

الكنيسة عن كنيسة روما، وعد ملك إنكلترا رئيساً للكنيسة بدلاً من البابا، ولكن بقيت طقوس الكاثوليكية كما هي.

وكانت رغبة النبلاء والسلطة الملكية وراء السبب الحقيقي لانفصال الكنيسة الإنكليزية عن روما، حيث حاولوا استخدام الكنيسة كأداة للحكم المطلق والاستحواذ على ممتلكات الكنيسة الواسعة في إنكلترا، ورغبت البرجوازية في إقامة كنيسة لا تكلف موارد باهضة، فقرر البرلمان بناء عليه ان يغلق الأديرة ويصادر ممتلكاتها لصالح الملكية والنبلاء الجدد.

وصدرت قوانين خضوع الإنكليز للكنيسة الجديدة وهي الكنيسة الإنكليزية، والموت هو عقوبة الإنكليزي الذي لا يخضع لها، ومنع هنري الثامن الناس من قراءة الكتاب المقدس بشكل فردي؛ خوفاً من المعارضة الشعبية. وأبرز رواد الإصلاح توماس كرومويل سكرتير الملك هنري الثامن، وتوماس كرامر رئيس أساقفة كنتربري بعد فصل الكنيسة الإنكليزية عن روما.

وبعد هنري الثامن أصبح ابنه ملكاً، وهو صغير السن، وأشرف على الحكم مجلس وصاية يميل إلى البروتستانتية، وتقربت الكنيسة الإنكليزية في ظل حكم إدوارد السادس (١٥٤٧-١٥٥٣) من البروتستانتية، وخاصة الكالفنية.

وبعد وفاة إدوارد أصبحت ماري تيودور ابنة هنري من كاترين الأرغونية ملكة على البلاد، وهي كاثوليكية متزمتة وزعيمة الحزب الكاثوليكي في البلاد، تزوجت من فيليب الثاني ملك إسبانيا، وهو واحد من زعماء الكاثوليكية المتشددين.

حاولت ماري تيودور التعاون مع النبلاء الكاثوليك - وبالدعم الإسباني لها - ان تعيد الكاثوليكية لإنكلترا وملاحقة البروتستانت، وأحرقت الآلاف منهم، وسميت ماري الدموية.

وفشلت جميع المؤامرات للتخلص منها، ومن ثم توفيت عام ١٥٥٨م، وأصبحت اليزابيث ابنة هنري من آن بولين ملكة على البلاد (١٥٥٨-١٦٠٣م) بدعم من البروتستانت، وأقرت البروتستانتية المعتدلة بشكل تام في إنكلترا وأقر البرلمان عام ١٥٥٩م من جديد سيادة الملك على الكنيسة.

وجرى عام ١٥٧١ تنظيم الكنيسة في (٣٩ بنداً)، مزج بين الكالفينية والكاثوليكية، وأصبحت الإنكليزية لغة الطقوس الدينية، وفرضت عليها ضرائب إضافية، ومنع التحول من البروتستانتية إلى الكاثوليكية، وعقوبته الخيانة العظمى، ومنع الجزويت من دخول البلاد، فترسخت الانكليكانية المعتدلة المستقلة في إنكلترا.

سادساً: الإصلاح الديني في فرنسا

انتشرت فكرة الإصلاح الديني في فرنسا وسط الإنسانيين، وقد تُرجم الكتاب المقدس إلى اللغة الفرنسية، واستطاع انصار لوثر الذين دخلوا البلاد ان ينشروا الإصلاح ويبشروا بأفكاره. وكانت الملكية والطبقة الوسطى متمسكة بالكاثوليكية، فلم يحظ الإصلاح بقاعدة واسعة، والكنيسة الفرنسية لم تكن خاضعة للبابوية، بل ان ملوك فرنسا يفرضون عليها إرادتهم منذ زمن بعيد، والفلاحون متمسكون بالكاثوليكية. أما النبلاء والإقطاعيون الفرنسيون فهم منشغلون بتحقيق أطماعهم في الحروب الإيطالية، وغير مكترثين بالإصلاح الديني، فلم تتوفر لفرنسا ظروف ملائمة مثل ألمانيا والأراضي المنخفضة وسويسرا لظهور حركة الإصلاح الديني.

سمح فرانسوا الاول بانتشار البروتستانتية لانشغاله بالصراع مع شارل الخامس، وليضمن دعم الأمراء البروتستانت له، ولكن ملك فرنسا بدأ حملة ضد البروتستانت بعد ذلك في فرنسا، واستخدم الحرق والاعتقال، وأعاد محاكم التفتيش إلى فرنسا عام ١٥٤٠م.

أثارت الكالفنية تخوف السلطة الفرنسية في عهد هنري الثاني الذي أقام محكمة طوارئ للقضاء عليها، وحكم على مئات من أتباعها بأحكام شتى، ولكن رغم ذلك استمرت حركة الإصلاح الديني في فرنسا، وازداد اتباع الكالفنية، وسُموا (الهيكونوت)، وهي كلمة فرنسية تعني أنصار الإصلاح الديني، ودخل فيها نبلاء فرنسيون في الجنوب والجنوب الغربي، ليقفوا ضد السلطة سياسياً وأيدلوجياً.

عاشت الملكية الفرنسية أزمة في الحروب الإيطالية، وفشل تحقيق أطماع النبلاء الفرنسيين فيها، وثورة الأسعار، وعجز النبلاء عن الحياة المترفة كما كانوا من قبل، وحاولوا استخدام الهيكونوت لتحقيق أهدافهم بعد هنري الثاني. وانقسمت فرنسا

إلى تيارين دارت بينهما حرب الثلاثين عاماً (١٥٦٢-١٥٩٨م)، عرفت بالحروب الهيكونوتية.

انتهت الحروب بإصدار مرسوم نانت عام ١٥٩٨م، حاول هنري الرابع إصلاح الأمر بين الهيكونوت الذين انتمى إليهم قبل ان يصل العرش، وبين الكاثوليك الذين أصبح واحداً منهم عندما وصل العرش، وعدّ المرسوم أن الكاثوليكية الدين الرسمي للدولة، واستعاد رجالها الأراضي والممتلكات، وحصل الهيكونوت على ممارسة الطقوس الدينية وعقد الاجتماعات السياسية والدينية وعلى وجود ممثلين لهم في البلاط الملكي، ولهم ٢٠٠ قلعة وضمان تنفيذ مرسوم نانت. وكان هذا المرسوم مثالاً لسيادة روح التسامح الديني في أوروبا، وأمل هنري الرابع ان يؤدي المرسوم إلى إخضاع الهيكونوت للسلطة المركزية، حيث تخلى هؤلاء عن مواقفهم السياسية المعارضة للملكية[٤].

سابعاً: الإصلاح المضاد

أخذت البروتستانتية تنتشر في أوروبا، وانفصلت الكنيسة الإنكليزية عن روما في عهد هنري الثامن، وانتشرت الكالفنية في الأراضي المنخفضة، وازداد عدد الهيكونوت في فرنسا. وانقسمت ألمانيا إلى كاثوليك ولوثريين، وتغلغلت الكالفنية والزوبنكلية إلى مناطق البلاد البعيدة، وانتشرت البروتستانتية في الدولة الإسكندنافية وبولندا وهنغاريا، وارتفعت داخل الكنيسة الكاثوليكية أصوات تطالب بالإصلاح وانقاذ الكنيسة من السلبيات.

كان لا بد للبابوية والكنيسة الكاثوليكية ان ترد على هذه التحديات، وتتخذ الإجراءات الضرورية للإبقاء على نفوذها وسلطتها أمام العالم المسيحي، وعرفت بـ(الإصلاح الديني المضاد)، أو الإصلاح المضاد كما سماها أنصار الكنيسة الكاثوليكية.

بدأت الكنيسة الكاثوليكية هجومها على البروتستانتية مع دعم القوى الإقطاعية والملكيات المطلقة في النمسا وإسبانيا وفرنسا التي احتاجت الكاثوليكية كقوة سياسية وأيديولوجية لإبقاء نفوذها على الناس، وكانت الكنيسة الكاثوليكية تتميز بمركزيتها تتلقى

مؤسساتها الأوامر من البابوية، ورغم أنها قدمت تنازلات أمام تحديات البروتستانتية مع بعض الإصلاحات داخل الكنيسة ذاتها، إلا أنها كانت بحاجة إلى توحيد قواها الكاثوليكية وتجسيد هيبة ومكانة البابوية.

استخدمت الكاثوليكية أساليب عدة في الإصلاح المضاد، فأدت جمعية الجزويت (أي الآباء اليسوعيين) دوراً في الإصلاح الكاثوليكي المضاد، وأسسها الإسباني اكناتيوس ليولا (١٤٩١-١٥٥٦م)، واعترفت بها البابوية عام ١٥٤٠م، وهدفها الأساس تأمين سيادة الكاثوليكية بكل الوسائل، وشعارها: الغاية تبرر الوسيلة. وكان الجزويت يعملون للدنيا والحياة مثل العمل للدين، ومارست الجمعية عدة نشاطات، وفرضت الكاثوليكية في جنوب ألمانيا وبولندا وهنغاريا، وأشرف أعضاؤها على المدارس في عدة دول لتربية جيل بروح كاثوليكية متشددة، وأشرفوا على تربية أبناء الملوك، وتغلغلوا في البلاط، واحتلوا مناصب مهمة في الملكية، واهتموا بالتبشير الكاثوليكي في العالم الجديد وجنوب شرق فرنسا.

وأثارت نشاطات الجزويت ضجر وغضب أوساط المفكرين في أوروبا من الأحرار، وانتقدها حتى الكاثوليك، وقام البابا كليمنت الرابع عشر بمنع نشاطها عام ١٧٧٣م، ثم عادت للعمل عام ١٨١٦م. وكان عَقْدُ مجمع ترنت (١٥٤٥-١٥٦٣م) وسيلة أخرى من وسائل الكاثوليكية لصياغة مشروعها ضد البروتستانتية، ورفض المجمع أية مساومة مع البروتستانت، وعدّوهم "مارقين"، وأكد المجمع أن البابا هو الزعيم الأعلى للكنيسة الكاثوليكية، وأقر الطقوس الكاثوليكية والتنظيم الكنسي، واستخدام اللغة اللاتينية، مع التأكيد على ضرورة الاهتمام بتعليم رجال الدين وإعادة النظر في تنظيم الأديرة على أسس جديدة.

وفرضت البابوية رقابة صارمة على الإنتاج الفكري وصدرت الكتب الممنوعة على الكاثوليك، عُرفت الفهرست، وهي كتب بروتستانتية لا تنسجم مع الفكر الكاثوليكي. وأدت محاكم التفتيش - التي اعادت البابوية نشاطها - دوراً قاسياً في التخلص من القوى المعارضة للبابوية والكاثوليكية، ودفع المفكرون ورجال الدين حياتهم ثمناً لفكرة، أو كلمة نقدوا فيها البابوية أو الكاثوليكية.

نجحت البابوية من خلال هذه الوسائل بان تحقق تقدماً في بولندا وبوهيميا وإيطاليا وإسبانيا والمجر، ولكنها لم تتمكن من الإصلاح المعاكس بحق من خلال قلع جذور البروتستانتية من أوروبا.

وهكذا فإن نتيجة الصراع الفكري والديني بين البروتستانتية والكاثوليكية أن انقسمت أوروبا عبر دولها ومقاطعاتها إلى لوثرية وزوينكلية وكالفنية وانكليكانية، وساد التعصب الديني، واندلعت الحروب الدينية والمذهبية، ولحقت خسائر اقتصادية وبشرية نتيجة ذلك، وتوقفت عملية التطور أو التكامل القومي في ألمانيا وإيطاليا خاصة.

وأدى الإصلاح الديني إلى تقدم الفكر الأوروبي، وتحرر العقول من التعصب والتزمت، وسيادة روح التسامح والنقاش الفكري، وعُدّ الإصلاح الديني مرحلة مهمة من تاريخ أوروبا الحديث.

الفصل الرابع

الإصلاح المضاد

أو الكاثوليكي

أولاً: الكنيسة الكاثوليكية والإصلاح المضاد.

١- البابوية.

٢- اليسوعيون.

٣-الفن الباروكي.

ثانياً: محاكم التفتيش.

ثالثاً: ثورة الأراضي المنخفضة.

رابعاً: الإصلاح المضاد في النمسا.

عندما انتهى مجمع ترنت في الرابع من ديسمبر/كانون أول ١٥٦٣م في دورته الثالثة وبعد انقطاع لمرتين - وأخيراً - فإن مطالبات قادة الإصلاح الديني، مثل مارتن لوثر قد لقيت صدى في تثبيت مذهب الكنيسة الرومانية في مواجهة التيارات الأخرى الزاحفة من أحضان اللوثرية، مثل الكالفنية والإنكليكانية. وبدأت الكاثوليكية تسعى لاستعادة مواقعها التي فقدتها في إطار مجمع فيه المؤمنين من أنصارها لكي تغذيهم بعقيدتها.

أولاً: الكنيسة الكاثوليكية والإصلاح المضاد

انجرفت أوروبا بعد دعوات الإصلاح الديني في تيارات عنيفة بين الكاثوليكية والبروتستانتية، وظهر الإصلاح الكاثوليكي بعد عهد طويل من المعاناة، وتصورت الكنيسة الرومانية نفسها في مواجهة معركة، سواء من محبة المسيحية أو مواجهة التحدي الجديد. وصورت ان الإنسان الذي يتبع مذاهب ضالة وينفصل عن كنيسة المسيح يكون في خطيئة، وينبغي إرشاده إلى خطاياه، ومن ثم إعادته إلى الدين القويم، والا مات مذنباً. وان المسؤولية ملقاة أيضاً على عاتق الأمراء الكاثوليك بموجب سلطتهم على الرعايا المسيحيين وحماستهم الدينية.

وأصبحت منذ ذلك الحين الكنيسة الكاثوليكية تمتلك مقومات هذه المواجهة في معارضة وجهة النظر البروتستانتية، وتعزيز سلطة الكاهن باسم الأسرار المقدسة في غفر الخطايا وتقديس الخبز والنبيذ وممارسة المسحة الأخيرة على الموتى، وتكليل أزواج المستقبل، ومن ثم يبقى الكاهن محور الحياة الاجتماعية ويعمل على خلاص المؤمنين.

وقد أيد المجمع الاعتراف أمام الكاهن، الذي كان الناس يهتمون به، وجدد المجمع تأكيده على وجود المسيح في القربان المقدس، وأوصى بعبادة القربان المقدس، ومن ثم عبادة اللـه الموجود في القربان القائم على المذبح أو محمول من خلال مواكب الزواج. ثم دعا المجمع إلى اعداد دين مسيحي حساس وحركي بدعوته إلى تبجيل الصور، وان على الأسقف ان يسهر على كون التماثيل واللوحات غير متعارضة مع الدين القويم، وان تيسر الصور تعليم الناس الذين هم جهلة وغير متعلمين، فاندمجت

المقدسات مع الحياة اليومية وتم الاحتفاظ باللغة اللاتينية كلغة طقوس دينية، اما الوعظ فيبقى باللهجة العامية. وقد عبرت عن عهد الإصلاح المضاد ثلاث ظواهر، هي: البابوية، والرهبانية اليسوعية، والفن الباروكي.

١- البابوية:

استطاعت البابوية ان تخرج من أعمال المجمع قوية، واستفادت من البابوات في مجالات عدة، وكذلك من المعتقدات في ترنت، وفي عهد غريغوار الثامن وسكسنوس الخامس أصبح البابا سيداً في روما، وأصبحت السلطة التنفيذية بين يدي البابا ورئيس وزرائه الكاردينال أمين سر الدولة ومعه نائب البابا الذي يرأس المجلس الرسولي ويدير أموال الكنيسة، وأصبح البابا منذ عام ١٥٢٢م إيطالياً.

وأصبح الكرسي الرسولي ركناً هاماً من أركان الدبلوماسية الأوروبية، ويتدخل في الشؤون الإيطالية والعالم المسيحي بأسره لمحاربة الكفر والهرطقة، أي الدولة العثمانية والبروتستانتية وانصارهما، وكان الصراع البابوي مع العرش الإنكليزي سواء في عهد هنري الثالث أو خلفه هنري دونافار.

وقد استنكر الكاثوليك في فرنسا تدخل روما في الشؤون الداخلية للولايات، في حين رفضت الكنيسة الإنكليكانية من خلال البرلمان الإنكليزي عدم إقرار أية مراسيم صادرة من مجمع ترنت، وعدم إعطائه صلاحية ان يكون قانوناً للدولة.

٢- اليسوعيون:

أعد الكرسي اليسوعي منذ عام ١٥٤٠م (الرهبانية اليسوعية)، ومؤسسها القديس اينياس دولوايولا، ووضعها تحت سلطة البابوية مباشرة، وظهرت بموجب مرسوم البابا بولس الثالث تحت اسم "التنظيم العسكري الكنسي"، وضمت في البداية (٦٠) عضواً.

ونشرت عام ١٥٥١م قوانينها الأساسية على أساس استكمال الممارسات الدينية بموجب نقطتين: سلطات القائد الواسعة، والخضوع للقوانين. وكان القائد يعين في الوظائف وينشئ الولايات والأقاليم الجديدة، وكانت الطاعة من الجندي للقائد بشكل صارم وتام، واكتسبت تدريجياً سلطة روحانية تنظيمية، وأنشئت لاهداف تبدو تبشيرية

ولتوعية المجتمع المسيحي في أوروبا بالكاثوليكية عن طريق التعليم وممارسة التأثير المباشر على النبلاء والأمراء بتوجيه ضمائرهم، ويصبح اليسوعي مرشداً وكاهناً ومعلماً.

وأسس اليسوعيون المدارس الثانوية، وهدفها نشر أكبر قدر من الثقافة العامة وإعداد المسيحي، وتم اختيارهم من ذوي المقامات الرفيعة ومن الوسط الشعبي، ثم استقبلت ابناء النبلاء والبروتستانت لتغير معتقداتهم. وشدد اليسوعيون على اللاتينية الكلاسيكية والممارسات الدينية والمسرح والتمارين الجسدية، وساد التعليم اليسوعي في التربية الأوروبية تدريجياً، خاصة بعد ان برز هدف تربية الإنسان العلماني، وليس الديني فحسب.

ثم مارسوا ديكتاتورية فكرية عندما انيطت بهم بعد عام ١٦٢٠ مهمة الإشراف على جامعة فينا وبراغ، واستقروا بعد ذلك في هنغاريا في ظل آل هبسبورغ، وأسسوا عام ١٦٣٢م في ترنافا أكاديمية تحولت إلى جامعة بودابست على يد الكاردينال بازماني. وقد اتخذ جميع الملوك الكاثوليك والأمراء مرشدين لهم من اليسوعيين، مثل هنري الرابع، وفرديناند الثاني، وعملوا على اتباع سياسة إرضاء ومواءمة مع روما وإسبانيا.

وانتقل هؤلاء المبشرون اليسوعيون إلى الهند والصين، وفرضوا نفوذهم في بلاط بكين بفضل سعة اطلاعهم ومعارفهم الفلكية، وعام ١٦٤٠م جعلوا من كندا مركزاً لنشاطهم الخاص.

٣- الفن الباروكي:

ركزت الكنيسة في روما على ضرب المعتقدات الخرافية، وذلك بإقامتها احتفالات طقوسية ضخمة لتنمية المشاعر الدينية الكاثوليكية في نفوس المؤمنين من المسيحيين، وقامت لكي تشجع على الزياحات والوفود والحج، حيث يدعو المبشرون إلى نبذ الخطيئة، إلا أن أفضل وسيلة تعبد كانت الرسوم والفن والزخرفة في رسم صورة المعابد والكنيسة، ولهذا ظهر "الفن الباروكي"، متوافقاً مع الأهداف التربوية لدى الآباء لترسيخ المعتقدات الجديدة في ذهنية الناس.

وشجع المجمع على تبجيل الصور وزخرفة الكنائس وتجديد الكنيسة الكاثوليكية وبناء كنائس جديدة، وإعادة تشييد الصروح القديمة بما يلائم روح العصر، واستخدموا روما كنموذج لهذا العمل المعماري من الطراز القوطي.

لقد استعادت روما بريقها السابق كعاصمة للعالم المسيحي، واعتمدت على الضرائب البابوية في مواردها المالية، وعلى ما يقدمه الحجاج الأجانب والصناعات المعمارية والكمالية، وقام البابوات بمناصرة العلم والعلماء واستثمار الموارد المالية وتشجيع المؤسسات الخيرية تحت أشراف الكرادلة.

ثانياً: محاكم التفتيش

كانت إسبانيا القوة الأوروبية الأولى، ورغم ثرواتها التجارية الكبيرة فإنها عانت في عهد فيليب الثاني من أزمات الإفلاس المالي رغم انه كان يملك الأموال لتجهيز الجيوش والقطعات البحرية واستخدامها من أجل توحيد شبه الجزيرة الأيبيرية تحت غطاء ديني. وتشدد عام ١٥٣٠م ضد اللوثريين، وصدرت الأوامر للإسبان الدارسين في الخارج بالعودة إلى بلادهم، وأصدر المحقق الجديد في محكمة التفتيش فهرساً بالكتب المحرمة أشد صرامة من فهرس روما، ثم في عامي ١٥٥٩و١٥٦١ تم إعلان أحكام الإعدام حرقاً في مدينتي بلدالوليد وبورغوس ضد المؤيدون للإصلاح، ومنهم كاهن شارل وهو كازالا، ورجالات الأدب والأرستقراطيين والكهنة.

واتهم عام ١٥٥٩م أسقف طليطلة كبير أساقفة إسبانيا بالهرطقة، وكان هذا وذاك من تدبير محكمة التفتيش التي راحت تطارد من تراهم أو تصفهم بالهراطقة. وبتعصب واضح لقتل الفكر الحر والرغبة في القراءة والكتابة، وفي يوم الميلاد عام ١٥٦٨م قام مسلمو غرناطة بتمرد تم قمعه بشدة، وهكذا ظلت إسبانيا معقلاً ضد الكاثوليك. ونجح فيليب الثاني في خلق مجتمع خاص مغلق، قائم على النقاء الديني والعرقي الوحيد من نوعه في أوروبا.

ثالثاً: ثورة الأراضي المنخفضة

شهدت هذه الأراضي في النصف الثاني من القرن السادس عشر ثورة، وكان شارل يتابع اللوثريين والكالفنيين واتباع الإصلاح الديني الآخرين، ويلاحق البدع

وقمعها. وأرسى نظاماً بوليسياً حقيقياً، ثم جاء فيليب الثاني ليشن حملة نهائية ووضع منشورات المراقبة العامة والتامة، وجعل البروتستانت خارجين على القانون، وأنشأ اسقفيات جديدة، وعيّن أساقفة من غير النبلاء، وأسس جامعة (دواي)، ونشر قرارات مجمع ترنت.

ثم خلفه على البلاد الوصية على العرش مارغريت دو بارم ابنة شارل غير الشرعية، وسار الكالفنيون على رأس حركة المقاومة والمسلحة وانضموا إلى النبلاء، وشهد عام ١٥٦٧م التمرد القومي، وطالبوا بإلغاء المناشير المعادية للبدع، وراح الشعب ينهب الكنائس والأديرة ويقتل الرهبان والراهبات. وعند ذاك عد فيليب الثاني ان هذا العمل موجه ضد سلطته المطلقة، وأدرك ان العقد بينه وبين الشعب قد انتهى، وأراد ان يعاقب رعاياه، ورأى ان لا يبرز القضية وكأنها صراع ضد أصحاب البدع والإصلاحيين؛ كي لا يثير حفيظة البروتستانت، وعد القضية عقاباً عادلاً ضد أصحاب البدع المتمردين حسب رأيه.

وجند من اللوثريين مرتزقة، واعتقدوا أنهم يدافعون من أجل الكاثوليكية، ولقب الجيش بـ(الجيوش الكاثوليكية) التي تناضل في سبيل الله والملك والوطن، وكان ذا تشكيلة أممية نم ألمانيا وسويسرا ونابولي وأيرلندا ودوق ألبا.   وفي عام ١٥٦٨م أرسل فيليب الثاني دوق ألبا على رأس أحد الجيوش ليبدأ (حرب الثمانين عاماً) التي انتهت بمعاهدة وستغاليا.

واسس هذا الدوق (لجنة الاضطرابات) في معاقبة المتمردين والأعداء وأصحاب البدع، واشهر ضحاياها الكونت دو غمون، والكونت دو هورن، وقد قام أمير اورانج غليوم دو ناساو بتسلم القيادة، واعتمد على مرتزقة من البحارة، وأسسها في هولندا وأيرلندا. وتم تقسيم البلاد عام ١٥٧٧م في معاهدة في (غاندا)، حيث قُسمت الأراضي المنخفضة إلى دولتين: القسم الشمالي ذو الأكثرية الكالفنية، والقسم الجنوبي تحت وصاية الملك إسبانيا بهدف حماية المذهب الكاثوليكي، وفي عام ١٥٩٨م وضع فيليب الثاني الأراضي المنخفضة في عهدة ابنته إيزابيل وزوجها الأرشيدوق البرق.

ونعمت الأراضي المنخفضة باستقلالها في عام ١٥٩٨م حتى عام ١٦٢١م، وعادت إلى أحضان الملكية الإسبانية بعد وفاة إيزابيل التي لم تترك خلفاً لها.

ويعد الإصلاح المضاد ناجحاً في الأراضي المنخفضة الجنوبية، وكان اليسوعيون والكبوشيون يعظون ويرشدون ويوجهون المؤمنين، أما الانفصاليون فهاجروا بصورة جماعية باتجاه هولندا وإنكلترا، إلا إذا ارتدعوا عما سموه البدع. وكانت استعادة الكاثوليكية قد جاءت نتيجة معركة أثمرت بشكل روحي في القرن السابع عشر.

رابعاً: الإصلاح المضاد في فرنسا

حدث الإصلاح المضاد في فرنسا في عهد الملك هنري الثاني، وعلى نطاق محدود؛ ليؤدي بذلك إلى حرب أهلية عرفت بـ(الحروب الدينية)، بلغت بشاعتها الحد في مذبحة عيد سان برتيليمي في الرابع والعشرين من آب/أغسطس ١٥٧٢م.

لقد توافقت مصالح كبار البرجوازيين مع القتلة والمرتزقة في هذه المذبحة من أجل مصالحهم الخاصة. وترافقت أيضاً مع مصالح العائلات الكبيرة التي أرادت ان تضع يدها على السلطة الملكية، وتعطي مطمعها طابعاً طائفياً ومذهبياً، مشيرة إلى الطائفة البروتستانتية ثم الطائفة الكاثوليكية، ثم الحلف المقدس بدءاً من عام ١٥٧٦[o].

أما الطائفة البروتستانتية في فرنسا فهي أقلية في أنحاء البلاد، ولم تكن تشكل قوة سياسية وعسكرية، وهم موزعون على (٢٤) كنيسة تنتشر في جميع أقاليم فرنسا وتتقاسمها.

وكانت هناك جماعتان أرستقراطيتان في فرنسا تتوزع السلطة فيما بينهما، وهما آل بوربون وآل شاتيون، أما آل بوربون فكانوا أمراء العائلة المالكة، ذلك أن أنطوان دو بوربون تزوج جان دالبير ملكة نافار العاجزة منذ عام ١٥١٢م، أي منذ تاريخ استيلاء فرديناند صاحب أراغون على نافار الإسبانية، ولم يلبث ان تحول إلى الكالفنية مع أخيه لويس الأول دوكوندية، فأصبحا بذلك زعيمي الإصلاح في الجنوب، وكذلك فالأشقاء شاتيون الثلاثة هم أبناء أخي القائد العام للجيوش الفرنسية آن دومومورنسي تحولوا هم أيضاً إلى الكالفنية، وكان أشهرهم أميرال فرنسا غاسبار دو

كولينيين أشهر ضحايا سان برتيميلي، وهو الذي تعهد شارل الرابع الشاب في رعايته ويحلم بالحرب ضد إسبانيا من خلال تحالفه مع السلطان.

وكان الأميرال وشقيقه في عداء مع آل غيز أعمام الملكة ماري ستيورات (١٥٥٩-١٥٦١) حاكمة أو ملكة فرنسا، وكان آل غيز حماة الكاثوليكية التقليدية والعناصر المحركة للحلف المقدس، أي الطائفة الكاثوليكية المتطرفة التي كانت على استعداد لتسليم المملكة إلى فيليب الثاني. وإذ يستنجد الإصلاحيون بالإنكليز، فالآخرون يستنجدون بالكسندر دو فانيز، ويكونون جميعاً قد خدموا رغبات القوى الأرستقراطية السابقة الذكر.

اتجهت المواجهة بين هذه القوى إلى الحرب والمعارك والجرائم السياسية، مثل مذبحة دوغيز عام ١٥٨٨م، وقُتل الدوق هنري، وأخاه الكاردينال، وأخذت السلطة الملكية تسعى للتوصل إلى تسويات باستثناء عام ١٥٧٢م في مذبحة عيدسان برتيليمي. وقد استأنف هنري الرابع سياسة حرية المعتقد وحرية العباد مع بعض الضمانات السياسية، ومنح رفاقه القدامى في السلاح براءة (نانت) التي سجلت انتصار الملكية على الفلول البريستانيين.

ويمنح هنري الرابع الهوكونوت مواقع آمنة وجمعيات خاصة، وبذلك تساهل في إقامة دولة داخل الدولة، وهذا ما توصل ريشيليو إلى إلغائه بعد استيلائه على إقرار (روشل)، وتحويله إلى صك الغفران (آلسن) عام ١٦٢٩م، وحتى عام ١٦٦٠م، حيث ظل للكنائس الإصلاحية وضعية متميزة، وبقيت تخضع لسيادة السلطة الملكية، في حين انتشرت الكاثوليكية على نطاق واسع في المملكة.

خامساً: الإصلاح المضاد في النمسا

لا شك ان الإصلاح المضاد كان أشد خطورة وجرأة في أوروبا الوسطى، وكان على آل هبسبورغ ان يحطموا في هذه البلدان سلطة الطبقات؛ ليسمحوا للأكليريوس بمهمة الإنجاز الديني والروحي. اما نصف القرن: من تاريخ وفاة فرديناند الأول حتى اعتلاء فرديناند الثاني العرش (١٥٦٤-١٦١٨م)، فكان خاضعاً لهيمنة

الإمبراطور رودلف (١٥٧٥-١٦١٢م)، حيث ان عدم أهليته أعطت فئات بروتستانتية الفرصة لتوكيد فرصها ورغباتها التسلطية.

وضع رودلف منذ البداية حدّاً لسياسة الامتيازات المعطاة للبروتستانت، والتي كان يمارسها والده وجده، وبعد وفاة فرديناند انقسمت البلاد إلى الأولاد الثلاثة وفق التقليد النمساوي. ومنذ عام ١٥٦٥م أصبحت هناك (نمسا أمامية) تضم التيرول وبريسكو والالزاس العليا، و(نمسا داخلية) وتضم استيريا وكارنتيا وكارينول وغورتيزيا، و(النمسا السفلى) التي ضمت بقية أراضي النمسا، وتولى فرديناند النمسا الأمامية، وشارل النمسا الداخلية.

كان أعمام رودلف مهتمين مثله في احياء الكاثوليكية، وكانت مهمة فرديناند سهلة نسبياً، ذلك ان اللوثريين لم يخططوا بدعم النبلاء، بل كانوا يتجمعون من البرجوازية وجماهير الفلاحين، وقد وضع على المحك كأمير، وعام ١٥٦٢م أقر اليسوعيين في انسبروك ثم الفرنسيسكان والكبوشيين، وعام ١٥٨٥م أمر بإبعاد الرعايا غير الكاثوليكيين، وفي العام التالي قاموا بإصلاح التعليم والقضاء على الاتحادات والجمعيات، ولكن الكاثوليكية الرومانية عادت بسهولة.

وينطبق هذا القول على ولايات أخرى، فقد كان شارل يخضع لتأثير زوجته الأميرة البافارية، التي تحظى بدعم اليسوعيين والسفير البابوي، فمارس شارل في النمسا الداخلية سياسة حسنة ضمن الحدود الشرعية، وأسس نظاماً للمدن بمعزل عن النبلاء والفرسان، واستبدل المأمورين اللوثريين بآخرين كاثوليك، وحدد حرية العبادة في ممارسة الشعائر اللوثرية بصورة فردية.

أما ردولف فمارس سياسة مماثلة في النمسا السفلى، وتحول الكاردينال ملشيوركليسل إلى الكاثوليكية، وأصبح كاهناً قانونياً في كاتدرائية (سانت اتيان)، ومديراً لجامعة فينا. وعين في عام ١٥٧٩م قاضياً لأسقفية باسو، وتحمل مسؤولية الإصلاح الكاثوليكي في البلاد، وأعاد تدريجياً قواعد السلطة الأسقفية.

وفي استيريا استأنف فرديناند سياسة أبيه، وهو الذي تربى على يد اليسوعيين، وأصدر الأرشيدوق أوامره إلى لجنة الإصلاح باستئناف مهمتها في المدن، واستبعدت

هذه اللجنة المبشرين البروتستانت، وعملت على ترحيل المتمردين ومنح المناصب للكهنة الكاثوليك واستعادت الكنائس. ولكن هذا لم يمنع وجود بروتستانتية خفية لسياق فعال من الإصلاح المضاد، بحيث راح يطبقه على الولايات الموروثة الأخرى.

واستغل رودلف الاضطرابات في هنغاريا التي سببتها حرب الخمسة عشر عاماً؛ ليفرض الكاثوليكية، لكن دون ان يكتب لها النجاح، وانقض عام ١٦٠٤م بلجيوجوزو القائد الإمبراطوري على كنيسة كوزيس؛ كي يعيدها إلى العقيدة الكاثوليكية، علماً ان ٩٥% من سكان المدينة كانوا لوثريين، وأراد الاستيلاء على أراضي بوكسكاي بعد مصادرة أملاك أبلشا ربي تبعاً لأوامر رودلف.

أما بوكسكاي فتجاوز على نطاق واسع الثورة العامية، فلم تكن ذلك سوى حرب استقلال موجهة ضد آل هابسبورغ، وللمرة الأولى منذ عام ١٥٢٦م كانت الأسرة المالكة مرفوضة من الشعب كافة، وكانت الوحدة الهنغارية أقل هشاشة وزوالاً، ولم تكن الثورة ظاهرياً تبدو وكأنها مواجهة طبقية؛ لان الطابع القومي كان متقدماً فيها على الطابع الاجتماعي.

وبعد انتصارات أساسية مهمة حيث غادر بلجيوجوزي هنغاريا العليا شهد عام ١٦٠٥م انتصار بوكسكاي الذي اختير أميراً على ترانسلفانيا، وتلقى من الصدر الأعظم العثماني الشعائر الملكية، وفرض بوكسكاي بذلك وصايته على ترانسلفانيا وهنغاريا ومنطقة عبر الدانوب، واستولى الأتراك على استرغوم التي استعصى فتحها من قبل.

وقد شكلت معاهدة فينا عام ١٦٠٦م أساساً للحريات السياسية والعقائدية لجميع الهنغاريين خلال القرن السابع عشر، وأصبحت هذه المعاهدة تشكل أساس قانون الدولة، وأعيد الاعتبار للبلاط الملكي، وأصبحت جميع الوظائف المدنية والعسكرية في يد الهنغاريين.

وحصلت المدن الملكية على الحرية التامة، وخاصة المعتقلات، وثُبّت بوكسكاي أميراً على ترانسلفانيا، وكسب الحكم مدى الحياة على بعض الأقضية في هنغاريا الشرقية، وأصبحت مركزاً للحريات ضد السيطرة النمساوية، وظلت حتى

مطلع القرن الثامن عشر عنصراً فعالاً في السياسة داخل المملكة وفي العلاقة بين الدولة العثمانية والنمساوية.

وفي العام نفسه يعقد ماتياس معاهدة صلح مع الباب العالي، ووضع حداً للصراع، أكسب الأخير مدينتي أيجد وكانيسا وتعويضاً مالياً، وبرهنت معاهدة درزيتفا- توروك عن ضعف لدى القوتين وتم الاتفاق في اجتماع (الوبيت) عام ١٦٠٨م على تحديد العلاقات بين آل هابسبورغ والهنغاريين على أساس معاهدة سلام فينا، ووافقت هذه الفئات على التعاون مع البيت النمساوي، ودعم النظام الإقطاعي.

واضطر رودولف أمام فشل سياسته هذه إلى منح البروتستانت بوهيميا وضعاً شرعياً، واضطر للتخلي عن ممارسة اية سلطة ما على البلدان الأعضاء في الاتحاد الكونفدرالي، وهي البلدان التي اتخذت لسنوات عدة شكل جمهوريات إشرافية حقيقية، حيث سلطة ماتياس اسمية، وكانت مجالس دييت النمسا خاضعة لسيطرة كالفنين هو جورج اراسم الذي اعتقد انه حانت ساعة الانتقام من الطبقات، وكان التيار الكالفيني مهيمناً على دييت عام ١٦٠٨م الهنغاري، وقد جاء خلاص الإصلاح المضاد والسلطة الملكية على يد الفرع الاستيري عندما فرض الأرشيدوق فرديناند نفسه عام ١٦١٨م، أي بعد عهد ماتياس القصير كملك على بوهيميا، ثم كإمبراطور روماني جرماني.

وفي البلدان النمساوية الموروثة برزت سياسة استبدادية أدت بفرديناند الثاني إلى دفع رعاياه، إما إلى مغادرة البلاد، وإما إلى التبديل القسري لعقيدتهم، في حين اتخذ تدبيراً صارماً أوكل أمره إلى اليسوعيين منح بموجبه انتشار الأفكار الهدامة، وفشل في المقابل فرديناند الثاني في الإمبراطورية بشكل كامل.

وبعد ذلك تم التوصل إلى معاهدة وستفاليا أكدت هزيمة آل هبسبورغ في الإمبراطورية، وتم الاعتراف بالإصلاح على قدم المساواة مع المذهب الكاثوليكي وعقيدة أوبسبورغ. وتم التوصل إلى تسوية لمؤسسات الإمبراطورية وتجديد نشاطها، ووزع الدييت إلى هيئة إنجيلية وهيئة كاثوليكية على قدم المساواة، وتحول المجلس الإمبراطوري والمجلس الايوافي إلى مجلسين متساويين، أما ولايات الإمبراطور

بوهيميا والنمسا فهي وحدها بقيت خارج نصوص معاهدة سلام وستفاليا، وتتسع بهذا الهوة بين ألمانيا والنمسا، حيث سادت الكاثوليكية.

وتمكن الإصلاح المضاد من تقسيم أوروبا إلى معسكرين: أوروبا الكاثوليكية المتوسطة، وأوروبا الشمالية البروتستانتية، ولكنه لم ينجح في إرساء الوحدة الدينية، وأسهم في الوحدة بين جماعات النخبة في مختلف الامم[٦].

الفصل الخامس

النهضة في

أوروبا

أولاً: النهضة الإيطالية.

ثانياً: النهضة الفرنسية.

ثالثاً: النهضة الإنكليزية.

رابعاً: النهضة الايبيرية.

خامساً: النهضة الألمانية.

الحروب الإيطالية وعوامل تكوين النهضة

تمهيد

تعد الحروب الإيطالية إحدى نتائج ظهور الدول القومية في أوروبا على أنقاض الإقطاع، فأدى ظهور الدول القومية إلى تطلع للتوسع داخل أوروبا وخارجها، وأفرز هذا التوسع الحروب الإيطالية والكشوفات الجغرافية.

لم تكن الحروب الإيطالية إلا ميداناً للحروب بين الدول الأوروبية، فكانت الجزيرة الإيطالية مقسمة إلى دويلات وإمارات منقسمة على نفسها، مثل ميلان والبندقية ومانتوا وفيرارا وفلورنسا، وكان نزاع بين البندقية والبابوية حول احتلال البابا إقليم رومانيا، وكانت البندقية في الوقت نفسه تريد دوقية ميلان، في حين أرادت البابوية امتلاك فلورنسا.

أوجدت هذه النزاعات فراغاً في شبه الجزيرة الإيطالية أغرى الدول الأوروبية المجاورة، وكان ما يحركها إلى السيطرة على إيطاليا هما فرنسا وإسبانيا؛ إذ كانت لكل منهما ادعاءات في وراثة عرش نابولي، في حين كانت إسبانيا وفرنسا تطمعان في امتلاك ميلان.

وقد ترك هذا النزاع بين فرنسا وإسبانيا آثاره على الدول المجاورة، ذلك ان سيطرة إحدى الدولتين على إيطاليا كان يعطيها من القوة ما يهدد جيرانها، وكان على هذه الدولة في هذه الحالة ان تتحالف لموازنة قوة هذه الدولة، وظهرت تلك القاعدة الدبلوماسية الجديدة التي صارت تعرف باسم مبدأ توازن القوى الذي أصبح محركاً جديداً في أوروبا.

في الوقت نفسه أدى انقسام وتصارع الدويلات الإيطالية إلى حالة تشبه لحد ما الحالة السائدة في أوروبا، ونجد بعض هذه الدويلات تنضم إلى إسبانيا وأوروبا ضد البعض الآخر، وأصبح يطبق على إيطاليا نفس المبدأ السياسي الذي كان يطبق في أوروبا، وهو مبدأ توازن القوى.

ومرت الحروب الإيطالية بدورين: الأول (١٤٩٤-١٥١٥م)، والثاني (١٥١٥-١٥٥٩م).

بالنسبة للدور الأول، فقد حاولت فيه فرنسا تحقيق ادعاءاتها في وراثة عرش كل من نابولي وميلان، واشعلت الحروب الإيطالية. أما بالنسبة للدور الثاني فقد دار الصراع فيه بين فرنسا تحت أسرة فالوا، وإسبانيا تحت أسرة هلبسبورغ وحول هذا النزاع بين فالوا وهبسبورغ توزعت الدول الأوروبية الأخرى.

وقد اختتمت هذه الحروب معاهدة كاتو كامبريسيس عام ١٥٥٩م، وهي أول تسوية دولية عامة شهدتها أوروبا في العصور الحديثة.

الحروب الإيطالية:

١) ١٤٩٤-١٥١٥م:

كانت نابولي هي التي أشعلت نار الحروب الإيطالية، وكان شارل أنجو أخو لويس التاسع ملك فرنسا قد فتح مملكة نابولي وصقلية خلال القرن الثالث عشر، ولكن عام ١٢٨٢م قامت ثورة في صقلية ضد الفرنسيين انتهت بضم الجزيرة إلى أملاك أسرة أراجون في إسبانيا، وبقيت نابولي تحت حكم أسرة أنجو.

وعام ١٤٣٥م اندثر بيت أنجو بموت جوانا الثانية، وانضمت نابولي إلى الفونسو الخامس ملك صقلية وراجون وسردينيا، وأصبحت نابولي وصقلية تحت حكم أسرة واحدة.

ثم عاد البلدان إلى الانفصال عندما مات الفونسو الخامس عام ١٤٥٨م، وقسم ملكه بين أخيه وابنه، فأخذ أخوه حنا الثاني أراجون صقلية وسردينيا، وأخذ ابنه فرديناند الأول نابولي، وطالب بعض أمراء بيت أنجو بنابولي، ولكن فرنسسكو سفورز صاحب ميلان وبعض أمراء إيطاليا عارضوا في ذلك خوفاً من تدخل فرنسا وبسط نفوذها على بلادهم.

أدى تعسف فرديناند وظلمه بشعبه إلى الثورة عليه في عام ١٤٨٥م، وساعد هذه الثورة البابا الذي يدعى لنفسه السلطان على نابولي، وفي عام ١٤٩٢م ذهب فريق من أهل نابولي إلى شارل الثامن ملك فرنسا، طالباً منه المساعدة، ويقدم له عرش نابولي، ولما كان بيت أنجو قد تنازل عن حقه للويس الحادي عشر ملك فرنسا عام ١٤٨١م، وورثها عنه ابنه شارل الثامن، وقد رحب شارل الثامن بالاستيلاء على

نابولي، حيث يتيح له فرصة تكوين مملكة في الجنوب، وفي الوقت نفسه نجدة حاكم ميلان لود وفيكو سفورزا الذي اغتصب السلطة في ميلان من ابن أخيه جيان حليف فردناند ملك نابولي.

عبر الجيش الفرنسي جبال الألب بقيادة شارل الثامن في عام ١٤٩٤م، ولم يلقَ مقاومة تذكر في شمال إيطاليا؛ لان ميلان كانت حليفته، ودخل تورين وتوسكانيا وفلورنسا وبيزا واضطر حاكم فلورنسا إلى عقد الصلح مع شارل الثامن، وتنازل فيه عن بعض مدن فلورنسا، مما أثار الشعب واضطره للفرار من البلاد.

دخل فلورنسا دون مقاومة، وفرض شروطاً جديدة وضعت فلورنسا تحت النفوذ الفرنسي، ووصل روما، وعقد مع البابا معاهدة نزل فيها الأخير عن بعض المدن، وزحف إلى نابو، وحصل عليها بعد تنازل ملكها ألفونس الثاني لابنه فردیناند الثاني، ودخل شارل نابولي ملكاً لها.

أدى هذا النصر إلى خشية حاكم ميلان والبندقية من سيطرة فرنسا على إيطاليا، أما خارج إيطاليا فقد خشي مكسمليان إمبراطور الإمبراطورية الرومانية المقدسة والملك فرديناند الكاثوليكي ملك أراجونه وصقلية ان يختل التوازن بهذا التفوق الفرنسي.

ولذلك حصل حلف مضاد لفرنسا عام ١٤٩٠م عرف بـ(حلف البندقية) من البندقية وميلان والبابا اسكندر السادس ومكسمليان وفرديناند لموازنة قوة ونفوذ فرنسا والدفاع عن أملاكهم.

خشي شارل الثامن من هذا الحلف، وقرر التخلي عن نابولي، وغادر إلى روما ثم بيزا، ومنحها الحرية، وعقد مع لودفيكو صلحاً ترك ميلان في مقابل تعهد هذا بإعطاء الفرنسيين حق المرور ومساعدتهم إذا قرروا مهاجمة نابولي، وبعد ثلاث سنوات عام ١٤٩٨م مات شارل الثامن في فرنسا وخلفه دوق دورليان تحت اسم لويس الثاني عشر.

عبرت في عام ١٤٩٩ القوات الفرنسية جبال الألب، ونزلت سهول لمبارديا دون مقاومة، ومرت في بيدمونت بتصريح من دوق سافوا، وانضم إلى الفرنسيين

الآلاف من السويسريين، وكانت في الوقت نفسه قوات البندقية تتجه إلى ميلان، وهرب لودفيكو إلى ملكسمليان، وسلم ميلان للفرنسيين، واستولى الفرنسيون والبنادقة على ميلان كلها.

إلا أن لودفيكو عاد إلى ميلان بجيش كبير، وأرغم الفرنسيين على ترك ميلان والتخلي عنها منعاً للاشتباك معهم، ولكنهم عادوا وتمكنوا من لودفيكو واستعادوا المدينة.

وعقد لويس الثاني عشر معاهدة مع فرديناند عام ١٥٠٠ اتفقا فيها على إرسال حملات مشتركة واقتسام نابولي، وبناء على هذه المعاهدة زحف الفرنسيون على نابولي من الشمال، وزحف الأسبان من الجنوب، وسقطت العاصمة نابولي بيد الفرنسيين عام ١٥٠١، ووقع ملكها أسيراً، وأرسل إلى فرنسا حتى عُدم بعد سنتين.

دخل الفرنسيون والأسبان في حرب على نابولي أدت إلى هزيمة الفرنسيين واستيلاء الأسبان على نابولي عام ١٥٠٣م، وسلمت آخر معاقل الفرنسيين في جايتا عام ١٥٠٤م، واضطر الفرنسيون إلى الاعتراف بامتلاك الأسبان نابولي، وأصبحوا لا يملكون في إيطاليا سوى ميلان.

اضطرت الأوضاع السياسية الفرنسية إلى التخلي عن ميلان واعتلى البابا يوليوس الثاني البابوية خلفاً للبابا اسكندر السادس عام ١٥٠٣م، وكان يطمع في استرداد أملاك الكنيسة وسط نفوذ البابوية علي إيطاليا، ويخشى من مد نفوذ البندقية إلى أملاكه، وعمل على إقامة حلف ضد البندقية في كمبرادي عام ١٥٠٨م، وتكون من البابا وفرديناند ومكسمليان ولويس الثاني عشر والولايات الإيطالية، مثل فرارا واوربينو ومانتوا، عدا فلورنسا المحايدة.

ألحق الفرنسيون الهزيمة بالبنادقة في معركة (أجناديللو) عام ١٥٠٩م، وانسحب البابا من الحلف بعد ان حصل على المدن التي يريدها، ولا مبرر لاستمرار الحرب ضد البندقية، إلا ان مكسمليان ولويس قررا مواصلة الحرب، واعلن البابا طرد البرابرة من إيطاليا، وضمن حياد فرديناند مقابل الاعتراف له بنابولي وصقلية، لكن

الفرنسيون استولوا على بولونيا، واضطر البابا للتقهقر، وقرروا خلع البابا، ودعوا مجلساً للكرادلة للاجتماع في بيزا، وقرر عزل البابا يوليوس الثاني من البابوية.

إلا أن البابا عقد حلفاً جديداً ضد فرنسا باسم (حلف المقدس) عام ١٥١١م، تكون من البابا وفرديناند ملك إسبانيا والبندقية وملك إنكلترا هنري الثامن، للقضاء على الحركة الانفصالية في مجلس الكرادلة في بيزا، إلا أنه أراد استرداد المدن التي كان البابا يطمع فيها، وهي بولونيا وفرارا وغيرهما، واستيلاء فرديناند على نافار لاستكمال الحدود الطبيعية لأسبانيا من ناحية الشمال.

في البداية انتصر الفرنسيون على الحلف، ولكن مكسمليان انضم إلى الحلف وانفصل عن فرنسا، ومعه السويسريون وزحف الجيش السويسري عام ١٥٢١م إلى ميلان، واجبر الجيش الفرنسي على الانسحاب من العاصمة، وتبعه حاكم ميلان، وعاد الجيش الفرنسي إلى فرنسا بعد ان ضاعف فتوحاته واعيدت بولونيا إلى البابا، وأعيدت مديتيش إلى فلورنسا، وميلان إلى ابن لورفيكو، واستولى الأسبان على نافار عام ١٥٩٢م.

وفي مطلع عام ١٥١٣م انحل الحلف المقدس، واتجهت البندقية إلى فرنسا، خوفاً من طمع مكسمليان في أملاكها، وشكلت فرنسا حلفاً، وتكون أيضاً ضدها حلف آخر من مكسمليان وهنري ملك إنكلترا والبابا ليو العاشر وفرديناند ملك إسبانيا.

حاولت فرنسا فتح ميلان بمساعدة البندقية، ولكنها هزمت على يد السويسريين الذين اعتبروا ميلان في حمايتهم، وغزا هنري الثامن فرنسا وانتصر عليها، وغزا السويسريون فرنسا، واشرفت الأخيرة على السقوط.

إلا ان هذا الانتصار على فرنسا أدى إلى خلل في توازن القوى في أوروبا بين الدول المنتصرة، وتوفي عام ١٥١٥م لويس الثاني عشر ملك فرنسا، وانتهى الدور الأول من الحروب الإيطالية، فشلت فيه فرنسا في احتلال إيطاليا، وحصلت إسبانيا على نابولي، واقتسمت مع سويسرا ميلان، واستولت على نافار، أما البابوية فقد حصلت على رومانيا، وفلورنسا.

٢- الدور الثاني:

مرت الحروب الإيطالية بخمس مراحل بين (١٥١٥-١٥١٩م)، و(١٥١٩-١٥٢٩م)، و(١٥٢٩-١٥٤٧م)، و(١٥٥٢-١٥٥٩م)، وكانت المرحلة الخامسة والأخيرة نهاية هذه الحروب بعقد صلح (باساو) بين شارل الخامس والأمراء الألمان، ولكن هنري الثاني ملك فرنسا لم يدخل في الصلح، واستمرت الحرب بين الطرفين، ولم تكن في صالح شارل الخامس، واضطر إلى عقد الهدنة مع هنري الثاني في فوسيل عام ١٥٥٦م لمدة خمس سنوات، وتركت الهدنة في يد الفرنسيين جميع فتوحاتهم من متيزا إلى كورسيكا.

أصابت الهزائم شارل الخامس بالمرض، وتنازل عام ١٥٥٦م عن إسبانيا لابنه فيليب باسم فيليب الثاني، واستولى على ميلان ونابولي والأراضي المنخفضة، وتنازل شارل الخامس لأخيه عن تاج الإمبراطورية، واعتزل العالم ليعيش في يوست بإسبانيا.

وتجددت الحرب بين فرنسا وإسبانيا بسبب البابا بول الرابع الذي اعتلى عرش البابوية مايو ١٥٥٥، وكان يكره الأسبان، ويريد طردهم من نابولي والقضاء على نفوذهم في إيطاليا، وعقد معاهدة مع هنري الثاني تقضي بانتزاع نابولي من يد فيليب؛ ومنحها لأحد أبناء هنري الثاني، عدا الشمال يعطى للبابا، فقام حاكم نابولي بغزو أملاك البابا، واضطر لطلب الهدنة في ديسيمبر/ كانون الأول ١٥٥٦م، وطلب من هنري الثاني ملك فرنسا النجدة، وأرسل إليه جيشاً بقيادة دوق جيز عام ١٥٥٦م.

إلا أن فيليب الثاني كان يعد نفسه حاكماً كاثوليكياً، لم يشأ القضاء على البابا زعيم الكاثوليكية، وأمر حاكم نابولي بإبرام الصلح، ولكن الجيش الفرنسي وصل إلى الأملاك البابوية، واضطر حاكم نابولي إلى التقهقر جنوباً، وغزا الفرنسيون نابولي.

قام فيليب الثاني بزيارة إنكلترا؛ ليستميل زوجته ماري تيودور لدخول الحرب إلى جانبه ونجح، فأعلنت إنكلترا الحرب على فرنسا عام ١٥٥٧م، وحاصرت جيوش فيليب الفرنسيين في سان كانتان، وهزمهم الأسبان أيضاً، وفقدت فرنسا جيشها الوحيد في الشمال، وانفتح الطريق أمام فيليب نحو باريس.

إلا أن فيليب أخطأ وتوقف أمام حصار سان كانتان، حتى أسقطت، وأتاح للفرنسيين استقدام جيوشهم بقيادة فرانسوا دوق جيز، واشتد التذمر بين الألمان في جيوش فيليب لتأخير مرتباتهم، وانضم قسم منهم إلى الفرنسيين، وأبدى الإنكليز الرغبة في العودة إلى بلادهم، لم يملك فيليب إلا احتلال بعض الحصون، والرجوع إلى بروكسل، وتسريح جيشه، وأضاع فرصة الانتقام من الهزائم التي حصلت لأبيه وجيشه.

أما الفرنسيون فقد جمعوا جيشاً كبيراً عام ١٥٥٨م، وحاصروا الإنكليز في كالية، وهي آخر معاقلهم في أرض فرنسا، وسقطت في أيديهم بعد حصار لأيام قليلة، لكن الفرنسيين هزموا على يد جيش فلمنكي من الأراضي المنخفضة، تساعده من البحر مدفعية عسكرية إنكليزية عام ١٥٥٨م قرب جرافيلين، ثم عقد صلح بين الأسبان والفرنسيين في كاتو كامبريسيس عام ١٥٥٩م، وكان تيودور قد توفي، وتولت اليزابيث عرش إنكلترا.

انتهت بهذا الصلح الحروب الإيطالية، وانتظمت فيها العلاقات الدولية في أوروبا في المائة عام التالية، أي لغاية (معاهدة وستغاليا) عام ١٦٤٨، وتقرر فيها:

١- بالنسبة للحدود الشمالية الشرقية الفرنسية، فقد أعادت فرنسا مارينبورخ ويتونفيل ودامفيللر ومونتميدي، وحصلت فرنسا على سان كانتان وهام ولوكاتيلية ويترونان، وأعادت فرنسا إلى أسقف لييج بلدتي بوفين وبويبون.

٢- أخلى الفرنسيون مونفيرات والميلايند وكورسيكا وسافوي وبريس، ووافقت فرنسا على إعطاء مونتالينو إلى دوق توسكانيا، واستبقت لها ماركيزنة سالوتزو.

٣- استبقت فرنسا تول وميتزوفردان، وبقيت لها على الحدود الشرقية.

٤- لم تنشأ فرنسا المطالبة باي تعويض لحليفها ملك ناكار، وتزوج فيليب الثاني من اليزابيث ابنة هنري الثاني ملك فرنسا، في حين تزوج دوق سافوي من مارجريت أخت ملك فرنسا.

إلا أنه في أثناء احتفالات الزواج قتل هنري الثاني حينما كان يقوم بأعمال الفروسية في عام ١٥٥٩م، وعدّ الفرنسيون المعاصرون صلح كاتو كامبريسيس محنة لعدة أسباب:

١- قبول السيطرة الإسبانية في إيطاليا، حيث بقيت إسبانيا محتفظة بنابولي وميلان، فلم تتخلص إيطاليا من النفوذ الإسباني.

٢- أتاح إخلاء فرنسا سافوي الفرصة لقيام دولة حاجزة منها بين فرنسا وإيطاليا ضد المطامع الفرنسية.

٣- أعيدت حدود الأراضي المنخفضة إلى ما كانت عليه بتعديل طفيف، ولم تنل فرنسا سوى أماكن قليلة [٧].

أولاً: النهضة الإيطالية

النهضة مصطلح هو Renaissance أي الانبعاث أو الإحياء، وهي عملية التجديد والنهوض والخلق في أوروبا، سواء بالسياسة، أو الدين، أو الآداب، والفلسفة وسواها، وقد ظهرت هذه النزعة مع تغيير الأوضاع الإقطاعية وظهور الطبقة البرجوازية في القرن الحادي عشر في إيطاليا.

وبدأت النهضة في إيطاليا أولاً قبل غيرها من الدول الأوروبية؛ نظراً لظهور البرجوازية والمدن البرجوازية، بحيث كانت أقوى من مثيلاتها في الدول الأوروبية الأخرى، وقد تحررت المدن الأوروبية من سيطرة الإقطاع، وتحولت إلى دويلات صغيرة، وحكم هذه المدن حكام اتبعوا الحكم المطلق.

بدأت النهضة في إيطاليا في القسم الشمالي لمبارديا والمدن على البحر، كجنوة والبندقية وتسكانيا، أما الجنوب مثل روما وما حولها ونابولي فظل يسوده نظام الإقطاع، وهو أقل تطوراً من القسم الشمالي، وظل زراعياً في طابعه، في حين كان القسم الشمالي حضرياً.

وتمتعت المدن البرجوازية الشمالية بالرخاء الاقتصادي بفضل سيطرتها على أسواق التجارة، وخاصة البندقية وجنوه في نقل التوابل والحرير والجواهر والمدن الإيطالية إلى الأسواق الأوروبية من بلاد الشرق، ونمت الطبقة البرجوازية ثراء، وأدى

الثراء هذا إلى ظهور الطبقة المتعلمة وانتشار الكتابة والقراءة لحاجة البرجوازية إلى الأعمال المالية والحسابية، وانتشر التعليم المدني العلماني مع التعليم الديني، وظهرت آلة الطباعة في ألمانيا عام ١٤٥٤م، وطبع كتاب بحروف مصفوفة هو الكتاب المقدس باللغة اللاتينية في مطبعة يوحنا جوتنبرج من مدينة ماينز على الراين، وانتشرت الطباعة من مدن الراين إلى بقية أوروبا ودخلت إيطاليا تدريجياً.

انتشرت آلة الطباعة والكتب، وتطورت الثقافة، وتمثلت مظاهر النهضة الإيطالية في إحياء الدراسات اليونانية واللاتينية أو الحركة الإنسانية، وهي الحركة التي اهتمت بالدراسات الإغريقية واللاتينية وحركات أخرى من أجل التغيير في الروح الأوروبية، ونمو العلاقات الإنتاجية وتدهورت العلاقات القديمة والمؤسسات، وخاصة الكنيسة، وبدأت حركة إحياء الدراسات الكلاسيكية في المدن الإيطالية الشمالية، وأفسح وجود الطبقة البرجوازية المجال أمام عملية التغيير في العلاقات الإنتاجية القديمة.

كانت الحياة الفكرية في العصر الإقطاعي تخضع للفلسفة الكنسية، أو الفلسفة المدرسية، والفلسفة الكنسية التي أشرفت على التعليم منذ القرن السابع، بحيث أصبح تعليماً دينياً تحت إشراف رجال الدين، وأشرف هؤلاء على الأديرة والكاتدرائيات في مختلف المدارس، وكانت المواد التي تدرس في مدارس الكنيسة في العصور الوسطى تقليدية، من نحو ولغة وبلاغة ومنطق وحساب وهندسة وفلك وموسيقى.

أما الفلسفة المدرسية، فقد شهد القرنان (١١و١٢) الميلاديان حركة تعليمية ومضاعفة المدارس الكاتدرائية والبرامج المدرسية فيها، وهيئات تدريسية ذات خبرة ودراية، ومن ثم أصبحت جامعات تدريجياً، ولها حرية الدرس والتحصيل، وحصلت على استقلالها في تنظيم شؤونها ومنح الدرجات العلمية، وفي القرن الحادي عشر ظهرت الجامعات في بولونيا بإيطاليا وباريس بفرنسا، ثم منها ظهرت جامعات شمال أوروبا وغربها، مثل أوكسفورد بإنكلترا وغيرها من المدن الأوروبية.

واشتهرت باريس واكسفورد بعدُهما جامعتين في اختصاص الفلسفة واللاهوت، وجامعة مونبلية في فرنسا وسالرنو في إيطاليا بدراسة الطب، وبولونيا وأورليان بفرنسا وكولون في ألمانيا بدارسة القانون.

وكان القرن الثالث عشر عصر ازدهار الفلسفة المدرسية وكتب ارسطو في المنطق، والتي دُرِّست في الجامعات، وفيها تأييد للكنيسة، وتوافق بين المسيحية والمنطق الأرسطوي، وكان أستاذ هذا الفكر المدرسي وزعيم الفلسفة هو توماس الأكويني (١٢٢٥-١٢٧٦م) أكبر فلاسفة اللاهوت المسيحي في العصور الوسطى، وكتب كتابه الشهير (الخلاصة اللاهوتية) وعرض العقيدة الدينية ببراهين عملية عقلية.

١- الحركة الإنسانية في إيطاليا:

كان من الطبيعي ان يلائم التفكير المدرسي الطبقة البرجوازية في المدن، لان المدرسون كانوا ينفقون الكثير من أوقاتهم في الجدل المنطقي ولا يوجه هذا التفكير للاهتمام بالإنسان، والجامعات تهتم بالعلوم العملية كالطب والقانون ومعادية للدراسات الإنسانية، والفلسفة المدرسية لا تقدم الحل للكثير من مشكلات الإنسان البرجوازي، فقد أخذت الطبقة هذه تبحث لنفسها عن حل لمشاكلها، واتجهت إلى حياة السلف التي تهتم بالإنسان ومشاكله، وبُعدها النسبي عن الروحانية، ووثنيتها وموقفها الإيجابي من الحياة، حيث تجعل الإنسان وسعادته محور النشاط البشري، وبالتالي فإن هذه الحياة تتجاوب مع نظرة الطبقة البرجوازية العملية للحياة، فأخذت بهذا الشكل الحركة الفكرية الجديدة في المدن تتجسد إلى إحياء الدراسات اللاتينية القديمة واليونانية، وأطلق عليها (الحركة الإنسانية)؛ لأنها تجعل الإنسان محور اهتمامها على العكس من الفلسفات الوسيطة التي تقف من الإنسان موقفاً سلبياً.

إن أبرز مظاهر هذه الحركة هي إحياء التراث القديم، حيث اتجهت المدن الإيطالية إلى الاهتمام في البدء بالتراث الروماني، وعرفت هذه المرحلة بالطور اللاتيني لإحياء التراث القديم، ويمثل فرانشيسكو بترارك Petrarch هذه المرحلة من الانتقال من العصور الوسطى إلى عصر النهضة، حيث نشطت الدراسات اللاتينية التي كانت فيها اللغة اللاتينية لغة الأدب والعلم في العصور الوسطى، ولذلك فضل بترارك في انه اكتشف ما تحمله الكتابات القديمة من اتجاهات إنسانية يفتح لها عقله، وكانت بمثابة التعبير الحر لمجتمع المدنية في مواجهته للمشاكل الإنسانية.

وكان الأدب اللاتيني القديم قبل بترارك يقرأ باعتباره أدباً لذاته، وتأثيره ضئيل في كتابات العصور اللاتينية، وأخذ منذ ظهور بترارك يحظى بالترحيب؛ لانه يشمل فكرة جديدة في الحياة من أفكار العصور الوسطى، تفتح مجالاً واسعاً للمشاعر الإنسانية في جميع أنواع النشاط الإنساني، ولهذا أطلق على هذه الآداب اسم الآداب الإنسانية؛ لانها تدور حول حياة الإنسان وما يتصل به، على عكس ثقافة العصور الوسطى التي تهتم بالروحانيات والعالم الآخر.

واهتم بترارك في فكره السياسي بالتحرير من قيود العصور الوسطى، وانشغل بأحوال إيطاليا السياسية وخلافاتها الداخلية بين الإمارات وصراعاتها والفساد والفوضى الاقتصادية والسياسية، ودعا إلى تغيير الأحوال وإلى وحدة إيطاليا السياسية.

وأطلق على بترارك لقب (أبو الحركة الإنسانية)، وله ملحمة لاتينية شهيرة هي أفريقية، وتوج كشاعر عظيم في الكابتول في روما عام ١٣٤١م.

أما جيوفاني بوكاشيو Boccaccio (١٣١٣-١٣٧٥م) فهو أنشط تلاميذ بترارك، وكتب بالإيطالية إلى جانب اللاتينية، وكتب قصص في عام ١٣٥٨م باسم (ديكاميدون)، مثل ألف ليلة وليلة، فيها سخر من خرافات وسحر العصور الوسطى، ونظرته للحياة الدنيا من احتقار وتزمت، ودرس بوكاشيو مؤلفات الرومان، وزار القسطنطينية للتعمق في الدراسات الإغريقية، وأحرز تقدماً لامعاً وجديداً في الدراسات اليونانية، وترجم الألياذة والأوديسة لهوميروس إلى اللغة اللاتينية.

وولع الناس باللغة اللاتينية الفصحى والتراث الروماني، وأخذوا يسمون بأسماء رومانية وحاكوا الرومان في الملبس والكلام والتقاليد، وكتب دانتي باللغة الإيطالية القومية الحديثة، واهتم بدراسة اللاتينية وكتب بعض مؤلفاته بها أيضاً.

اتجه اهتمام الإنسانيين بعد وقت ليس بطويل نحو استعادة التراث اليوناني القديم، وحدث تقارب فكري بين المدن الإيطالية والدولة البيزنطية بتشجيع حكام المدن، وتم تبادل الزيارات العلمية، ودرس الإيطاليون من الباحثين اللغة الإغريقية، وجاء إلى المدن الإيطالية بعض العلماء والأساتذة البيزنطيون.

وكان أول شخص اهتم بإحياء اللغة الإغريقية في الغرب كريزولوراس الذي زار إيطاليا في بعثة سياسية من الإمبراطور البيزنطي باليولوجوس، وحصل على مساعدة الحكومات الإيطالية ضد العثمانيين، وعاد إلى فلورنسا أستاذاً للدراسات الإغريقية في جامعة فلورنسا (١٣٩٧-١٤٠٠م).

ثم عاد كريزولوراس إلى فلورنسا ثانية، ودرّس اللغة الإغريقية ومعها الشعر والنثر اليونانيين القديمين، وتنقّل في المدن الإيطالية، واسهم في افتتاح المدارس لتعليم اللغة الإغريقية في عدة مدن، وتجمع حوله الطلاب، وكوّنوا مدرسة إغريقية فكرية لنشر الدراسات الإنسانية، وانتشرت في صفوف العلماء اليونانيين، ووفدوا إلى المدن الإيطالية لنشر الإغريقية وآدابها، ومن ثم عندما سقطت القسطنطينية على يد السلطان محمد الفاتح عام ١٤٥٣م شد هؤلاء العلماء والأساتذة الرحال إلى إيطاليا في هجرة كبيرة، وانعكس ذلك في إنعاش الهيلينية فيها.

وساعدت هجرة هؤلاء العلماء البيزنطيين في إحياء العلوم الكلاسيكية والنهضة بالإغريقية لتصب في خدمة النهضة الأوروبية، وفتح آفاق جديدة للفلسفة والفلك وعلم الجمال والأدب والفن.

وكان من مظاهر هذا العصر أيضاً جمع المخطوطات القديمة كأحد مظاهر الحركة الإنسانية، حيث امتلأت مكتبات الأديرة والكاتدرائيات بها، حيث جمع الأمراء والأسر الحاكمة في المدن الإيطالية المخطوطات والكتب القديمة والنوادر منها، وأوفدوا من اشترى هذه المخطوطات من أوروبا والشرق، وشجع الباباوات ورجال الدين هذه الحركة، وأنفقوا عليها الأموال الكثيرة بحثاً عن المخطوطات في المدن الأوروبية.

واقتنى أثرياء إيطاليا المخطوطات، وأصبحت تجارة منتشرة، وكانت القسطنطينية مركزاً لها، وكانت المخطوطات القديمة أساس حركة إحياء الدراسات القديمة، وكان بترارك من المعنيين بهذا الأمر، حيث جمع (٢٠٠) مخطوطة واستنسخ أخرى بيده، واستطاع فيليفلو (١٣٩٨-١٤٨١م) ان يحصل على مكتبة ضخمة من هناك، وتشمل شعراء اليونان البارزين، ودراسات النثر والخطب، وكتابات أرسطو، وجمعت في مكتبة الدير للقديس ماركو (٨٠٠) مخطوطة قديمة اشتراها الأمير كوزيموري ميدتشي، ثم مكتبة نهاية القرن الخامس عشر في الفاتيكان، وكان الاهتمام أساساً بالمخطوطات اللاتينية، ثم بالمخطوطات اليونانية بعد ذلك.

أدى جمع المخطوظات إلى فتح المكتبات الخاصة والعامة كمظهر من مظاهر الحركة الإنسانية، وجمعت مطلع القرن الخامس عشر في دير سان ماركو في فلورنسا مكتبة (٨٠٠) مخطوطة قديمة اشتراها الأمير

كوزيموري ميدتشي، وفي أواخر هذا القرن ظهرت مكتبة عظيمة في الفاتيكان، وترجمت كتب أرسطو وأفلاطون إلى اللاتينية، وقدم بعض الأساتذة الإغريق للمدن الإيطالية لتعليم اللغة والفلسفة في جامعاتها، ومهدوا السبيل نحو هجرة زملاء لهم إلى إيطاليا بعد سقوط القسطنطينية.

وأنشئت مكتبات في نابولي وبافيا واربينو ضمت مخطوطات لاتينية وعبرية وكتب طبية ومؤلفات كتّاب إيطاليين.

كان من مظاهر إحياء الحركة الإنسانية في الدراسات الكلاسيكية قيام الأكاديميات أو المجتمعات العلمية، وهي عبارة عن مراكز أو حلقات يجتمع فيها عشرات الطلبة حول الأساتذة للدراسة والمناقشة العلمية، وانتشرت هذه الأكاديميات في المدن الإيطالية، وانتشرت الحركة الإنسانية بشكل كبير، ولم تكن الأكاديميات علمية صرفة، بل إنسانية إلى حد كبير.

ولعل أقدم هذه الأكاديميات في عصر النهضة في نابولي على يد ألفونسو الخامس صاحب أراجوانة وحاكم نابولي عام ١٤٤٢م، وجمع في بلاطه عدداً من العلماء، وتمت مناقشة قضايا عديدة في التراث القديم والنواحي الأدبية، أما في فلورنسا فقد نشأت الأكاديمية الفلورنسية، وتولى أمرها مارسيلو فيتشينوا (١٤٢٣- ١٤٩٩م)، واهتم بالدراسات الفلسفية الإغريقية، وخاصة الفلسفة الفلاطونية، وكان الاهتمام بالعلوم العقلية في فلورنسا.

أما في البندقية، فقد أسس الأكاديمية فيها ألدومانوتنزيو صاحب بيت الطباعة المعروف، واللغوي والمؤرخ والأديب، وأسس هذه الأكاديمية عام ١٥٠٠م، واهتم بالدراسات الإغريقية (الهللينية)، واتصل بالحلقات العلمية الأخرى في أوروبا، واهتمت خاصة بجمع المخطوطات، واختيار الكتب الكلاسيكية وطباعتها.

وتأسست في روما الأكاديمية الرومانية على يد يوليوس يوميونيوس لايتوس (١٤٢٥-١٤٩٨م)، وتخصصت في الأدب اللاتيني، وغلبت عليها الدراسات التاريخية والأثرية، ورأى البابا يوليس الثاني في دراستها الوثنية خطراً وتهديداً على المسيحية، وتردد عليها كبار موظفي البلاط البابوي في عهد سكستوس، وحظيت بحماية البابا ليو العاشر (١٥١٣-١٥٢١) الذي اهتم بنشاط النهضة وانتاجها الفكري، ولم تلبث ان انتشرت الأكاديميات في المدن الإيطالية رافنا وفاينزا وماتشيراتا وبيروجيا واوربينو.

٢- العلوم التاريخية:

كان الاهتمام في عصر النهضة في إيطاليا قد اتجه ايضاً إلى التاريخ، عبر التوثيق التاريخي، ولأول مرة، وليس بالرواية أو المشافهة، واتسمت الدراسات التاريخية بالصفة الزمنية، وانتقلت من اهتمام رجال الدين إلى العلمانيين.

ومن أبرز المؤرخين لورنزو فالا من روما، والقسيس، وكاتب السر للفونسو الخامس صاحب أرجونة، وقد قام في عام ١٤٠٠م حين كانت نابولي خاضعة للبابوية، فكتب كتابه الشهير (منحة قسطنطين)، اثبت فيه ان الهبة التي ارتكزت عليها البابوية في ادعائها بالسلطة الزمنية لم تكتب - كما يبدو من أسلوبها - في زمن الإمبراطور قسطنطين، وإنما كانت مزورة افتعلت في روما في زمن متأخر نحو خمسة قرون عن التاريخ المذكور، وقد حوكم بسبب هذه الكتاب، ولولا ان كان البابا هو نيقولا الخامس وكان باحثاً فأعجب به وعيّنه موظفاً في البابوية، وإلا كان قد فقد حياته.

ومن مؤرخي عصر النهضة الإيطالية ايضاً ليونردو بروني Bruni وصاحب كتاب (تاريخ فلورنسا)، وهو أول كتاب يحتوي على أسس المنهج الحديث في البحث من حيث الاهتمام بالزمان والأشخاص والأشياء بعقلانية حسب المدرسة الحديثة.

ثم بوجيو براتشيوليني Braccidini وفلافيو بلوندي واينباس سلفيرس بيكرولوميني البابا بعد بيوس الثاني (١٤٠٥-١٤٦٤م)، وبييرو جوفيشارديني (١٤٨٢-١٥٤٠م) وله كتاب تاريخ إيطاليا، ونيقولا ميكيافيلي (١٤٦٩-١٥٤٢) صاحب كتاب (تاريخ فلورنسا)، وفي عام ١٥١٢ كتب (الأمير) كتابه الشهير في طبيعة الحكم

واستبداد الحكام، ووصف واقع إيطاليا والحاجة الماسة لتوحيد الإمارات والأمراء وإنفاذها من التجزئة والتشرذم السياسي.

٣- اللغات الحديثة:

يبدو ان ظهور اللغات الوطنية حلقة اتصال بين عصر النهضة والعصر الحديث، وهي من أبرز مظاهر عصر النهضة في إيطاليا، فحاول عدد من الكتاب والأدباء التحرر من قيود العصور الوسطى من خلال الكتابة إلى شعوبهم، ونشأت في إيطاليا وفرنسا وإسبانيا لهجات مستقلة اعتمدت على اللاتينية، وظهرت في شمال أوروبا لهجة أخرى، وحاول علماء كل لغة إيجاد كلمات وعبارات جديدة ورفع مستواها، وأصبحت هذه اللغات صالحة لتدوين العلوم والآداب بها، ونشر الأفكار الجديدة التي اتسمت بها النهضة، وادى نمو اللغات الوطنية إلى إيجاد طبقة من الأدباء في إيطاليا وفرنسا ودول أخرى[٨].

وأصبحت لهجة توسكانيا أساس اللغة الإيطالية؛ لأنها كانت بعيدة عن التأثر بلهجات البرابرة والجرمان في فترة العصور الوسطى بحكم موقع توسكانيا في إيطاليا، وظهور شعراء بارزين في توسكانيا اهتموا بالشعر العامي المحلي.

وكان أول كاتب إيطالي كتب باللغة الإيطالية الحديثة هو اليجييري دانتي (١٢٦٥-١٣٢١م) صاحب الكتاب الشهير (الكوميديا الإلهية) باللغة الإيطالية، وهو رحلة خيالية في العالم الآخر، وربما تأثر برسالة الغفران لأبي العلاء المعري، من حيث الفكرة بالأساس، وتنقسم الكوميديا إلى ثلاثة أقسام: الجحيم، المطهر، الفردوس.

ويصور دانتي في الجحيم عالم الخطيئة والاثم والعذاب، ويقع في تسع درجات، ويتصور انه شاهد في كل درجة عظماء الشعراء والحرب والسياسية والآداب والفلسفة. اما المطهر فهو النصح والتوبة والتطهر والأمل، والفرق بينه وبين الجحيم أن الأخير يبقى فيه من وقع في الأثم إلى الأبد، أما في المطهر فيوجد الآثمون بصورة مؤقتة؛ لانهم تابوا وكفروا عن ذنوبهم وخطاياهم قبل ان يموتوا.

أما الفردوس عند دانتي فهو الطهارة والصفاء والحرية والنور الإلهي، وفيه أرواح الصالحين الأتقياء، وهو عشر سماوات ترتقي حتى تصل إلى الذات الإلهية،

واتخذ دانتي من الشاعر فرجيليوس (١٩-٧٠ ق.م) الشاعر اللاتيني القديم صاحب الافيادة مرشده في الجحيم والمطهر، أما الفردوس فاتخذ من بياتريشي التي أحبها وماتت وعمرها (٢٥) عاماً، وحزن عليها حزناً شديداً دليلاً له.

أما في فرنسا فقد كتب مونتاني (١٥٣٣-١٥٩٢) Montaigne باللغة الفرنسية رسائل رائعة في الأخلاق، عرفت باسم Essais، وكتب فرانسوار ابليه قصته عن مخاطرات بنتجروال، واستطاع ان يوظف الألفاظ حسب مصلحته والتراكيب الجديدة التي استخدمها نظراً لأن النثر الفرنسي كان حديثاً.

أما في إسبانيا فان سرفانتيز (١٥٤٧-١٦١٦م) Cervantes قد ألف باللغة الإسبانية قصة مشهورة، هي دوكويكزوت اوكيشوت عام ١٦٠٥م، وقصد بها السخرية بروايات الفروسية التي كتب معظمها قبل ذلك العهد بجيلين أو أكثر ونقد سوء المجتمع في عصره.

في إنكلترا كتب تسوسر Chaucer (١٣٤٠-١٤٠٠م) قصص كانتربري باللغة الإنكليزية، وتأثر في شعره ببوكاشيو أو النثر الإيطالي، وظهر سبنسر (١٥٢٢-١٥٩٩) من أشهر الشعراء العظام في إنكلترا حتى ظهور شكسبير أواخر عصر النهضة.

كان هؤلاء الأدباء قد كتبوا بلغاتهم ولهجاتهم المحلية في مختلف الدول الأوروبية، وأدخلوا تحديثاً لغوياً عليها، ونشروا، وأعدوا المجتمع لحقبة جديدة وآراء أخرى لم تكن معروفة من قبل.

٤- ازدهار الفنون

ضعفت قبضة الكنيسة على المجتمع الأوروبي، وظهرت الطبقة البرجوازية، مما انعكس على الفنون التي كانت موجهة لخدمة الكنيسة في العصور الوسطى والأغراض الروحانية والدينية عموماً، حيث أخذت الروح العلمانية المتحررة من العصور الوسطى تبرز تدريجياً، في الرسم والنحت والعمارة.

ويعد الرسم الفن الأول في عصر النهضة في إيطاليا بعد ان تحرر من قيود العصور الوسطى، والتجأ لهموم الحياة الدنيوية وإبراز جسم الإنسان، وصور جمال

الكون والطبيعة، وخاصة في فلورنسا والبندقية، ويعد ليوناردو دافنشي Vinci (١٤٥٢-١٥١٩م)، ومايكل أنجلو Angelo من أشهر زعماء المدرسة في فلورنسا في الفن والرسم والفنون الأخرى، ودافنشي اهتم بالتصوير والنحت والأدب والموسيقى والعلوم الطبيعية، ومن أشهر رسومه (الجيوكندا) المعروفة بالموناليزا Monlisa نسبة إلى صاحبتها، وهي معجزة فنية، تمثل سيدة تجلس أمام شرفة رخامية واضعة يدها اليمنى على معصم يدها اليسرى، ورغم ان السيدة ليست جميلة بشكل فائق، إلا أن ابتسامتها فيها غموض، وظلت موضع سحر وإعجاب الفنانين.

ومن صور ورسوم دافنشي الأخرى المشهورة (العاصفة) و(ميدوسا) الفتاة الجميلة التي حول بوسايدون رب البحار، وصورة العشاء الأخير وتصور السيد المسيح جالساً على مائدة كبيرة بين حوارييه يتناولون الطعام للمرة الأخيرة، وعينيه مليئة بالانفعالات التي ترسم على الوجه والأجسام والحركات وتصور اللحظات التي انهى فيها المسيح كلامه للحواريين عن خيانة يهوذا الاسخريوطي له، أما مايكل انجلو فقد نجح في الرسم بشكل باهر، سواء في النحت والبناء، أو الشعر، ومن أهم أعماله في فن الرسم صورة يوم الحساب في قبة كنيسة ستين في الفاتيكان، واستغرق علمها ثماني سنوات، وتمثل البشر وهم يخرجون من القبور، ويسودهم الاضطراب والفزع لما ينتظرهم من عقاب، والمسيح القائم على عرشه غاضباً لما فعله شعبه من خطايا وذنوب، وصور أنجلو أجساد الرجال والنساء كلها عارية.

وأما صورة السقف في كنيسة سيستين في الفاتيكان، فهي تمثل ثلاث مراحل تاريخية: خلق العالم في ثلاث لوحات: الإله الأعظم يفصل النور عن الظلام، والإله يخلق الكواكب، والإله يبارك الأرض بمياهها ونباتها، والمجموعة الثانية خلق آدم والإغراء والخطيئة، اما الثالثة نوح عليه السلام في ثلاث لوحات: تضحية نوح، والطوفان، ونشوة نوح.

اما مدرسة البندقية في الرسم، فاحتلت مكانة كبيرة في التجارة، وضمت طبقة البرجوازية ذات الثروة، وامتاز الرسم بحيوية اللون وعرض الحياة الأرستقراطية

والنزعة الدنيوية، وأمام المدرسة يقف تزيانوتيتيان (١٤٩٠-١٥٧٦) Tizanotitian صوّر شارل الخامس، والبابا بول الثالث، والأسرة المقدسة بالعظمة والازدهار.

ويعد رافايلو سانتزيو Sanzio (١٤٨٣-١٥٢٠) من أعظم فناني العصر، وهو تجسيد لعبقرية إيطاليا، وله حظوة عند البابا ليو العاشر، ومن أهم أعماله (صلب المسيح)، و(تتويج العذراء)، و(التجلي). ومدرسة أثينا التي اقتبسها من وصف دانتي لها في الكوميديا الإلهية، وتمثل الفلاسفة والعلماء السابقين.

أما النحت، فقد ازدهر على يد فنانين عظماء، مثل لورنزودي تشيو جيبرتي Ghiberte (١٣٧٨- ١٤٥٥م) اعتمد البرونز في حفر الأبواب في كنيسة فلورنسا، ومن أهم أعماله تمثال ليوحنا المعمدان في كاتدرائية سيينا، وتمثالان لداود من البرونز والآخر من المرمر، وتمثال الأطفال عند النوم أو اللعب.

ويعد أنجلو من تلاميذ دونا تللو واحتفظ الأول بتجديد وتميز عن أستاذه وبواقعية مستمدة من الطبيعة، ومثّل عن عصر جديد فيه القوة والحرية. وأعماله الشهيرة هي باخوس، وداود، وموسى، العذراء، والطفل، وغيرها.

وغلبت على النحت الروح الوثنية القديمة؛ لأن تماثيل الرومان التي تركوها لا زالت موجودة عند الإيطاليين النهضويين، وظلت مصدر إلهام لهم في نحت عصر النهضة، مما ساعد على تعزيز فن النحت.

أما العمارة، فقد ظهر اتجاه لإحياء الدراسات القديمة في هذا العصر، وكان هذا الفن من أوائل فنون العصور الوسطى تأثر بطبيعة الحال بالفن القديم، ثم برز في طور قوطي، وانتشر في الكنائس والأديرة، ودخل في إيطاليا في القرن الثالث عشر.

وفي عصر النهضة سادت روح جديدة في العمارة من رسوم هندسية، وطرز معمارية اتبعها الرومان القدامى، وتمثّل في عودته للشكل الكلاسيكي، وهو العمود والعقب، والافريز والكورنيش، واستعمال السقوف المسطحة والعمود والقوس.

وانتقلت العمارة من إيطاليا إلى الدول الأوروبية الأخرى من مدن وقصور وكنائس وأديرة وحصون دفاعية وقلاع، والمنازل الريفية، سواء داخل المدن ام في خارجها.

وفي أواخر عصر النهضة بدأت الضخامة هي المتميزة في كنيسة القديس بطرس الجديدة في روما، وأسسها البابا يوليوس الثاني عام ١٥٠٦م بعد تصدع الكنيسة القديمة، واشترك في بناء الكنيسة الجديدة عدد من المعماريين والفنانين برامانتي وبيروتزي ورافايللو ومايكل انجلو، وتتسع الكنيسة إلى ٦٠ ألف شخص، وهي من عجائب الفن المعماري النهضوي في أوروبا وإيطاليا.

ومن أبرز أعلام الفن المعماري في عصر النهضة فيلبيو برونيلليسكي Brunelleschi (١٣٧٧-١٤٤٦م)، فلورنسي المولد، وعاد بفن البناء إلى الشكل الكلاسيكي، وطبقه على الأبنية المعاصرة، وهو شائع كفن من العامود والعقب، أو العامود والقوس، وعليه التاج.

وانتشر البناء الجديد من فلورنسا إلى أنحاء إيطاليا في النصف الأول من القرن الخامس عشر، مثل روما والبندقية وغيرها.

٥- العلوم:

ازدهرت حركة العلوم مع تطور التجارة، والأعمال، والمال، والملاحة، والمواصلات التي تطلبت بالتأكيد معرفة بقضايا الحساب والرياضيات والمقاييس والجغرافيا والفلك والمناخ وحركة السفن والبحار، وصناعة السفن.

واستطاعت السفن السير بالبحار ببناء سفن ثقيلة وكبيرة قادرة على نقل الأشخاص، والمواد التجارية، والمعدات الكبيرة، والسير بها من مدينة إلى أخرى شرقاً وغرباً، وانتقلت ترجمة كتب الجغرافيين القدامى من اللاتينية إلى العربية، سواء بالفلك أو البحار ورسم الخرائط المفصلة.

ومن أشهر الجغرافيين جيراردوس ميركاتور Mercator (١٥٢١-١٥٩٤م)، وأطلق اسمه على طريقة رسم الخرائط التي تمثل خطوط الطول والعرض والإسقاط المركاتوري، واثبت كوبرينكوس Copernicus (١٤٧٣-١٥٤٣م) البولندي ان الشمس مركز تدور حوله الأرض وبقية الكواكب، وأن حركة الشمس والكواكب حركة ظاهرية بسبب دوران الأرض حول نفسها مرة كل يوم، كانت قبلها نظرية بطليموس في

العصور الوسطى التي تقوم على العكس من هذا بأن الأرض هي المركز والشمس والكواكب تدور حولها.

وأيد جاليليو Galileo (١٥٦٤-١٦٤٢م) - أول من استخدم المنظار في رصد الكواكب - رأي كوبرينكوس، ووصل إلى اكتشافات علمية مهمة وجريئة.

وازدهرت روح البحث العملي مع نمو الطبقة البرجوازية مع روح الفقر وحرية الرأي، وقام الإنكليزي روجر بيكون Bacon (١٢٤١-١٢٩٤) بمهاجمة الآراء السائدة في عصره بعد ان أدرك قيمة المنهج التجريبي، ودعا إليه؛ لانه الوحيد الذي يوصل إلى اليقين، وأطلق على العلم اسم العلم التجريبي، وأيقظ بيكون روح البحث والشك وقاعدة عدم التسليم المطلق بكل شيء، وتجاوز حالة العصور الوسطى المسلمة بالمطلق، وأخضع الأشياء للتجربة والنقد والشك والتمحيص.

وأخذ مفكرو عصر النهضة لا يُقبلون على الأخذ من قدماء الفلاسفة، وسخروا من منهج أرسطو وبراهينه، وطالبوا بكشف أسرار الطبيعة والكون عن طريق الملاحظة والتجربة وكذلك في الجغرافية والفلك والطب والطبيعة.

أدى هذا التطور في ظهور عالم آخر هو فرانسيس بيكون Bacon (١٥٦١-١٦٢٦) واضع أسس المنهج التجريبي الحديث، وصاحب كتاب (الأورجانوم الجديد)، رد فيه على أرسطو واعتماده على الملاحظة والتجربة بدل التفكير القياسي الصوري، وكان هذا العلم هو (الاستقراء)، وهو لتطهير العقل وتنقيته من الأوهام: الجنس والكهف والسوق والمسرح، وهي الأوهام الأربعة حسب وجهة نظر بيكون، وهي حجر عثرة في طريق العلم، وان يستند المنهج التجريبي على الحقائق والترتيب والتبويب والاستقراء الحقيقي [٩].

٦- الفكر السياسي:

تطور الفكر السياسي مع تطور البرجوازية في المجتمع الإيطالي، وعبر الكاتب السياسي الشهير نقولا ميكافيلي عن نظرية جديدة ومبادئ وضعها في كتابه الشهير (الأمير) Prince، ولد في فلورنسا من أسرة نبلاء عريقة، وعاش حكم الراهب سافونا رولا (١٤٥٢-١٤٩٨) الذي أراد خلاص إيطاليا عن طريق الفضيلة والأخلاق،

فاستقى مكيافيلي منه الدروس والعبر السياسية، وشرحها في كتابه ورأى ان رولا كان خيالياً مثالياً، ففشل ولقي حتفه، ولم يحقق برنامجه السياسي، وان الفضيلة لا وجود لها بين الناس، بحيث يمكن ان يعول عليها رولا، وان أحكام المسيحية وقيودها الدينية لا يمكن ان تحقق سيادة النظام بين الناس.

وعاش مكيافيلي حياة عملية، اتصل بالأحداث التي عصفت بفلورنسا، وقام ببعثات دبلوماسية إلى روما وفرنسا، وأوفد إلى بلاد الألمان، حيث الإمبراطور مكسمليان في وقت هدّدت فيه فلورنسا بجيوش غازية، وشاهد أطماع الباباوات السياسية وتحررهم من القيود الدينية، وقد ألهمته كل هذه الظروف لكتابة (الأمير) كتابه المشهور، ليستخلص الآراء والقواعد السياسية التي تحكم الإمارات الإيطالية.

يرى مكيافيلي ان الطبيعة الإنسانية تتصف بالشر والفساد في جوهرها، وان الإنسان ولد خبيثاً لا يعمد إلى فعل الخير إلا إذا اضطر إلى ذلك، ويعد مكيافيلي بناء على هذا الواقع انه لا يمكن الاعتماد على الإنسانية في العلوم السياسية، وان القوة أساس نجاح الحكام، والحروب ضرورية للمحافظة على كيان الأمة، والسلام الدائم يضعف أبناء الأمة، ويؤدي للخوف والخطر على وحدتهم وتماسكهم، ولا بد من جيش وطني وحكومة يقودها أمير قادر على تنظيم وقيادة هذا الجيش والدفاع عن البلاد، وان على الحاكم أن يكيف أخلاقه حسب الظروف، ويتحرر من القيود الأخلاقية لمصلحة المجتمع عامة، وان يبذل الحاكم كل الطرق للحفاظ على شرف الوطن ووحدته وحريته، ويرى ان الغاية تبرر الوسيلة، ومن حق الحاكم ان يرتكب العنف والقسوة والغش حسب ظروف ومصلحة البلاد.

وأعجب مكيافيلي بالشعب الحر الذي يحكم نفسه بنفسه، وان الحكم الاستبدادي إما لإصلاح فساد أو لإنشاء دولة، ثم بعد ذلك لا بد من ضمان تسامح الناس في دخول الحكومة، وان يدير الحاكم الدولة وفق القانون وحقوق الرعية.

رأى مكيافيلي ان صلاح دولة فاسدة بالعنف الاستبدادي هو الأجدى سياسياً، ولكنه استخدمه بحذر وحيطة، فقد شرح مكيافيلي الأوضاع السائدة في عهده بطرق سياسية، وأساليب تنفيذها، فكتاب الأمير بحسب المؤرخين وثيقة سياسية مهمة تاريخية،

تصور الأخلاق السياسية في إيطاليا مطلع القرن السادس عشر، وقد سارت على مبادئه كاترين دي مديتشي زوجة هنري الثاني ملك فرنسا، وريشيليو ولويس الرابع عشر، وهنري الثامن والملكة إليزابيث وفردريك الأكبر ملك بروسيا وبسمارك ونابليون بونابرت وغيرهم، ممن أعجبوا بآراء ميكافيلي وطروحاته السياسية.

أخذت النهضة تضعف في نهاية القرن الخامس عشر بسبب الحروب الإيطالية بعد حرب شارل الثاني ملك فرنسا عام ١٤٩٤م لإيطاليا عبر الألب، وكان بداية حروب إيطالية بين عدة دول أوروبية شاركت فيها إمارات إيطالية، وأثرت بشكل كبير على النهضة الأوروبية.

وطردت أسرة مديتشي من فلورنسا التي أسهمت في حركة النهضة، وأخذت تتنازع الحكم أسرتا بيانوني وأوتيماتي، واستولى فرداند ملك أرجوانه على نابولي عام ١٥٠٤م، وخرجت ميلان على يد الجيوش الفرنسية والألمانية والسويسرية.

ظلت روما بعيدة عن التخريب حتى عام ١٥٢٧م، وأصبحت مركز نهضة إيطاليا ومحور الحركة الإنسانية، وكان ليو العاشر شديد التحمس للدراسات الكلاسيكية، حتى أصبحت روما في عهده مركزاً أوسع من فلورنسا في عهد مديتشي.

إلى أن نهبت روما عام ١٥٢٧م على يد جنود شارل الخامس ملك إسبانيا، وهزم البابا وعقد الصلح مع الإمبراطور في عهد كامبري، وأدى ذلك كله إلى انهيار النهضة الأوروبية انهياراً تاماً، فقد نهبت قوات شارل الخامس كل الكنائس والأديرة، وتم الفساد فيها.

اما العامل الثاني فهو حركة الإصلاح الديني أي التحرر من الكنيسة الكاثوليكية، وكثمرة من ثمار الحركة الإنسانية، مما أدى إلى معارضة البابوية للحركة الإنسانية بقوة منذ ظهور حركة الإصلاح الديني، وتوطدت علاقة البابوية مع شارل الخامس ملك إسبانيا على تصفية الحركة الإنسانية في إيطاليا.

ثانياً: النهضة الفرنسية

النهضة في فرنسا اختلفت عنها في إيطاليا، من حيث العقل والإنجاز الفكري، فقد أحيت العقليةُ الإيطاليةُ القديمَ في صورة لم تحاول ان تغيرها، في حين احتفظت

العقلية الفرنسية باستقلالها تجاه القديم واقتبست منه واضافت عليه، فكان نتاجها الفني والأدبي متميزاً مخالفاً للإنتاج الإيطالي.

كانت الحضارة الكلاسيكية مزدهرة في فرنسا في العصور الوسطى، وانتشرت بالأدب اللاتيني بشكل خاص دون سواها من الدول الأوروبية، وذلك رغم فترة التوقف الإجبارية بسبب الحروب الفرنسية – الأوروبية والصراعات الداخلية، حتى عادت بعد الاتصال بين فرنسا وإيطاليا، وغزو شارل الثامن لإيطاليا عام ١٤٩٤م، وأخذت النهضة تتسرب إلى فرنسا.

وكانت هذه المرحلة قد سبقتها عام ١٤٥٨م حين عيّن جريجوري يتفرماس مدرساً لليونانية في جامعة باريس، وحاضر جون لاسكاريس في اليونانية في باريس، وحاضر جيروم الياندير في اليونانية واللاتينية والعبرية في باريس منذ عام ١٥٠٨م.

وظلت الدراسة المدرسية هي المسيطرة في الجامعات الفرنسية وجامعة باريس بالذات، وقد نشأت حركة واسعة لنشر الكتب اليونانية، وشجع الملك الفرنسي انتشار الدراسات الإنسانية ببناء الكليات والأكاديميات، وقد أنشأ فرانسوا الأول في عام ١٥٣٠م الكلية الملكية في باريس خارج نطاق جامعتها لتشجيع هذه الدراسات.

وكان الفضل الأكبر لانتشار الكلاسيكيات في فرنسا إلى جيوم بوديه (١٤٦٧-١٥٤٠م) Bude الذي تلقى العلم على يد لاسكاريس والياندر، وحث على تشجيع فرانسوا الأول على إنشاء الكوليج دي فرانس.

كان من أعلام النهضة الفرنسية رابليه Rabelais (١٤٩٥-١٥٥٣م) الذي اشتهر برواياته الهزلية، وكتب بالفرنسية، ونقد الحياة الاجتماعية والعلمية والسياسية ورجال الكنيسة والرهبان والفكر الديني والتربية والقضاء، ووضع برنامجاً للتربية ليرضي الإنسانيين، وقام على أساس تعليم اللغات اليونانية واللاتينية والعبرية وعلم النفس والقانون والفلك والطب والطبيعة.

ويعد مونتاني وفيليب دي كومين من أعلام النهضة، وتميز العلماء الفرنسيون بدراسة القانون الروماني والقديم خاصة، ومنهم جاك كوجاز Cojas (١٥٢٢-١٥٩٠م)، أما الفنون فلم يصلوا إلى مثل إيطاليا، حتى ان الملك فرانسوا الأول اضطر

إلى استدعاء مصورين أو رسامين إيطاليين، لتزيين قصره في فونتين بلو، وتمثلت النهضة في العمارة والنحت، وظهر في الأماكن العامة والقصور، وبلغ أعلى مداه في النصف الثاني من القرن السادس عشر، وأهم الإنجازات هي بناء قصر اللوفر في عهد فرانسوا الأول، والذي أنجز في عهد لويس الرابع عشر، وأعمال النحت التي تزين قصر اللوفر.

ثالثاً: النهضة الإنكليزية

لم تسهم إنكلترا في النهضة الأوروبية إلا في القرن السابع عشر بسبب انشغالها في حروب المائة عام وحرب الوردتين.

في عهد أسرة تيودور انتشرت روح الحركة الإنسانية في إنكلترا على يد الإنكليز الذين سافروا إلى إيطاليا، منهم وليم جروسين وتوماس ليناكر وجون توليت ووليم ليللي وتوماس مور وايرازموس، وعرفوا هؤلاء في الدراسات القديمة، وخاصة اليونانية باسم مصلحي اكسفورد، ثم انتشرت الدراسات في كمبردج.

في النصف الأول من القرن السابع عشر دخل التعليم الكلاسيكي في المدارس الإنكليزية، وأقدم المدارس التي خصصت للدراسات الإنسانية هي مدرسة سانت بول، أسسها كوليت، وكانت حروب المائة عام بين إنكلترا وفرنسا أدت إلى عملية التبادل الحضاري بين البلدين، وأخذت اللغة القومية في البلاد تحل محل اللغة الفرنسية في المؤلفات الأدبية والمحاكم والبرلمان والكنيسة وعبر المخاطبات والمكاتبات.

في النصف الثاني من القرن السادس عشر ومطلع القرن السابع عشر كانت اللغة الإنكليزية قد نشطت، وازدهر الأدب الإنكليزي ازدهاراً كبيراً، حتى أصبح يناهز أدب أي شعب إغريقي بعد أن كان - حتى عام ١٥٧٩م - أفقر من الفرنسية أو الإسبانية في مجال الآداب.

وكتب عام ١٥٨٧م كريستوفر مارلو Marlowe (١٥٦٣-١٥٩٣م) اول دراسة تراجيدية وهي فاوستس، ثم تلاه وليم شكسبير Shakespeare (١٥٦٤-١٦٦٦) بتراجيدياته وكوميدياته ومسرحياته التاريخية، أمثال روميو وجولييت، وتاجر

البندقية، وهاملت، وعطيل، ومكبث. وأسهم الشاعران أدموند سبنسر (١٥٥٢-١٥٩٩م)، وفيليب سدني (١٥٥٤-١٥٨٦م) في الشعر الإنكليزي ورفعاه كثيراً.

رابعاً: النهضة الإيبيرية

كانت شبه الجزيرة الإيبيرية مطلع القرن السادس عشر مهيأة للدراسات الإنسانية مثل بقية أوروبا، وانتقلت إليها من إيطاليا في القرن الخامس عشر، حيث درسوا في جامعاتها، وعادوا إلى بلادهم ليحاضروا في الدراسات الإنسانية، مثل رياس باربوسا في جامعة مالامانكا، وانطونيو ليبريكسا في إشبيلية والكالا، والشاعر ريسندي في لشبونة.

إلا أن خوف شارل الخامس والبابا كليمنت السابع جعلهما يقفان بوجه الإصلاح الديني والحركة الإنسانية، مما جعل تأثيرها ضعيفاً في إسبانيا، وظلت محاكم التفتيش سيفاً على أصحاب ودعاة الإنسانية.

تم إحياء الحركة الإنسانية في شبه الجزيرة الأيبيرية، وتمثل في استخدام اللغة الإسبانية القومية في مجال الأدب والمسرح، وكتب سرفانتيرز قصته المشهورة (دون كيشوت)، وكتب لويس دي كامينوس ملحمته الشهيرة (لوزياد)، وكتب لوب دي فيجا عدة قصص درامية.

واقترنت النهضة في شبه الجزيرة الأيبيرية بالدراسات القديمة والأدب القومي، والى جانبه الملاحة وصناعة السفن والفنون القريبة من القضايا الدينية.

أما في الأراضي المنخفضة التي آلت إلى شارل الخامس ملك إسبانيا عن جده مكسمليان وجدته ماري دوقة برجنديا والأراضي المنخفضة، فقد انسحبت على هذه البلاد القيود التي فرضت على الدراسات الإنسانية في إسبانيا، ولكن بعد ان اندلعت الثورة في الأراضي المنخفضة على إسبانيا بزعامة وليم اورانج، أفلحت في استخلاص إرادتها واستقلالها، وأخذت الدراسات الإنسانية فيها بالنمو والازدهار، وأصبحت جامعة ليدن في نصف قرن مركزاً عالمياً للدراسات الإنسانية، واهتمت بالتاريخ والآثار والدراسات الإغريقية واللاتينية والطب.

ويقف ايرازموس في مقدمة الإنسانيين وبعده جويست ليبس، وكان الفن فيها مثل إيطاليا برجوازياً في المدن سواء في الأدب أو الفن، ويعد أعظم المصورين الهولنديين قاطبة رامبرانت (١٦٠٦-١٦٦٦م)، وقد صور رامبرانت ٦٠٠ صورة بفرشاته، و٢٠٠٠ رسم، و٣٠٠ نقش.

خامساً: النهضة الألمانية

اتجهت النهضة في ألمانيا نحو الجانبين الديني والعملي عكس إيطاليا التي اقتصرت على الدراسات الإنسانية والطابع الوثني، وكانت طلائع النهضة في ألمانيا هم المبتدئين، والذين جذبتهم الدراسات القديمة في إيطاليا ونقلوها بمجرد عودتهم إلى ألمانيا، وكان هدف ألمانيا من دراسة الأدب القديم تهذيب النفوس وتربية النشء وتنمية الشعور الديني.

ويعود الفضل في الاهتمام بهذه الدراسات الجديدة إلى جوهان رويخلن Reuchilin (١٤٥٥-١٥٢٢) الذي درس الأدبين اليوناني واللاتيني، ثم اهتم بالعبرية لدراسة العهد القديم، وأخضع هذا الاتجاه المتميز للحركة الإنسانية، حيث اخضع الإنسانيون الدراسات الإنسانية لخدمة الكتاب المقدس، كما أن الدراسات الإنسانية تعتمد على الدراسات القديمة، وحركة الإصلاح الديني تعتمد على الرجوع إلى المصادر الأولى للمسيحية دون فلسفة العصور الوسطى، واتجهت النهضة في ألمانيا لخدمة الإصلاح الديني، واتخذت أشكالها في دراسة الكتاب المقدس كما كتب باليونانية[١٠].

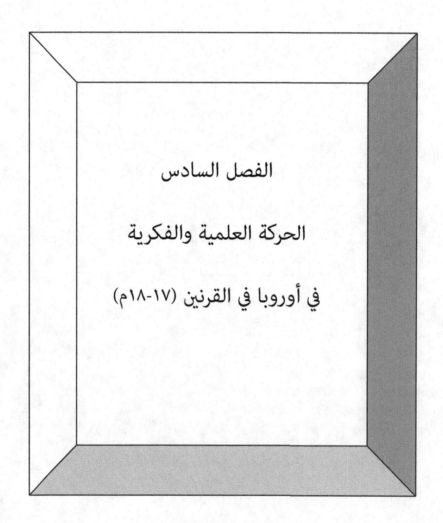

الفصل السادس

الحركة العلمية والفكرية

في أوروبا في القرنين (١٧-١٨م)

أولاً: التطور الفكري في القرن ١٧م.

ثانياً: التنوير في القرن ١٨م.

أولاً: التطور الفكري في القرن ١٧م:

شهدت أوروبا تطورات كبيرة خلال القرنين الخامس عشر والسادس عشر في المجال الفكري والعلمي، وفتحت آفاقاً جديدة أمام المفكرين والفنانين والعلماء، وجاءت حركة الإصلاح الديني وما رافقها من صراع بين المحافظين المتدينين والبابوية من جهة، والمصلحين المتنورين من جهة أخرى؛ لتزيد من حدة هذه الانقسامات الفكرية والدينية، وساعدت الكشوف الجغرافية في تعزيز هذه التوجهات الفكرية ومحاولة التخلص من القيود المكبلة لها خلال قرون طويلة، هذا فضلاً على التحولات السياسية والاجتماعية والاقتصادية التي شهدتها أوروبا في ذلك الوقت.

يعدّ القرن السابع عشر من أكثر القرون في التاريخ الأوروبي تطوراً بحكم ما شهده من تطورات علمية هائلة سادت العقل والفكر الأوروبي، وقد ظهر علماء ومفكرون أسهموا في العلوم الإنسانية والطبيعية، مثل بيكون وديكارت ونيوتن، وسبق ان تحدثنا عن فرانسيس بيكون وإنجازاته، ولعل أشهر مؤلفاته (الكائن الجديد New Organon)، و(تقدم المعرفة) و(اطلنطا الجديدة)، واعتمد على الطريقة الاستقرائية التي تقوم على حواس الإنسان كمصدر لمعارف ينتقل فيها الإنسان من الخاص إلى العام، ومن الملموس إلى المجرد، وبالاعتماد على المقارنة والملاحظة والتجربة والاستقراء، ودعا للتخلي عن المفاهيم السابقة والخاطئة من وجهة نظره وضرورة ملاحظة الوقائع التحليل الاكتشافات وقوانينها، وهو ضد الأحكام السريعة والتصورات الموروثة.

فبيكون رائد التجربة والاختبار والمعرفة، وحسب وجهة نظره يجب ان تخدم الإنسان وتعمل على إيجاد حياة سعيدة له، ووجب معرفة قوانين الطبيعة وتسخيرها لخدمة البشرية، وعن طريق الملاحظة لا يدع الإنسان الطبيعة تفاجئه، ويجب ان يثق بذكائه وخبرته، ويتطلع للمعرفة، وينظر للعالم نظرة دون الأحكام المسبقة لكي لا يقع في الخطأ.

أما في كتابه (اطلنطا الجديدة New Atlantic) فقد رسم بيكون صورة للإنسان السعيد، وهو كتاب في المثالية العلمية، حيث يتمتع الإنسان بمجتمع مثالي عن طريق

العلم والسيطرة على الطبيعة، وأطلنطا هي قارة قديمة غرقت منذ زمن قديم، وهي جزيرة سعيدة حسب رأي بيكون، فيها كل الوسائل العلمية التي توفر فرص البحث والاكتشاف والاختراع للناس الذين يسكنون فيها.

وهكذا وضع بيكون بداية للعلم التجريبي، وحاول نسف أسس المنهج المدرسي الذي ساد أوروبا لفترة طويلة، وأصبح الإنسان الأوروبي لا يعتمد على التصورات والأحكام، بل على الملاحظة والمتابعة والمقارنة والتحليل في فهم الحقائق والتوصل إلى النتائج العلمية بعيداً عن الفرضيات والتوقعات، وأصبح هدف العلم خدمة الإنسان ومساعدته على تسخير الطبيعة لخدمته، وفي آرائه السياسية كان بيكون إلى جانب الملكية الإنجليزية.

أما رينيه ديكارت (١٥٩٦-١٦٥٠) Dicart فهو فرنسي الأصل ومن أكبر ممثلي الفلسفة العقلانية الفرنسية في القرن السابع عشر، وقد تعرض للاضطهاد الديني في فرنسا، وهاجر إلى هولندا وعاش حوالي عشرين عاماً وقضى السنتين الأخيرتين من حياته في سويسرا، وكتب أشهر كتبه (محاضرات عن المنهج)، و(بداية الفلسفة)، ويعد مبتكر الهندسة التحليلية، وأكد على مبدأ الشك في كل ما يقال، ونزع عن نفسه الأفكار الموجودة والتصورات القديمة، وأطلق عبارته الشهيرة: (أنا أفكر، إذن أنا موجود).

وقد أيقن ديكارت بمنهج الاستدلال، أي الانتقال من الكل إلى الجزء، ومن العقل إلى الملاحظة المنفصلة، وكان هدف العلم لدى ديكارت شأنه شأن بيكون هو لخدمة الإنسان وجعله سيد الكون.

أما اسحق نيوتن (١٦٤٣-١٧٢٨) فهو مؤسس علم الميكانيك وصاحب قانون الجاذبية، وهو أستاذ في جامعة كمبردج منذ عام ١٦٦٩م، ورئيس الجمعية الملكية عام ١٧٠٣م، ونشر أفكاره في كتابه (القواعد الرياضية للفلسفة الطبيعية)، وأشهرها قانون الجاذبية، وساعد فيه على وضع الأسس العلمية لتفسير عدد كبير من المسائل العلمية في الفيزياء والكيمياء.

ونيقولا كوبرنيك (١٤٧٣-١٥٤٣م) - وهو بولندي الأصل - قد حقق طفرة نوعية في الفلك، واكد ان الشمس مركز المجموعة الشمسية، وأن الأرض تدور حولها، وهي نظرية مركزية الشمس التي تحاول ان تزيح مركزية الأرض السائدة آنذاك، علماً ان الكنيسة كانت تحارب مثل هذه الآراء ومن يعتقد بها، وسعى يوهانس كيبلر الألماني (١٥٧١-١٦٣١) لان يسهم في دعم نظرية كوبرنيك إلى الأمام، ولان يصحح بعض الأفكار الخاطئة له بخصوص النجوم التي اعتقد انها على شكل دوائر كاملة، في حين رأى كيبلر ان المدارات للكواكب السيارة بيضوية الشكل، وان طول الزمن الذي تستغرقه الكواكب السيارة المختلفة في دورانها حول الشمس يتناسب مع بعدها عن الشمس، وان مربع الزمن يتناسب مع مكعب المسافة، ووصف حركة الكواكب السيارة في قوانين واضحة، وان الطبيعة قائمة على اعداده، وله كتابان شهيران: (علم الفلك الجديد)، و(تناسق العلم).

ساهم غاليلو غاليلي (١٥٦٤-١٦٤٢م) في استكمال العمل بعد سابقيه في هذا المجال، وصنع عام ١٦٠٩ تلسكوباً، تمكن به من ملاحظة سطح القمر، وتأكد له ان القمر جرم مضيئ بنفسه، ورؤيته لعدد كبير من النجوم، وهو أول من تصدى لدارسة تراكيب الأجرام السماوية، وابتكر قوانين رياضية تصف حركة الأجسام على الأرض، وحصل غاليلو على شهرة واسعة، فهو الفيلسوف والرياضي الأول في بلاد دوق توسكانيا، ولكنه بعد ان نشر آراءه الفلكية أثار حقد واستياء الكنيسة، وحاولت ان تتخلص منه، واعتقل أمام محاكم التفتيش في روما، وأجبر على التخلي عن آرائه، ونفي إلى إحدى القرى حتى توفي فيها.

إلا ان الكنيسة والمحافظين لم يستطيعوا في واقع الحال ان يحجبوا حقيقة الآراء والنظريات العلمية التي جاء بها هؤلاء العلماء في دفع عجلة العلم إلى الأمام، واستمرت حركة التطور العلمي، فقد اكتشف إدموند هالي عام ١٦٨٢م المُذَنَّب الذي سمي باسمه (هالي)، وقام الإيطالي تورشيلي باختراع بارومیتر لقياس الضغط الجوي عام ١٦٤٣.

وتوصل الإنكليزي وليم هار إلى اكتشاف الدورة الدموية عام ١٦٢٨، واستمرت بقية العلوم في التطور، بحيث أصبحت العلوم روح المجتمعات الأوروبية، وأمكن فهم الحقائق العلمية على اساس التجربة والملاحظة العلمية، والتعبير عن القوانين بمعادلات رياضية، واتباع صيغ وأساليب حديثة ومتطورة للبحث العلمي، ومعالجة الكثير من المشكلات العلمية التي كانت غائبة وغير معروفة من قبل سواء لدى العلماء أو الباحثين.

ويجدر بالذكر ان هذا التطور الفكري والعلمي قد جرى في أجواء من الصراع بين القديم والحديث وبشكل تدريجي من حيث التقدم وتحرير الأفكار من الأوهام والخرافات والنظريات المتخلفة، ورغم ذلك ظل العلم فيه رؤى من التنجيم والخرافات والأرواح الغريبة لم يستطع العلماء ان يتخلصوا منها.

إلا ان هذه السلبيات سرعان ما أخذت بالتراجع، وتخلصت من المنهج المدرسي الجامع، ووقفت على طريق التجربة والبحث العلمي الحر، واستخدام أساليب التطور العلمي وظهور الجمعيات العلمية والأكاديميات في الدول الأوروبية في فرنسا وانكلترا وألمانيا وروسيا مع المجلدات العلمية التي أتيحت للعلماء الأوروبيين في مختلف البلدان.

وقد أثر هذا التطور العلمي الكبير على الفكر الأوروبي في القرن السابع عشر من خلال معطيات جديدة ومناهج حديثة في العلم وفلسفات ونظريات مختلفة وتحولات علمية وأدوات موضوعية بيد العلماء والباحثين لم تكن معروفة أو متيسرة من قبل، وواجهت هذه التحولات الفكر الإقطاعي المتخلف مع ظهور تيارات سياسية وفكرية عبرت عن واقع جديد وفلسفة جديدة في السلطة والحكم والملكية والثورة، وناقش الفلاسفة والسياسيون قضايا فكرية وسياسية، مثل أصل الدولة وحقوق المواطن وغيرها.

ونشير في هذا الصدد إلى هوغو غروتيوس (١٥٨٣-١٦٤٥) الهولندي الأصل وصاحب الفكر الفلسفي المبدع، ونظريته في الحق الطبيعي والتي وضعها في كتابه قانون الحرب والسلم عام ١٦٢٥، والحق الطبيعي عنده هو حقوق البشر التي لا

يمكن لأحد ان يتجاسر عليها، وان على الدولة ان تعمل على التلبية والمحافظة على هذه الحقوق، وان للدولة مهمة وعليها ان تلبي بشكل منظم النبضات الاجتماعية للانسان، وان الدولة هي الأمينة على حقوق الأفراد الطبيعية على أساس التعاقد، والحق الطبيعي الذي ينبع من نية المتعاقدين أي الأفراد الذين كلفوا من قبل الأفراد في إقامة مجتمع منظم.

أما المفكر الألماني يوهانس التوسيوس (١٥٥٧-١٦٣٨م) فقد عرض أفكاراً رئيسية لفلسفة الحق الطبيعي في كتابه (السياسة) في عام ١٦٠٣م، ودافع عن حق الشعب في وجه الإمبراطورية، ويبدو جلياً تأثير الحروب الدينية التي جرت في النصف الثاني من القرن السادس عشر، وخاصة الروايات عن مذبحة برثلميو التي جرت في فرنسا عام ١٥٧٢ ضد الهيكونوت، وخرج بفكرة هي ان الشعب يمتلك حق إسقاط السلطة إذا لم تعد هذه الأخيرة تعمل لصالحه، وان الدولة ليست إلا منتدب الشعب ومدينة له في وجودها وديمومتها، واذا لم يحترم أحد من المتعاقدين أي الدولة - خاصة - هذا العقد فيكون الشعب حيال دولة جديدة وان الثورة التي يرفعها الشعب حق طبيعي.

وقد خطت النظريات الفلسفية خطوة كبيرة في إنكلترا خلال القرن السابع عشر خاصة مع التطورات السياسية التي شهدتها البلاد، والصراع بين الملك والبرلمان والثورة الإنكليزية (١٦٤٢-١٦٤٩) وإعدام الملك شارل الأول، وقيام جمهورية كرومويل، وعودة الملكية إلى إنكلترا عام ١٦٦٠م، والثورة الجليلة عام ١٦٨٨، وهذه الأحداث السياسية قد رافقتها مناقشات فكرية وسياسية، وكل تيار كان له رأي ويضع أيديولوجيته وفكره في الاتجاه أو التيار الذي يؤمن به وينتمي إليه، وقد أضفت هذه التيارات السياسية والفكرية والحوارات والنقاشات الكثير من الإيجابيات في بلورة الفكر الأوروبي، ودفع مفكرو إنكلترا باتجاه نظرية الحق الطبيعي لكي تسود في المجتمع الإنكليزي.

ويعد المفكر السياسي الإنكليزي توماس هوبز (١٥٨٨-١٦٧٩) من أشهر من مثّل هذه الاتجاه، وهو في البداية كان من دعاة السلطة المطلقة، ثم رحل إلى فرنسا بعد

قيام الثورة ضد شارل الأول، ولم يعد إلى إنكلترا حتى عام ١٦٥٢م عندما اتضحت ديكتاتورية اوليفر كرومويل، وحسب رأي هوبزفإن: الدولة ظهرت بعد ان كانت الطبيعة تعطي الإنسان كل شيء، والأفراد متساوون في الجسد والروح، ولذلك نشبت الحروب بين الجميع من أجل الحصول على الأشياء التي يحتاج لها الإنسان لكي يعيش، فحاول الإنسان ان يخرج من هذه الأزمة بضرورة التوصل إلى السلام عن طريق التعاقد وإقامة الدولة، وان الأخيرة تحقق السلام بفضل تخلي الناس عن حقوقهم الطبيعية، ورأى هوبز ان أفضل أنواع الحكم هو السلطة المطلقة، وحاول ان يقنع الناس بضرورة التخلي عن فكرة الثورة ضد الملك والخضوع لسلطة الملكية.

وقد وضع هوبز كتاباً شهيراً هو (التنين) عام ١٦٥١م، وهو يمثل الدولة حسب رأيه، وكان تسويغه للسلطة المطلقة هو ان الملك هو الذي يستطيع من خلال الحكم المطلق ان يحفظ النظام والأمن والاستقرار، وان العقد الاجتماعي يحفظ الإنسان من الإنسان الذئب، فالعقد ليس اتفاقاً عشوائياً أو صورياً أو تفاهماً عادياً، بل هو خضوع وتخلص من الإنسان الذئب، والهدف هو: لكي لا يضطروا إلى البقاء أفراداً عاجزين، والإنسان الذئب هو الملك عند هوبز، وبذلك ألغى الحق الإلهي في الحكم الذي تمسك به الملوك في العصور الوسطى وما بعده في عصر النهضة، وفرضوه على المجتمعات الأوروبية قسراً.

وآمن جون لوك (١٦٣٢-١٧٠٤م) بأن الدولة قامت على أساس عقد أو اتفاق بين الحاكم والمحكوم، ووقف لوك إلى جانب البرلمان في صراعه مع الملك أثناء الثورة الجليلة عام ١٦٨٨، وسوغ ذلك في كتابه (مقالتان في الحكومة)، وأكد لوك ان الإنسان قبل ظهور الدولة حر ومتساوٍ مع الآخرين، ويرغب في التعاون على أساس رغبته مع أقرانه في حكم الطبيعة بامتلاك حقوق معينة لا علاقة لها بوجود الدولة كحق الحياة والحرية والتملك، مثل ملكية الأراضي، وعارض حق الدولة في التدخل في الملكية الشخصية للفرد، وان السلطة العليا لا تستطيع ان تأخذ من أي شخص ما يملكه دون موافقته، وآمن لوك بأن الناس في المرحلة الطبيعية لم يكونوا قادرين على ان يحملوا الجميع على احترام حقوقهم الطبيعية، ولذلك تعاقدوا على إقامة حكومة تلزم

الناس بالمحافظة على احترام حقوق الجميع، ونشأت الحكومة بمقتضى عقد، ولحماية الحقوق الطبيعية، وقد طبق البرلمان في إزاحة الملك جيمس الثاني وإعلان وليم الثالث ملكاً على البلاد، وأثرت أفكار جون لو في المفكرين سواء في فرنسا أو غيرها، وانتشرت في أمريكا. وفي إعلان الاستقلال الأمريكي ظهرت عبارات لوك الدستورية والحقوق الطبيعية.

وفي إطار الفكر السياسي أيضاً ظهرت اتجاهات تختلف عن هؤلاء، مثل جيمس هارينكتون (١٦١١-١٦٧٧) في إنكلترا، حيث انتعشت حركة إعادة الملكية إلى البلاد، وشهدت صراعاً كبيراً ضد أنصار الجمهورية، وكان هارينكتون أحد زعمائهم البارزين (١٦٥٨-١٦٦٠)، ووضع (جمهورية الأوقيانوس)، وهي بمثابة الدستور الجمهوري الإنكليزي فيها، والتي كانت من المفروض ان تأتي بالسلام والنظام، وقد رفض هارينكتون نظرية الحق الطبيعي وعارض المساواة، ولكنه فشل في إقامة النظام الذي كان يحلم به.

وعادت الملكية وآل ستيورات إلى الحكم وفرض النبلاء من جديد سلطتهم، في حين كان الحكم المطلق في فرنسا قد فرض وجوده في عهد لويس الرابع عشر، وكان هناك تياران متصارعان، أحدهما يتزعمه لويس الرابع عشر وعبارته التي كان يرددها: الدولة أنا، وأنا الدولة، ويؤكد الخضوع التام للملك كما يخضع الإنسان لله، لأن الملك في قوته يمثل أمام الناس قوة الله.

أما التيار الآخر فمثّله جان ميشيليه (١٦٦٤-١٧٢٩) وكتابه (الوصية)، وانتقد بشدة الأوضاع الاجتماعية في فرنسا، وهاجم التفوق الطبقي بين السكان، وهاجم النبلاء والإقطاعيين، وأكد المساواة بين البشر بغض النظر عن أصولهم النبيلة، وهاجم موظفي الدولة ورجال الدين والحكم المطلق الذي يؤيدوه، وان الأباطرة والأمراء هم طغاة برأيه، ويضطهدون الناس والشعوب عامة، ويتصرفون حسب أهوائهم وأمزجتهم، وان آفة الاستبداد برأيه في الحكم المطلق في فرنسا، وان ملوك فرنسا هم آلهة صغار، وأقنعهم المتملقون بأن لهم حق التصرف المطلق بحياة رعاياهم وأرزاقهم، وأكد ميشيليه

ان واجب الملك هو توفير الراحة والأمن لشعبه، وطالب بشدة بإلغاء النظام الملكي وليس تحسينه أو تعديله.

أما الفكر الاشتراكي، فقد تمثل في القرن السابع عشر في المفكر الإيطالي توماس كامبانيلا (١٥٦٨-١٦٣٩)، وقد ظهر في واقع أليم عاشته إيطاليا في ظروف الاحتلال الإسباني وسيادة الكنيسة الكاثوليكية ومحاكم التفتيش، فكان كامبانيلا يحلم بإقامة مجتمع سعيد، وأسهم في الحياة السياسية لتحقيق هذا الحلم في بلاده، وحاول عام ١٥٩٩ ان يقود انتفاضة لتحرير إيطاليا من الاحتلال الإسباني، ولكن المؤامرة اكتشفت وقبض عليه، وتم تعذيبه.

وسجن (٢٧) عاماً، وكتب في سجنه كتابه الشهير (مدينة الشمس) الذي طبع عام ١٦٢٣، وهو حول مجتمع خيالي مثالي خال من الاضطهاد والاستغلال الاجتماعي والتعسف الاقتصادي والظلم السياسي، وهو مجتمع تسود فيه العدالة الاجتماعية وتوزيع الثروات واحترام العمل، وهو المجتمع الذي كان يحلم به كامبانيلا وغيره من المفكرين في عهده من المثاليين الطوباويين، والذين أثروا في مسيرة الفكر الأوروبي في القرن السابع عشر وما بعده.

يمكن ان نقول ان القرن السابع عشر شهد ولادة سمات أصبحت متشابهة وملازمة للإنسانية خلال القرون التالية من الإيمان بقدرة العقل البشري والعلم وحقوق الإنسان والطبيعة والتقدم، وأدى كل هذا إلى بروز ولادة عصر التنوير أو الاستنارة خلال القرن الثامن عشر، ومهدت لقيام الثورة الفرنسية فيما بعد[١١].

ثانياً: التنوير في القرن ١٨م

شهدت أوروبا في القرن الثامن عشر عصراً جديداً هو (عصر التنوير) أو الاستنارة، وفي ظل حركة فكرية واسعة تهدف إلى تنوير عقول الناس عن طريق العلم والمعرفة وتغيير الأوضاع الاجتماعية، وكانت فرنسا هي السباقة في هذه الحركة والتي مهدت فكرياً لقيام الثورة الفرنسية بحكم الأوضاع السياسية والاجتماعية والاقتصادية التي عاشتها، كالحروب الكثيرة التي عاشتها في عهد لويس الرابع عشر وانهكت البلاد وأوصلتها إلى الإفلاس المالي.

في حين كان الشعب يعيش في بؤس وفاقة، والبلاط يصرف الأموال على البذخ ويستنزف ما تبقى من أموال البلاد، وأخذت الأفكار تبحث عن طريق للخروج من هذه الأزمة، والاستياء العام يعم البلاد، في وقت كان الملك واتباعه يريدون الشعب ان يبقى جاهلاً ومتخلفاً ليتمكنوا من استعباده وترويضه والسيطرة عليه بسهولة، وفي المقابل كانت هناك حركة تعمل على تنوير الناس ونشر المعرفة بينهم ومهاجمة الأفكار القديمة حول السلطة الملكية والنظام الاجتماعي، وتجمع أصحابها من المفكرين رؤية حول الروح العلمية والايمان المطلق بالعلم والمستقبل، واهم النتائج العلمية التي أحرزتها مرحلة القرن السابع عشر، وعصر النهضة، وتحاور المفكرين وتناقشوا طويلاً في هذه القضايا وأهمية نشر المعرفة والعقل، وحلم إقامة نظام سياسي وهو الملكية المستنيرة، وربطوا الأدب بالعلم لخدمة الإنسان، والحرية والمساواة والتسامح الديني، ومن أشهرهم فولتير ومونتسكيو وجان جاك روسو وديدرو.

يعد شارل دي سكوندا مونتسيكو (١٦٨٩-١٧٥٥) كاتباً وفيلسوفاً فرنسياً تولى منصب رئاسة مجلس النواب في مدينة برودو، ويعد مؤلفه (رسائل فارسية) عام ١٧٢١م في نقد المجتمع الأوروبي أروع كتاب في الأدب الساخر، وله آخر في السياسية شهير وهو (روح القوانين) عام ١٧٤٨، وبيّن فيه أشكال الحكومة، وشرح مبدأ فصل السلطات ودافع عنه، ان جمع السلطات كلها بيد واحدة يزيد من خطر الاستبداد، وان الوسيلة المثلى لمنع ذلك هي توزيع السلطات بين هيئات مختلفة على النظام أو النمط الإنجليزي، ونادى مونتسكيو بالديمقراطية النيابية، وان الشعب بالنسبة إليه غير قادر على ممارسة التشريع بنفسه، وان النيابة هي العامة لعضو البرلمان، أي ان النائب لا يمثل دائرته الانتخابية وحدها، وإنما يمثل الأمة، وكان لآرائه هذه أهميتها وصداها في الثورتين الأمريكية والفرنسية.

وقد أكد مونتسيكو على الحقوق الطبيعية للإنسان التي هي مصدر جميع الشرائع، وان النظام هو الذي يحمي هذه القوانين من التلاعب على يد الحكام، واهتم بالعوامل الجغرافية بشكل استثنائي، وان شكل الحكومة يختلف باختلاف المناخ

والظروف الجغرافية، وكان هدفه الأساس هو مقاومة الاستبداد والملكية المطلقة في فرنسا مع اعجابه الشديد بالنظام السياسي في إنكلترا.

أما فرانسوا فولتيرا (١٦٩٤-١٧٧٨) فهو فيلسوف ومفكر فرنسي، نشأ في باريس، وتعلم في كلية لويس الأكبر اليسوعية، واتهم بإهانة الوصي فيليب الثاني دوق أورليان، وعوقب بالسجن في الباستيل لمدة (١١) شهراً، وأعاد فيه كتابة مسرحية (أدويب)، وبدأ ملحمة عن هنري الرابع ونال شهرة كبيرة، وفي عام ١٧٢٦ سجن في الباستيل من جديد لإهانته أحد النبلاء، وأطلق سراحه عندما وعد بالرحيل إلى إنكلترا حيث قضى عامين، وأعجب بحرية الفكر السائدة وأفكار لوك ونيوتن، وألف رسائله عن الشعب الإنكليزي (رسائل فلسفية) عام ١٧٣٢، وعرّف الفرنسيين بالأدب الإنكليزي، وكتب تاريخ شارل الثاني عشر وهي من أروع كتب التراجم.

وعندما عاد إلى باريس كتب عدة رسائل أدبية وطبيعية وعن (جان دارك) ومسرحية عن (محمد)، ثم أصبح مؤرخاً للبلاط الملكي، وعضواً في الأكاديمية الفرنسية، وكرّس حياته للدفاع عن ضحايا السياسة والدين، واشتهر بأسلوبه الساخر ونقده اللاذع وأشعاره القاسية ومآسيه، ودعا إلى الإصلاح السياسي وحرية الفكر بالدين والسياسة، وجمعت آثاره في سبعين مجلداً نشرت بعد وفاته.

ويعد فولتير من أبرز رجالات عصر التنوير، وأدى دوراً كبيراً في الصراعات الفكرية في فرنسا خلال القرن الثامن عشر ضد الفكر الإقطاعي والكنيسة التي عدها أساس المصائب والكوارث في المجتمع، ودعا الناس إلى تحرر العقول والضمائر وتنظيم الحياة بدقة وفق منطق العقل، وطالب بالمساواة وإلغاء الامتيازات لرجال الدين والنبلاء، وهاجم الكنيسة والإدارة الحكومية والرقابة على الفكر.

ولد جان جاك روسو (١٧١٢-١٧٧٨) في جنيف، وهو فرنسي فيلسوف وكاتب سياسي شهير، وقصد باريس بشبابه واتصل بديدرو، وكانت آراؤه منذ البداية تقوم على ان الإنسان خيّر بطبعه، ثم أفسدته الحضارة، ثم عاد لجنيف ليرتد إلى البروتستانتية بعد ان كان قد نبذها، ليسترد حقوق المواطن، ثم عاد إلى باريس، وكتب (العقد الاجتماعي) عام ١٧٦٢، (وإميل) عام ١٧٦٢، ورحل إلى إنكلترا، حيث

كتب اعترافاته، ثم عاد إلى فرنسا واستقر في باريس، وأخذ يكتب في الأدب والسياسة والفلسفة والدين والتربية.

وكان مجمل فكره السياسي يقوم على أن الانسان الطبيعي هو عنصر خيّر، وليس شراً، وأن المساواة بين الناس زالت بظهور الزراعة والصناعة والملكية، وان القوانين شرعت لتثبيت قوة الظالم على المظلوم، ويستطيع الناس ان يحققوا شيئاً من الحرية المدنية بدخولهم في تعاقد اجتماعي يجعل السيادة للمجتمع بأسره، بحيث لا يجوز النزول عنها لأحد، ولا تشرع القوانين بغير رضى الجماعة كلها مهما تكن صورة الدولة، ملكية ام أرستقراطية أو ديمقراطية، والإرادة المشتركة تعبر عن المصالح المشتركة التي تتخذ القرارات الهامة، وعلى المواطنين الخضوع للإرادة المشتركة والملكية الفردية المقدسة، لكي يتحقق قدر من المساواة الاقتصادية بين الأفراد.

وقد أثرت أراؤه في المذاهب الاشتراكية الحديثة، فهو رائد للحركة الرومانسية الحديثة بدعوته لتربية صحيحة للطفل وإلغاء التفاوت الطبقي بين الناس وإقرار الإيمان، وغيرها من الافكار.

لقد كان كتابه (الاعترافات) منهجاً فكرياً وفلسفياً جديداً في أوروبا، حيث تحدث فيه بحرية وجرأة وصراحة، متحدياً كل القيود الدينية والاجتماعية، وكان هدفه الذي أعلنه هو ان يعرض الحقيقة عارية أمام الناس.

وأثرت أفكاره في التيار الجمهوري أثناء الثورة الفرنسية، وخاصة كتابه (العقد الاجتماعي) حول الدولة والسلطة والحق الطبيعي، وبأن العلاقة بين الحاكم والشعب هي عقد اجتماعي، وليس سياسياً أي اتفاق بين الحاكم والشعب.

أما دينس ديدرو (١٧١٣-١٧٨٤) فهو موسوعي فرنسي، وفيلسوف مادي،وناقد أدبي، وفني وكاتب مسرحي، أصبح عام ١٧٤٧ رئيساً لتحرير الانسيكلوبيدية أهم كتاب في العصر، ونشر عدة مسرحيات ومؤلفات فلسفية، مثل (خواطر فلسفية) عام ١٧٤٦، و(رسالة عن المكفوفين) عام ١٧٤٩، وشرح فيهما فلسفته المادية، ورغم حياته الصعبة التي عاشها إلا أنها لم تمنعه من الحصول على الثقافة

الجيدة، وتعلم اللغات الأوروبية القديمة والحديثة، واتسمت آراؤه بالثورة العنيفة على الكنيسة، وضرورة الوقوف ضد الرهبنة والانعزال، وحق الإنسان في التمتع بالحياة، وان يتمكن الفلاسفة من قيادة الشعب والإطاحة عبر الثورة بالملك.

وعُرف واتباعه بالموسوعيين من إصدار الموسوعات وجمع العلم والمعرفة، واستقطبت الموسوعة خيرة المفكرين من مونتسكيو وفولتير وهولباخ وكوندلياك وغيرهم، وتحولت إلى قوة فكرية ضد الفكر القديم الرجعي، وأكدت على سيادة العقل ونبذ الخرافات والبدع، وساهمت في تهيئة الأفكار للثورة الفرنسية.

وقد ظهر تيار الفيزيوقراطيون في فرنسا وأوروبا عامة، طرحوا أفكاراً لحل المشكلات الاقتصادية الكبرى، ومواجهة الإفلاس المالي والركود الزراعي والصناعي، والإصلاح المالي، وزيادة الدخل القومي الفرنسي، وحرية العمل والتجارة بين الشعوب والدول، وحرية الحركة الاقتصادية لزيادة الثروة، وكان أشهر هؤلاء فرانسوا كينيه (١٦٩٤-١٧٧٤)، وتوغو (١٧٢٧-١٧٨١).

كان كينيه صاحب (الجداول الاقتصادية) نصير العقل ونظرية الحق الطبيعي، أما توغو صاحب (تأملات في تكوين الثروات وتوزعها)، فقد جمع بين النظرية والتطبيق، وحاول جاهداً إصلاح الأوضاع المالية في فرنسا، وكان محور اهتمام هؤلاء هو الفرد، وان مصلحته تتحكم في أسس الوجود الاجتماعي.

واهم حقوق الفرد هو حق الملكية الشخصية، وحق اشباع الحاجات الضرورية، واتم ما ينجم عن الطبيعة هو الحق بنظر هؤلاء، وان القوانين الوضعية هي تعبير عن القوانين الطبيعية وسعادة البشر في الازدهار الاقتصادي، وهو مرهون بالحرية التامة للإنسان في مجالات الحياة كافة، مثل حرية التجارة وحرية العمل وحرية التنقل، ولذلك يرفضون تدخل الدولة في النشاط الاقتصادي؛ لأنه يلحق ضرراً بالدخل القومي والشعب أيضاً، والمنافسة الحرة أساس الاقتصاد عندهم، وشعارهم: (دعه يعمل دعه يمر)، وكانت نظريتهم على أساس العقلانية المنسجمة مع المفاهيم الاقتصادية والملك الذي يريدونه هو الحاكم السلطان المطلق والقائم على القوانين.

لقد أدت هذه التطورات الفكرية والعلمية التي شهدتها أوروبا إلى تطور ملحوظ في مختلف الجوانب الأخرى السياسية والاقتصادية والعلمية والاجتماعية، وانتقلت القارة الأوروبية إلى مرحلة متقدمة، وخاصة الأدب الأوروبي الذي انتقل إلى الأمام خطوات كبيرة في القرنين السابع عشر والثامن عشر بظهور الشعراء والكتاب والمسرحيين، أمثال جون ملتون، ودينيل ديغو، وجوناثان سويفت، وموليير وراسين وليسنغ وغوته، وغيرهم العشرات[١٢].

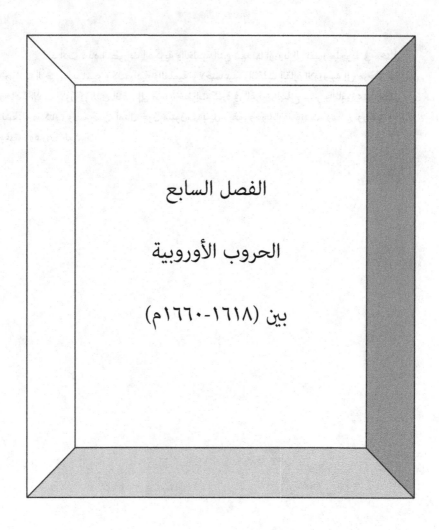

الفصل السابع

الحروب الأوروبية

بين (١٦١٨-١٦٦٠م)

أولاً الحرب والسلام في أوروبا.

ثانياً: الحرب الألمانية التشيكية.

ثالثاً: التسوية الهنغارية.

رابعاً: الإصلاح المضاد في ألمانيا.

خامساً: السياسة الألمانية في البلطيق.

سادساً: الصراع الألماني الفرنسي.

سابعاً: الحروب الإسبانية.

ثامناً: نتائج الحروب الأوروبية.

أولاً: الحرب والسلام في اوروبا

نشبت عدة حروب في بوهيميا، حيث دخل مائة شخص من النبلاء في عام ١٦١٨م من البوهيميين إلى القصر الملكي في براغ بعد ان غادره الإمبراطور العجوز ماتياس، وخلفه فرديناند حاكم استيريا، وهاجموا مجلس القمقامية المكلف بإدارة البلاد في ظل غياب الملك، والقوا القبض بحجج واهية على عضوين من المجلس من الأسياد التشكين الكاثوليك، وألقوا بهم من النافذة، وشكّل هذا الحادث القطيعة بين الحاكم من آل هبسبورغ والتشيك وبداية لحروب أوروبية لم تتوقف إلا جزئياً، أو بشكل محدود عام ١٦٦٠م.

بعد فترة هدوء أعقبت معاهدات السلام في فينا عام ١٥٤٨م والمعاهدة الإنكلو- أسبانية عام ١٦٠٤م والهدنة في الأراضي المنخفضة (١٦٠٩-١٦٢١م) ومعاهدة السلام الهنغارية (زيتغا - توروك) عام ١٦٠٦م عرفت أوروبا بالاستقرار والسلام ولو بشكل نسبي، إلا أن الواقع يشير إلى غير ذلك، فقد شهدت القارة الأوروبية حروباً دائمة، ولم يكن السلام عام ١٦٦٠ إلا سلاماً هشاً، وهدنة مؤقتة، وظلت المواجهة بين الكاثوليك والبروتستانت، والصراع الفرنسي – النمساوي، ومحاولة فرنسا إضعاف إسبانيا بكل السبل.

هذا فضلاً على ان لغة الحرب لم تكن مرفوضة في أوروبا، إذ كان النبلاء يرون فيها تسويغاً لكونهم وحدة أو كتلة اجتماعية تبرز في ظل هذه الحروب، اما الجنود والفقراء فكانوا يعملون في الجيش الفرنسي بإسبانيا، وقسم كبير من هؤلاء يخدم في الترسيو، وهي أفواج المشاة الشهيرة، لأن النبلاء الإسبان لم يهتموا بهذه النشاطات، وعلاوة على ذلك أصبحت الحرب هي المهنة الأولى في الدول الأوروبية خلال القرن السابع عشر، وكانت الضرائب والأموال بشكل كبير تنفق على الجيوش والحروب، وكانت العلاقات الأوروبية – الأوروبية محكومة بالصراعات والحروب.

رغم السلام المؤقت بقيت مسألة الأراضي المنخفضة هي الهاجس الأول في اهتمامات فرنسا وإسبانيا وإنكلترا وإيطاليا القوى الكبرى في هذا القرن، وسيكون النصف الأول من القرن السابع عشر مؤشراً على بروز هولندا، ولم تحاول إسبانيا ان

تضعف أو تقسم الأراضي المنخفضة بصورة كاملة، وبقيت في عهد فيليب الثالث قوة تجلب الرهبة في قلوب الآخرين، ولكن الصراع هذه المرة لم يأت من الأراضي المنخفضة، بل من ألمانيا، حيث احتدم بين الكاثوليك والبروتستانت.

ثانياً: الحرب الألمانية التشيكية

حاول النبلاء الألمان منذ عام ١٦٠٨م إعادة تنظيم صفوفهم، حيث شكل الأمراء البروتستانت (الاتحاد الإنجيلي)، وبقي اللوثريون الإصلاحيون غير قادرين على عقد الوحدة والاتفاق فيما بينهم، وقام الكاثوليك بهجوم مضاد من خلال تشكيل الحلف المقدس عام ١٦٠٩ تحت إشراف دوق بافير والجمع بين ناخبي ماينس وكولونيا وترافز وبعض الأمراء والأساقفة في ألمانيا الجنوبية.

من جهة أخرى برزت بوهيميا مصدراً للأزمات والصراعات، ولم يستتب الأمن والسلام فيها إلا بعد أربعة عقود عام ١٦٦٠م، فقد انتخب عام ١٦١٢م الأرشيدوق ماتياس إمبراطوراً، وهو الشقيق الأصغر لرودولف الثاني، واصبح خلفه الأرشيدوق فريديناند صاحب استريا؛ نظراً لأنه لم ينجب أولاداً كي يخلفوه، وقد منح فرديناند الكاثوليك وضعاً متميزاً في ولايته، وعند ذاك انتخب دييت بوهيميا عام ١٦١٧م بصورة حرة مع العلم ان ابن عمه ماتياس لا زال على قيد الحياة، فكان مضطراً للاعتراف بامتيازات المملكة.

غادر ماتياس وفرديناند عام ١٦١٨م باتجاه فينا، فنشب في غيابهما صراع بسبب تشييد معبد على أرض تادجة لدير بندكتي، وتحول إلى صراع عقائدي ثم ثورة، وأدرك النبلاء الثائرون على رأسهم الكونت ثورن ان فرديناند قرر أن يتولى دفة الحكم، وانه من أشد انصار الاستبداد في السلطة، ومن ثم فأية تسوية يقوم بها فرديناند غير مقبولة نهائياً، وكان مستقبل النمسا نفسها غامضاً.

أما هذا الوضع الذي لم يكن فيه الثائرون - وعلى رأسهم ثورون - يتمتعون بسلطة سياسية أو عقلية دبلوماسية في المواجهة مع فرديناند، فقرر الأخير الانتقال من فينا إلى فرانكفورت، والعمل على انتخابه إمبراطوراً في الثامن والعشرين من آب/ أغسطس عام ١٦١٩م.

سعى متمردو براغ على دعم بروتستانت ألمانيا في (الاتحاد الإنجيلي)، ومنحوا تاج بوهيميا للناخب الشاب فردريك الخامس، فكان لضعف خبرته ألعوبة بيد الوزير كريستيان دالنهالت المتزمت وزوجته اليزابيث ستيوارت ابنة ملك إنكلترا جاك الأول صاحبة الطموحات البعيدة، وهكذا أخذت ثورة بوهيميا أبعاداً أوروبية، وتحولت المواجهة بين الاتحاد الإنجيلي والحلف الكاثوليكي، وحصل جاك الأول على دعم الكالفنيين في هولندا والمطهرين في إنكلترا، ولم تقف المدن الكاثوليكية كافة إلى جانب فرديناند في هذا الصراع، في حين حصل على دعم إسبانيا وبولندا وحاكم الأراضي المنخفضة.

لقد برهن نبلاء بوهيميا على عجزهم عن تحقيق النصر العسكري، وتشتت دفاعاتهم، وهرب الملك فردريك تاركاً اتباعه وحدهم لتضعف المقاومة، في حين انتصر الكاثوليك في معركة الجبل الأبيض، وقرر الإمبراطور وضع مستقبل النمسا العليا بيد الدوق ماكسميليان دوبافيير، ووضع الألزاس بين أيدي الناخب اللوثري جان جورج دوساكس، ودفع نفقات هذه الحرب في مقابل هذا التتويج علماً ان تكلفة الحرب أسهم فيها صاحب إسبانيا فيليب الثالث والكرسي البابوي.

أدى هذا الانتصار بفرديناند الثاني إلى ان يعيد تنظيم مملكة بوهيميا، ووضع حد للجمهوريات الأرستقراطية، وعين شارل دوليختنشتاين ليعيد تنظيم الدولة والنظام، وأصدر حكماً بالإعدام على (٢٧) عضواً في الولايات التشيكية والألمانية، والتنفيذ في عام ١٦٢١م أمام بلدية براغ، وصدر مرسوم عام ١٦٢٧م أجبر الكثير من النبلاء على المغادرة إلى المنفى، وتشتيت العائلات البوهيمية القديمة، وإعادة إرساء المذهب الكاثوليكي في بوهيميا.

وصدر في العام نفسه دستور جديد أوضح ان السيادة الملكية هي الأساس مع بعض الاستقلال لفئات معينة، وحاولت الأرستقراطية البوهيمية التعويض عن خسائرها وإقطاعياتها وامتيازاتها وتعزيز سلطتها على الفلاحين، لكن الأرستقراطية كانت عاجزة ومشتتة، ولم تستطع ان تعيد الأمور إلى سابق عهدها.

ثالثاً: التسوية الهنغارية

اندفع فرديناند الثاني في سياسته في ألمانيا تدريجياً، حيث أطلق يديه على هنغاريا بالتفاوض مع غيربال يثلن، رغم ان دبيت هنغاريا الذي يسيطر عليه البروتستانت انتخب ملكاً على البلاد، إلا أن الأخير كان حكيماً عندما قرر إبرام معاهدة سلام مع فرديناند الثاني في معاهدة (نيكولسبورغ)، تخلى فيها عن لقبة الملكي، ولكنه احتفظ بسبعة قطاعات عدا ترانسلفانيا، وعلى ان يصبح أميراً في الإمبراطورية المقدسة أي ألمانيا، ويستحوذ على أوبلن وراتيبور في سيليزيا، والتي أقرتها معاهدة سلام برسبورغ عام ١٦٢٦م في حين استطاع الكاردينال بازماني كبير أساقفة هنغاريا الاستمرار بمعاونة اليسوعين في إرساء المنصب الكاثوليكي الموجّه أساساً لطبقة النبلاء.

رابعاً: الإصلاح المضاد في ألمانيا

لم يتمكن فرديناند الثاني من تهدئة الأوضاع المضطربة التي خلفتها الأزمة مع تشيكيا في داخل الإمبراطورية، فقد تمرد فردريك الخامس وابعده فرديناند عن المنصب الانتخابي، ومنحه لدوق دوبافيير، وهو مكسميليان، وصادر أملاك بعض البلاطات في المقاطعات التي تتواجد فيها جنود ومرتزقة متمردون، وانطلق في ملاحقة الأمراء مانسفيلد ومانهالت حتى حدود ألمانيا الشمالية، وقد تخوف مجلس البروتستانت في ساكس السفلى، وأوعز إلى الملك الدانمارك كريستيان الرابع وقف زحف فرديناند الثاني شمالاً، ومنعه من بسط نفوذه في البلطيق، إلا أن جيش كريستيان هزم على يد قوات بقيادة والنشتاين الإقطاعي التشكي الذي استفاد من مصادرة الأراضي وبناء إمارة فريدلانت الواسعة شمالي بوهيميا، وتوسيع نشاطه كمتعهد حرب، ووضع جيشاً كبيراً تحت تصرف فرديناند، مما أجبر كريستيان الرابع على توقيع اتفاقية صلح لوميك عام ١٦٢٩م.

وبهذا الانتصار أصبح فرديناند الثاني على وشك إقامة إمبراطورية واسعة ودعم البيت النمساوي بسلطة واسعة في أوروبا، وقمع الحريات الدينية في البلاد، وضرب مصالح الأمراء والنبلاء الألمان والحكام الأوروبيين أيضاً.

وقد أصدر فرديناند الثاني مرسوم إعادة الأملاك عام ١٦٢٩م جدد فيه مسألة البحث عن الملكيات إلى السلطات الحكومية (الزمنية)، وتعرض لميراث العديد من الأمراء الألمان، وأعاد أملاك الكنيسة التي صودرت عام ١٥٥٢م، وطال ابرشيتين هماما ماغذبورغ وبريم، و(١٢) أسقفية وأديرة أخرى، وتم تسليم عدد كبير من الأملاك المصادرة، ولحق الظلم بمن أصبح من الملاكين، مما أثار حفيظة الكرادلة الكاثوليك والحبر الأعظم الذي رأى في المرسوم الكثيرَ من المشكلات الدبلوماسية بين الأمراء والدول الأوروبية.

خامساً: السياسة الألمانية في البلطيق

أدت سياسة فرديناند الثاني هذه إلى قلق دول وإمارات البلطيق وشمال أوروبا ذات الأغلبية البروتستانتية، والحكام الاسكندنافيين والهانرو ناخب براندبورغ، وكان فرديناند الثاني قد عين والنشتاين جنرالاً في الأوقيانوس والبلطيق، وحثه على بناء أسطول حربي فيه، حيث كان البلطيق أحد المراكز الحيوية في الاقتصاد الأوروبي خلال القرن السابع عشر، حيث كانت تتمون منه أوروبا الغربية من خشب وقنب وحديد وقار ونحاس وحبوب مع كونه سوقاً لملح أوروبا وخمورها ومنتجاتها الصناعية.

أما الهولنديون فمارسوا فيه الاحتكارات رغم منافسة أعدائهم فيليب الرابع صاحب إسبانيا، وقرر فرديناند الثاني أخذ مقاطعات دوقات مكسلمبورغ المنحازين إلى جانب ملك الدانمارك ضده، ومنح الدوقين لوالنشتاين كرهن مقابل ديونه، ثم جعله عام ١٦٢٨م دوق مكسلمبورغ بشكل نهائي.

وكان فرديناند الثاني يملك جيشاً وإمارة في ألمانيا الشمالية، علماً ان أحد قادته وهو سترالسوند وقع أسيراً بيد ملك السويد غوستاف أدولف الذي يسيطر حينذاك على الشاطئ الألماني من البلطيق.

عمد فرديناند الثاني إلى جمع الناخبين في راتيسبونا، وأراد ان يصار إلى اختيار ابنه ملكاً على الرومانيين دون ان يخفي رغبته في الحصول على التاج الإمبراطوري لمصلحة البيت النمساوي، ولم يجد الأب جوزيف كاتم أسرار ريشيلو للناخبين في البرهنة صعوبة بأن هذا التدبير يعارض مصالحهم والحريات الألمانية،

وضغط الناخبون على فرديناند كي يسرح جيش والنشتاين، ويفصل الأخير من عمله، وعدّ والنشتاين هذا إهانة موجهة ضده، وعندما أراد فرديناند ان يطبق في الإمبراطورية الإجراءات التي قام بها في تشيكيا مثل وراثة التاج وتصحيح وضع الكنيسة الكاثوليكية، نجح في كسب ود السويد وفرنسا وصاحب بافيرا، لكن الخشية ظهرت من آل هسبورغ يريدون فرض السيطرة للإمبراطورية المقدسة عليهم وإقامة ملكية موحدة.

وتسارعت وتيرة التحالفات لمواجهة هذا الأمر، فعقدت فرنسا اتفاقية دفاع مع بافير، ووقعت السويد معاهدة باروالد مع فرنسا، وانشغل أدولف بتجهيزه جيش من ٣٦ ألف رجال بإعانات فرنسية، وتحالف عام ١٦١٤م ريتشيلو مع غوستاف أدلوف حامي البروتستانت ودوق بافير ومكسمليان رئيس الرابطة الكاثوليكية.

وكانت القشة التي قصمت ظهر البعير - كما يقال - هي نهب ما عند بورغ على يد جنود تيلي، حيث أدى لدخول الأخيرة الحرب ضد ألمانيا، وتخلى ناخبا ساكس وبراندبورغ عن حيادهما وتحالفا مع السويد، ولم يستطع فرديناند الثاني مواجهة غوستاف أدولف، وهزم جيش تيلي على يد السويديين في معركة لاينزغ قرب عام ١٦٣١.

وعادت فرق من المهاجرين التشيكيين إلى بوهيميا، وتعرضت لملاحقة الجيش الساكسوني الذي أسهم من قبل في الدفاع عن فرديناند، ونظم غوستاف أدولف جيشه نحو رينانيا، واحتل فرانكورت وماينس وهايد لبرغ ومانهايم، وشن عدة غارات وصولاً إلى الألزاس.

وخلال أسابيع قليلة انقلب الوضع على فرديناند الثاني رأساً على عقب، ورأى سلطته تنهار ويفقد ولايته الواحدة تلو الأخرى، فقرر التوجه إلى والنشتاين وعهد إليه بكافة السلطات على الجيش، لكن الأخير الذي مازال غاضباً من الإهانة التي لحقت به لم يبد أي روح دفاعية، وتفاوض مع أعداء الإمبراطور، ويبدو أنه أدرك رجاحة موقفه إزاء سيده الإمبراطور لكي يمارس سياسته الخاصة، ولكنه اغتيل في (شيب) في الخامس والعشرين من شباط/ فبراير ١٦٣٤م على يد بعض ضباطه الذين ظلوا على

ولائهم للإمبراطور، وتمكن الأخير من استعادة سيطرته على جيش والنشتاين، وعهد به إلى ابنه غالاس.

أدى الانتصار على الجيش السويدي في نورلنجي وفرانكونيا إلى إقناع الناس ان الصراع قد انتهى، ذلك ان الناخب ساكس وقع معاهدة سلام براغ عام ١٦٣٥م التي تخلى فرديناند الثاني بموجبها عن تطبيق مرسوم إعادة الأملاك لساكس الانتخابية، وسلم الأخير مناطق لوزاس، وتعهد الإمبراطور بضمان حرية ممارسة اللوثرية في اسقفيات سيليزيا[١٣].

سادساً: الصراع الألماني- الفرنسي

رأى ريشيليو انه مضطر للتدخل لكي لا يجعل البيت الألماني - النمساوي يكرس نفوذه في أوروبا، وأعلن الحرب على إسبانيا، وجدد اتفاقية الإعانات المالية مع السويد، مما زاد من العداء لمدة ثلاثة عشر عاماً مع ألمانيا.

في عام ١٦٣٧ توفي فرديناند الثاني بعد نجاحه في الدعوة إلى اختيار ابنه فرديناند ملكاً على الرومانيين، ولإنقاذ الملكية من الفوضى والاضطرابات، ومنح الإصلاح المضاد قوة الاندفاع نحو الأمام، لكن محاولته لإعادة تنظيم ألمانيا منيت بالفشل، وبقيت الإمبراطورية في حالة عدم استقرار بتوزع الحروب على عدة مسارح أوروبية، ونفي السويديين أسياد ألمانيا الشمالية، والفرنسيون مسيطرون على الراين، واحتل قسم من السويديين عام ١٦٢٤م بوهيميا، ثم عام ١٦٤٥م مورانيا، وحاصروا برنو، وأصبح الطريق مفتوحاً نحو فينا، وكان جنود أمير ترانسلفانيا الجديد يحتلون ضفة الدانوب الشمالية.

ونجح الحلفاء في ادخال البروتستانت والهنغار في المسألة من أجل سحق الإمبراطور والاستيلاء على فينا، ونجح فرديناند الثالث بموجب معاهدة لينز في شراء حياد نبلاء هنغاريا بإقراره بشروط معاهدة سلام فينا، ووجد الإمبراطور عام ١٦٤٨م نفسه وحيداً ومعزولاً، وانسحب ناخب بافير من المعركة، وحاصر في خريف عام ١٦٤٨ السويديين براغ، وتم التوقيع في الرابع والعشرين من أيلول / سبتمبر في العام

نفسه على معاهدة وستغاليا لوضع حد نهائي للمعارك والحروب في الدول الأوروبية هذه.

ومعاهدة وستغاليا هي نتاج مؤتمرات مونستر، حيث اجتمعت القوى الكاثوليكية برئاسة مندوب الكرسي الرسولي شيجي وتفاوض فيها كلّ من السويد والزعماء البروتستانت، وممثل الإمبراطور فرديناند الثالث فكان مؤتمر وستغاليا مؤتمراً أوروبياً تتمثل فيه جميع القوى الأوروبية باستثناء قيصر روسيا، وكان ملك إسبانيا وملكة السويد وملك فرنسا هم القوى السياسية الرئيسية التي تناقش وتحاور وتضع التوصيات، وطيلة أربعة سنوات (١٦٤٤-١٦٤٨) كانت المفاوضات الدبلوماسية في مواجهة مشكلات عدة يجب حلها، ومصالح متضاربة بين فرنسا والسويد حاميتي الكاثوليكية والبروتستانتية على التولي في ألمانيا. وبين فرنسا والأراضي المنخفضة، وبالنسبة لإسبانيا هناك مشكلة البرتغال وقطالونيا، والتوازنات في إيطاليا الشمالية وغيرها من مشاكل وقضايا.

كرست معاهدات وستغاليا نهاية العالم المسيحي وفق صيغة العصور الوسطى، واضطر البابا والإمبراطور إلى الاعتراف بهذا الوضع الجديد، والتخلي عن إعادة إرساء الوحدة الكاثوليكية، والاعتراف بالاستقلال الكامل للولايات والإمارات، وفشلت طموحات شارل الخامس وأحلامه، وتم تقسيم الإمبراطورية المقدسة إلى ولايات مستقلة، ولم تعد هناك وحدة لهذه الإمبراطورية، وتدخلت فرنسا والسويد لحماية الحريات الجرمانية، أي استقلال الأمراء وحريات العبادات.

واضطر الإمبراطور إلى التخلي عن مرسوم إعادة الأملاك والتسوية المعقودة في براغ عام ١٦٣٥م، واستعيض عنه بالتشريع الديني المنصوص عليه في معاهدات وستغاليا، وتم الاعتراف بالكالفينية كعقيدة، وأصبح يحق للأمراء ان يفرضوها على رعيتهم، وظل البروتستانت من أصحاب البدع خارج القانون، والرعية التي لا تمتثل لعقيدة الأمير تغادر البلاد، وتم تثبيت مصادرة أملاك الاسقفيات والأديرة والمؤسسات الدينية منذ العام ١٦٢٤م، وتشكيل مجالس كهنوتية كاتدرائية، وأصبح للإمبراطور

الحق في تعيين المسؤول عن الأديرة، وله حق مطلق في تسوية المسائل الدينية في الدول والإمارات الموروثة وبوهيميا.

من ناحية حريات الألمان فلم يحد التشريع الجديد من سلطة الإمبراطور، وكان عليه ان يتخلى نهائياً عن إرساء سلطة مطلقة في ألمانيا، لكن الخطر الحقيقي كان يتمثل في اتفاقية تسليم محدودة من قبله، فقد ظل الإمبراطور في نظر الألمان ذا نفوذ ثابت، والمدافع عن الأمة الألمانية ضد العثمانيين آنذاك والاعتداءات الخارجية، وظل الزعيم بدون منازع، وبينما اعتاد الناخبون اختبار أعضاء من آل هبسبورغ، كان البيت النمساوي يتمتع بنصف الوراثة في المنصب الإمبراطوري وله تأثير على الدييت.

لقد أسهمت معاهدات وستغاليا في تجزئة وانتزاع الأراضي والدول الموروثة عن باقي الإمبراطورية، وأدرك الإمبراطور أنه لن يستطيع ان يجعل الإمبراطورية المقدسة مملكة حقيقة، لذلك اتجه نحو النمسا لتقوية الملكية ومضاعفة قوته فيها.

ودفعت الإمبراطورية المقدسة ثمناً باهظاً في هذه المعاهدات، فقد حصلت السويد وفرنسا على تعويضات طالما حلمت بها، فحصلت السويد على بوميرانيا التي احتلتها منذ عام ١٦٣٠ رغم مطالبات براندبورغ إلى ان تم تقسيمها إلى بوميرانيا شرقية وصولاً إلى براندبورغ، وحصلت السويد على تعويضات مثل أسقفية في بريم وأخرى في فردن، وأصبحت لها قوة في ألمانيا الشمالية، اما بوميراتيا الغربية فأصبحت لها قاعدة وقوة في البلطيق.

أما فرنسا، فإنها أخذت تنمو على حساب الإمبراطورية المقدسة والنمسا، فأعطت الأخيرة لفرنسا حقوقها في الألزاس العليا والسفلى، وأدى هذا إلى نزاع دائم فرنسي- ألماني، لكن ضم المقاطعات الغربية إلى فرنسا وبعضها بروتستانتية دفع بها إلى التورط في ريناينا واحتمال الصراع مع الأمراء الألمان.

كانت معاهدات وستغاليا بمثابة تحييد وسلام لألمانيا، وأتاحت عملية إعادة بناء واعمار البلاد، ونصت على تحييد الأراضي الإمبراطورية.

سابعاً: الحروب الإسبانية

لم يحل السلام على كل أوروبا بعد هذه المعاهدات، وتوقفت على الأراضي المنخفضة الحرب بعد ان امتنعت إسبانيا من شنها على هولندا وفرنسا.

إلا أن عام ١٦٢١م شهد استئناف الحرب الإسبانية – الهولندية بمبادرة من إسبانيا ورئيس وزرائها الكونت دوق أوليفاريز الذي لم يجدد الهدنة لـ١٢ عاماً أخرى مع هولندا، وكان يود تقليص أراضيها، وهكذا عادت الحرب بين البلدين، وانتصر الجيش الإسباني بقيادة المركيز دوبو سيينولا على بريدا وهُزم الهولنديون، ولكن فرنسا حليفة إسبانيا سرعان ما تراجعت عن دعمها بعد هجمات رهيبة للقشتاليين على الأراضي الفرنسية، في الوقت الذي أخذ ملك إسبانيا يشرف على دوقية جوليبه، واستولى على فالتلين وعزيزون وهما على الطريق بين ميلانو وإسبانيا، وكان ريشيليو يخشى من بسط هيمنة ملك إسبانيا على إيطاليا ووضعه السويسريين في خدمته، فتحول للعمل ضد إسبانيا بين عامي ١٦٢٤و ١٦٣٥ دون ان يعلن الحرب عليها.

اتفقت إسبانيا وسافوا على اقتسام مونفرا، لكن لويس الثالث عشر تدخل عام ١٦٢٩ مما أدى إلى إيجاد تحالف بين جنوة والبندقية وسافوا تحت سلطة فرنسا، وعقدت عام ١٦٣١ معاهدة شيراسكو بفضل وساطة البابوية أعيدت بينيرول إلى فرنسا، وكان هذا بمثابة هزيمة لفيليب الرابع وفرديناند الثاني حاكم مانتو المطلق، وظل الطرفان الفرنسي والإسباني في حال حياد، وترقب للمشاكل في السويد.

وتفاوضت فرنسا عام ١٦٣١ مع هولندا، وجددت معاهدة الإعانات عام ١٦٣٤، وظل ريشيليو يدافع عن مصالح الأمراء البروتستانت الألمان والسويديين والهولنديين، وفي عام ١٦٣٥م دفع لويس الثالث عشر صهره فيليب الرابع إلى إعلان الحرب ضد فرنسا وامتدت إلى بروكسل، ودخل فرديناند الثاني الحرب ضد فرنسا ودعمه لإسبانيا نتيجة سلوك الجيوش الفرنسية ضده.

وفي عام ١٦٣٦ يتقدم الجيش الإسباني إلى بيكارديا ويحاصر كوربيا، وانتشر الرعب في باريس، وحاول ريشيليو تهدئة الأوضاع، علماً بأن الحرب بينهما ظلت غير محسومة؛ لأنها كانت بحاجة لتكاليف كبيرة للجيوش الإسبانية في اللوربين وأرينانيا وإيطاليا الشمالية، وحتى في الأراضي المنخفضة، وشيئاً فشيئاً أخذ الجيش الفرنسي

يكتسب الخبرة القتالية بعد سنوات من الهدنة والسلام (١٦٤٣،١٦٣٥،١٥٩٨)، واستطاع القائد الفرنسي انغيان إلحاق الهزيمة بالأسبان، وكان له وقع كبير على نفوسهم، وأخذت الهزائم تتوالى عليهم منذ عام ١٦٤٠ في قطالونيا، ثم نابولي، ثم نكبة اوليفاريس، حتى تم فتح باب المفاوضات عام ١٦٤٣، وتغيرت نتيجة هذه الانتصارات لغة التحالفات، وتخشى الأقاليم المتحدة مع إسبانيا منذ هذا التاريخ من فرنسا، وظلت إسبانيا مكرسة جهودها ضد فرنسا، واستمر الصراع أكثر من أحد عشر عاماً الى ان وافقت إسبانيا على التفاوض.

وواجه آل هبسبورغ تحديات جديدة وجدية بعد سنوات الحرب الطويلة، وأخذت ملكيتهم تضعف في الدفاع عن الأراضي المنخفضة، وليفقدوا في النهاية التفوق الأوروبي الذي كانوا يمثلونه.

ثامناً: نتائج الحروب الأوروبية

عرفت أوروبا بحروب طويلة ومتعددة في القرن السابع عشر، نجم عنها دمار كبير بشري ومادي، وتحولت البلاد إلى كانت مسرحاً للحروب إلى مآسٍ، كما حصل في ألمانيا والأراضي المنخفضة واللورين وبولندا.

فقد شهدت الإمبراطورية الرومانية ويلات الحروب، وخاصة براندربورغ، وبقيت خمسة عشر عاماً مسرحاً لها وللعمليات العسكرية، وكان ريف التمارك شهد تراجع ٤٠% من سكانها، ونحو ٥٠% من سكان المدن، ودمرت ٤٠ قرية كاملة، و٦٨ قرية ظلت فيها عائلتان أو أقل، وهبط عدد سكان براندبورغ من ١١٣ ألف نسمة إلى ٤٣ ألف، وسكان برلين وكولين من ١٢ ألف عام ١٦١٨م إلى ٦,٢٠٠ ألف عام ١٦٥٤، وسباندو من ٣,٦٠٠ إلى ١,٥٠٠ نسمة، وفرانكفورت من ١٣ ألف إلى ٢,٤٠٠ نسمة، وهبط سكان الريف من ٣٠٠ ألف إلى ٧,٥٠٠ نسمة، ولم يبق إلا ٢٥% من الأراضي الزراعية بعد الحرب، وفقدت بوميراينا ٦٥% من سكانها.

وفقدت سيليزيا ٢٠٠ ألف نسمة من سكانها من أصل ٩٠٠ ألف نسمة نتيجة الحروب ومرور الجيوش بأراضيها، وهجرت ٥٠% من مساكن براغ، وخسائرها من السكان ٢٠%، ونقص سكان مورافيا من ٨٠٠ ألف إلى ٦٠٠ ألف.

وتعرضت المناطق السهلية إلى الحرق واتلاف المحاصيل ونهب المخازن، ولجأ الفلاحون اما للمـدن أو الغابات، وتفشى الطاعون، وانتشرت المجاعات ودمـر الاقتصـاد في الأريـاف، وأصيب الأطفـال بـالمرض وازدادت وفياتهم، وحل القحط في موسم المحاصيل، وزادت عزوبية النساء بقتل الرجـال في الحروب، وانخفضـت نسـبة الزواج[١٤].

الفصل الثامن

ظهور الكيانات السياسية في

أوروبا في العصر الحديث

(القرنان ١٧-١٨م)

أولاً: فرنسا.

ثانياً: بريطانيا.

ثالثاً: الإمبراطورية الرومانية المقدسة.

رابعاً: بروسيا.

خامساً: روسيا.

سادساً: بولندا.

سابعاً: النمسا.

ثامناً: بروسيا (١٧٤٠-١٧٩٧).

تاسعاً: روسيا (١٧٢٥-١٨٠١).

أولاً: فرنسا

توفي ريشيليو عام ١٦٤٢م، ثم لويس الثالث عشر في السنة التالية، فاعتلى العرش لويس الرابع عشر وعمره خمس سنوات، وحكم البلاد، فاعتلى الكردينال مازارين (١٦٠٢-١٦٦١) الإيطالي، ومنحه ريشيليو الجنسية الفرنسية عام ١٦٣٩م، وأوصى بأن يخلفه في منصبه.

واصل مازارين المواجهة بين فرنسا وآل هبسبورغ في حرب الثلاثين عاماً، حتى انتصرت فرنسا وعقدت معاهدة وستغاليا عام ١٦٤٨م حصلت فيها على مقاطعة الألزاس باستثناء ستراسبورغ، واعترف بحقوقها في نهر الراين وألمانيا.

واجه مازارين مشكلات داخلية، فالنبلاء أرادوا استرجاع ما فقدوه من سلطة ونفوذ، والطبقة الوسطى ضجرت منه لنهبه الأموال وتوزيعها على أفراد أسرته، وعدته أجنبياً لا يحق له حكم فرنسا، فقاد الأشراف ثورة الفروند (١٦٤٨-١٦٥٢) سببها اعتزام مازارين السيطرة على برلمان باريس، وفرض الإرادة الملكية عليه، وقام مازارين الثورة بدعم وتعاطف شعبي من بعض الفئات له، وأكد وجوب إلغاء مناصب حكام الولايات، والحصول على موافقته قبل فرض الضرائب وجبايتها ومحاكمة الأشخاص قبل سجنهم، والاعتراف ان برلمان باريس فوق السلطة الملكية، واضطر مازارين للإذعان بعد مقاومة سكان باريس، وبعد عودة جيشه من ألمانيا استطاع إخماد الثورة بالقوة، ساعد على انقسام النبلاء أنفسهم، وتم نزع اسلحة السكان وعدم السماح للبرلمان بالتعرض للشؤون المالية والسياسية وتقوية السلطة الملكية.

١- لويس الرابع عشر (١٦٤٣-١٧١٥م):

عندما توفي مازارين عام ١٦٦٢ أعرب لويس الرابع عشر عن اعتزامه حكم البلاد، وتوجيه سياستها الداخلية والخارجية بنفسه، وكانت فرنسا متحدة قوية فيها روح وطنية، وقضى نهائياً على الثورات والبروتستانت، وضعفت طبقات الأمة، وحكم الولايات موظفون ومخلصون ينتمون إلى الطبقة الوسطى المعادية للأشراف، ومن الناحية الخارجية كانت البلاد قد اتسعت مساحة، وضمت إليها أقاليم جديدة، وزادت هيبتها بعد أن انتصرت على إسبانيا وآل هبسبورغ، وكانت الطريق ممهدة أمام لويس الرابع عشر ليبدأ عصراً جديداً.

كان لويس الرابع عشر شخصية جذابة اتصف بالحكمة والخبرة السياسية والقدرة على اختيار الرجال، والميل إلى الحكم المطلق، وله تأثير مهم في فرنسا وأوروبا، وعرف النصف الثاني من القرن السابع عشر بأنه عصر لويس الرابع عشر، وهو عصر انتشار الحكم المطلق في أوروبا، ومحاولة اقتداء أغلب ملوك أوروبا بلويس الرابع عشر ونظريته في الحكم المطلق.

اتبع لويس الرابع عشر في حكمة نظريات الأسقف بوسويه (١٦٢٧-١٧٠٤) رائد ولي عهده، ونسب بوسويه إلى الملك صفات أربعاً، هي:

١- قدسية شخصه واعتبار المؤامرة عليه أو محاولة اغتياله أمراً مخالفاً للعقائد الدينية.

٢- سلطته مطلقة إلى أقصى الحدود؛ لذلك لا يحق لرعاياه التذمر؛ لأنه مسؤول عن أعماله أمام الله.

٣- من واجباته الاهتمام بمصالح رعيته باعتباره الأب الرحيم لها.

٤- الملك إنما هو رمز الأمة بأسرها وصورة أرضية لله، وكما وحد الله جميع الفضائل، توحدت قوة أفراد الأمة وسلطاتها في شخص الملك.

وسيطرت هذه النظرية على ملوك أوروبا لمدة قرن تقريباً، ولم يتم التراجع عنها إلا بالثورات.

قام لويس الرابع عشر بتنظيم الحكم المركزي، وتعيين أشخاص عدة وزراء، يختص كل منهم بإدارة البلاد كالجيش والمالية والأسطول والأعمال العامة والزراعة والصناعة، وكان لويس يقرر السياسة العامة، والوزراء ينفذونها بمساعدة حكام الولايات والبرلمانات والموظفين الدائمين، وتحولت فرنسا من دولة أقاليم شبه مستقلة إلى دولة مركزية منظمة يحتذى فيها في أوروبا، وجعل لويس الرابع عشر بلاده قبلة الملوك في كل شيء. وشيد قصر فرساي العظيم كأعجوبة فرنسية من العمارة والأبهة والنفائس، وانتشرت الآداب واللغة والفنون والازياء والعادات في القارة الأوروبية.

ساعد لويس الرابع عشر في تسيير الأمور الداخلية الوزير كولبير (١٦١٩-١٦٨٣م) الذي اهتم برفع المستوى الاقتصادي، وإصلاح طريقة جباية الضرائب وتخفيضها على طبقة المزارعين، وتشجيع الصناعات المحلية، وفرض الكمرك عليها

لحمايتها، وانشاء الطرق وحفر القنوات، وتأييد بناء السفن التجارية ومنح أصحابها الإعانات المالية، وبناء أسطول حربي، وتأسيس إمبراطورية استعمارية بالاستيلاء على عدة جزر من جزر الهند الغربية وحوض نهر المسيسبي، وتشجيع الاستيطان في كندا، وتأسيس مراكز تجارية في الهند ومدغشقر والسنغال.

أما سياسة لويس الرابع عشر الخارجية فقد انصبت على مقاومة آل هبسبورغ، واستبدال نفوذ أسرة آل بوربون بنفوذها في أوروبا، ومحاولة الحصول على حدود طبيعية لفرنسا، وهي جبال الألب والبرانس، ونهر الراين، والبحر، ومن أجل ذلك دخل لويس في عدة حروب ضم فيها أقاليم أواتوا وفلاندرز وهينو، وقسم من اللورين ومعظم الألزاس وولاة فرانش كونتي، وتنصيب حفيده ملكاً على إسبانيا وإذلال أسرة آل هبسبورغ، وبذر لويس الخلاف بين ألمانيا وفرنسا في قابل الأيام، وانفق أموالاً كثيرة على حروبه وبلاطه، واثقل كاهل الشعب الفرنسي بالضرائب، ووجه قوة البلاد الاقتصادية إلى الاستيلاء على بضع ولايات، وأهمل التجارة الخارجية، واستولى على المستعمرات وألف أسطولين حربي وتجاري، في حين ترك المجال لبريطانيا لتسيطر على البحار.

٢- لويس الخامس عشر (١٧١٠-١٧٧٤م):

خلف لويس الرابع عشر حفيده الطفل لويس الخامس عشر، وعمره خمس سنوات، وحكم البلاد كوصي على العرش عمه الدوق أورليان ثمان سنوات، ومن بعده الكردينال فليري، وتقلد لويس الخامس عشر زمام الأمور عام ١٧٤٣، وانفق الأموال الكثيرة على عشيقاته وملذاته، وترك مقاليد الأمور بيد عشيقته مدام بومبادور نحو عشرين سنة (١٧٤٥-١٧٦٤)، واشتركت مع النمسا في حرب السبع سنوات، وأضاعت بذلك على فرنسا مستعمراتها في الهند وأميركا وحملتها بالديون الباهظة.

وزاد لويس الخامس عشر من سوء حكم لويس الرابع عشر، وازدادت الضرائب والحكم الاستبدادي وعدم الاهتمام بمصالح الشعب.

ثانياً: بريطانيا

١٢٠

بعد ان قضى المؤتمر الوطني بعزل جيمس الثاني أعلن تحوله إلى برلمان، وقدموا قانون الحريات للموافقة عليه، وهو بمثابة دستور مكتوب لبريطانيا، واهم بنوده قانون وراثة العرش، ووجوب انتماء ملوك بريطانيا إلى البروتستانتية وعدم شرعية وقف نفاذ القوانين، وإعفاء البعض منها، وفرض ضرائب، والاحتفاظ بجيش في وقت السلم، ووجوب الاعتراف بحصانة أعضائه وعدم حرمانهم التعبير عن آرائهم وعن حرية الانتخابات البرلمانية، وضرورة عقد المجلس من وقت إلى آخر، للمحافظة على قوانين البلاد أو تعديلها عند اللزوم، ويعد قانون الحريات دستوراً قائماً بذاته؛ لانه قضى على نظرية حق الحكم الإلهي وأيد حق الشعب في عزل الملك الظالم وتنصيب غيره، وأنهى إلى الأبد النزاع على دين الدولة الرسمي، والخلاف بين الملك والبرلمان وأصبح الأخير السلطة النهائية في البلاد.

واتبع البرلمان قانون الحريات وعدة قوانين أخرى لتسوية الأمور المالية والدينية ومشكلة الجيش، وصدر عام ١٦٨٩م ثلاثة قوانين هي **التسامح الديني**، وسمح للطوائف البروتستانتية المختلفة بحرية العبادة على طريقتها الخاصة، ولكنه حرّمه على الكاثوليك، **وقانون العصيان**، وفرض على الملك دعوة البرلمان كل سنة لاقرار ميزانية الجيش، وإلا حق لأفراده العصيان، **وقانون مالي** ميز بين دخل الملك الخاص والأموال الضرورية لنفقات الدولة، وقد اتبع البرلمان عادة الموافقة على دخل الملك مدى الحياة، أما الأموال الحكومية فكان يوافق عليها سنة بعد سنة أخرى، مما أوجب على الملك دعوة البرلمان للانعقاد مرة كل سنة على الأقل لتحصيل الأموال اللازمة لإدارة البلاد، وصدر عام ١٧٠٧ قانون توحيد اسكتلندا وبريطانيا في برلمان واحد وملك واحد ودولة واحدة عرفت فيما بعد بـ(بريطانيا العظمى).

طرح على البرلمان البريطاني عام ١٦٧٩م خلال حكم شارل الثاني مشروع قانون يقصد منه حرمان الأمير جيمس شقيق شارل الثاني اعتلاء العرش البريطاني لكاثوليكيته، وانقسمت الطبقة الحاكمة الأرستقراطية إلى قسمين: الأول يؤيد مشروع القانون، ويتألف من أعضاء المجلسين غير المنتمين إلى الكنيسة الانكليكانية، أي معظم الطبقة النبيلة وملاك الأراضي والمحافظين في السياسة، وكان هؤلاء يرون وجوب

عدم نقض قانون الوراثة للعرش، حتى لا تقوم حرب أهلية في البلاد، فظهر حزبان سيطرا على مقدّراتها حتى أوائل القرن العشرين عندما ظهر الحزب الثالث وهو حزب العمال.

اعتاد ملوك آل ستيورات تعيين بعض السياسيين من النبلاء مستشارين لهم، يكون كل واحد منهم مسؤولاً عن فرع من فروع الإدارة، وكان هؤلاء قبل عام ١٦٨٨ من أصدقاء الملك المقربين، ولكن بعد الثورة تأسست تدريجياً عادة انتخابهم من زعماء الحزب الحائز للأغلبية في مجلس العموم، فالملك وليم (١٦٨٩-١٧٠٢م) كان يعين وزراءه من حزب الويك عندما كانت أغلبية مجلس العموم منه، ويستبدلهم بأشخاص من حزب التوري كلما حاز هذا الأغلبية، أما الملكة آن (١٧٠٢-١٧١٤) فقد دعمت حزب التوري، ولكنها كانت تعين الوزراء من حزب الويك كلما حاز هذا على الأغلبية في البرلمان.

في حكم جورج الأول (١٧١٤-١٧٢٧) وجورج الثاني (١٧٢٧-١٧٦٠) زادت سلطة البرلمان، واتجه بخطى أقوى نحو النظام الوزاري، والسبب ان جورج الأول كان ألمانياً لا يتكلم الإنكليزية، وولده جورج الثاني، كان لا يفهم كثيراً اللغة الإنكليزية، وكانت سلطتهما ومركزهما في هانوفر، وسمحا بذلك لوزرائها بإدارة البلاد كما يشتهون، فظهرت صفات وسمات للنظام الوزاري، كحق الوزارة في إدارة البلاد وحكمها، واعتماد الوزارة على الأغلبية في مجلس العموم، وكان أول من نال لقب رئيس الوزراء السير روبرت ولبول زعيم حزب الويك الذي سيطر على حزبه، وعلى الوزارة في أثناء حكم جورج الأول وجورج الثاني، واتبع سياسة الرشوة والمحسوبية، وتنفيذ رغبات أعضاء البرلمان للحصول على هذه السيطرة.

١- جورج الثالث (١٧٦٠-١٨٢٠):

عندما ارتقى جورج الثالث العرش، وهو حفيد جورج الثاني، وقد ولد في بريطانيا وتلقى علومه فيها، ويتكلم الإنجليزية كأحد ابنائها، ويفتخر بأنه بريطاني لا ألماني، مما زاد من محبة الشعب له، واتصف بالاستقامة والصدق والإخلاص، وصمم منذ تولي العرش على حكم بريطانيا بنفسه، وأن يترأس اجتماعات الوزراء، ويعينهم.

ويستغني عنهم ويقرر السياسة العامة للبلاد، وكان هذا بمثابة إحياء للحكم المطلق والسيطرة على البرلمان، وعمد إلى الرشوة لكسب تأييد الوزراء من حزب التوري، ولكنه فشل في هذا الأمر، وعمل عند ذاك على احداث انقسام بين حزب الويك، واستفاد من هذا، ومهد الطريق له ليتخلص تدريجياً من وزرائه الويك، ويعين مكانهم من التوري؛ لكي يكونوا خاضعين لإرادته.

٢- الدستور البريطاني:

لم يكن لبريطانيا دستور مكتوب في وثيقة واحدة، لانه كان ولم يزل مجموعة من التقاليد والعادات والقوانين المرعية المعترف بها منذ العصور الوسطى، وكان الدستور ينمو ويتغير مع الزمن، وقد حدث أعظم تغيير فيه بعد ثورات القرن السابع عشر مباشرة عندما اتخذ صفات خاصة تميزه لحد الآن عن دساتير العالم الأخرى.

رغم ان بريطانيا كانت ملجأً خلال القرن الثامن عشر للآراء الحرة والمضطهدين الأحرار والمثل العليا للنظام الملكي الدستوري، إلا أنها كانت تفتقر إلى عناصر الحكم الديمقراطي ويسيطر على أدائها الحكومي طبقة أرستقراطية تسعى لحرمان الطبقات الشعبية من المشاركة في توجيه سياسة البلاد الداخلية والخارجية.

وكان ملك بريطانيا في الناحية القانونية رئيس الدولة وحاكمها الفعلي، وتسن القوانين باسمه، وتبرم المعاهدات، ويعين الموظفون، وتدار الحكومة والكنيسة، لكنه من الناحية العملية يملك ولا يحكم؛ لأن معظم سلطاته كانت بموجب الدستور قد انتقلت إلى حكومته أي الوزارة المعتمدة على الأغلبية البرلمانية للبقاء على سيطرته على الحكم، وكان تأثيره في الوزارة يتعلق على مقدرته وشخصيته والحوادث التي يمر بها، وكانت سلطته قد حددت بخمسة أسباب، هي:

١- حُرّم عليه حق فرض الضرائب وجبايتها، ومنح مبلغاً سنوياً محدوداً لنفقاته الخاصة.

٢- لم يكن يحق له ان يسن القوانين على مسئوليته الخاصة، أو ان يمنع سنّها إذا كانت مخالفة لرغباته، ومع الاعتراف له باستعمال حق النقض نظرياً، فإن ملوك بريطانيا لم يستعملوا هذا الامتياز بعد حكم آن الملكة.

٣- فقدان الملك سيطرته على السلطة القضائية، حيث أصبح لا يستطيع الاستغناء عن القضاة حتى ولو كانت قراراتهم غير ملائمة لمصلحته.

٤- كان لا يحق له الاحتفاظ بجيش دائم في البلاد، ولم يكن له قدرة على اعلان الحرب.

٥- لم يكن يستطيع تعيين وزير أو إبقاءه في منصبه ما لم يتمتع بثقة أغلبية أعضاء مجلس النواب.

انتقلت السلطات التي فقدها الملك إلى البرلمان المتمتع أعضاؤه بحرية الكلام المطلقة، وفرض الضرائب، وسن القوانين، وتعيين القضاة أو عزلهم، والسيطرة على القوات المسلحة، وتوجيه سياسة الحكومة الداخلية والخارجية، وخلع الملك وتعيين آخر عند اللزوم.

٣- البرلمان البريطاني:

كان المفروض ان البرلمان المطلق السلطات يمثل الشعب البريطاني، ولكنه في الحقيقة لم يكن تمثيلاً صحيحاً أو عادلاً، فالبرلمان كان يتألف من مجلسين لا يسن أحدهما القوانين دون موافقة المجلس الآخر، وكان المجلس الأول يعرف بـ(اللوردات)، وهو مجلس أرستقراطي بحت يتألف من اللوردات، أي أساقفة الكنيسة الإنكليكانية، واللوردات الآخرين الدنيويين أي النبلاء المنحدرين من نسل سادة النظام الإقطاعي في العصور الوسطى، أو الممنوحين ألقاباً نبيلة بعد ثورة عام ١٦٨٨، وكان أغلب اللوردات يملكون مزارع واسعة، وكان عدد لا يستهان به منهم يقومون بأعمال مالية وتجارية تدر عليهم الأرباح الطائلة[١٥].

أما المجلس الثاني (العموم) فكان أكثر تمثيلاً للشعب من وجهة نظرية، ولكنه كان لا يقل عن المجلس الآخر أرستقراطية من وجهة عملية، وكان أعضاؤه يقسمون إلى قسمين: هما ممثلو المقاطعات، وممثلو المدن.

أ- ممثلو المقاطعات، وفيه ترسل كل مقاطعة إلى المجلس عضوين، من المفروض أنهما يمثلان سكان المقاطعة الريفيين تمثيلاً حقيقياً، ولكن الحقيقة كانت غير ذلك؛ إذ اقتصر حق الانتخاب على الذين كانت لهم مزارع إيجارها السنوي أربعون شلناً على

الأقل، وهي قيمة عالية في الوقت ذلك لارتفاع قيمة الجنيه الشرائية، وحُرِم من حق الانتخاب كل العمال الزراعيين وعدد كبير من مستأجري المزارع، وقد كان يجري التصويت بصورة علنية، فلم يكن في إمكان الناخب التصويت ضد رغبات النبيل أو الثري الذي أجره من الأرض، وهذا إذا لم يكن قد باع صوته له، والنتيجة ان معظم ممثلي المقاطعات في مجلس النواب من الطبقة النبيلة.

ب- ممثلو المدن، وفيه يحق لنواب المدن إرسال عضوين إلى المجلس دون مراعاة لعدد السكان، وكانت المدن الممثلة هي تلك المدن الحاصلة على هذا الحق في عهد شارل الثاني (١٦٦٠-١٦٨٥)، وكثير منها كان قد اندثر تماماً او نقص عدد سكانها حتى أصبحت في مستوى القرى الصغيرة في أواخر القرن الثامن عشر، ومع هذا فإن النبيل المالك الأرض الواقعة عليها المدينة المندثرة كان يرسل عضوين يعينهما بنفسه، هذا في حين حرمت المدن الصناعية الكبيرة من حق إرسال الممثلين عنها مثل ليفربول ومانجستير وشيفيلد وبرمنجهام وليدز، وكان انتخاب نواب هذه المدن يتم حسب رغبات الطبقتين الأرستقراطية والثرية دون اشتراك السكان عامة في التصويت بواسطة استغلال النفوذ والرشوة وطرق التخويف وأساليب الإرهاب.

أدى هذا الإجراء إلى أن لا يمثل البرلمان طبقات الهيئة الاجتماعية المختلفة ولا يمثل كذلك الديمقراطية إطلاقاً، لانه لم يكن في مجلس اللوردات أكثر من (٣٠٠) لورد في حين أقل من ١٥٠٠ نبيل أو ثري سيطروا على أغلبية مجلس النواب سيطرة تامة باتباعهم طرق غير قانونية، بحيث وصف البرلمان والحكومة بأنه يقتصر على النبلاء والأثرياء ذوي السلطة والنفوذ لتنمية مواردهم المالية على حساب الدولة ورفاهية السكان.

أما سياسة البرلمان الداخلية خلال القرن الثامن عشر من حزب الويك أو حزب التوري تنحصر في سن القوانين الملائمة لأصحاب المزارع الكبيرة من النبلاء حتى لو كانت تلحق الضرر بعامة الشعب، ومن هذه القوانين فرض رسوم كمركية عالية على جلب الحنطة من الخارج، ومنح هبات كثيرة لكل من أنتجها من بريطانيا، وكانت مرمى هذه القوانين تشجيع زراعة الحنطة في البلاد ورفع أسعارها، ومن ثم

زيادة أرباح أصحاب المزارع النبلاء الويك والتوري، وكانت هذه الأسباب قد دفعت البرلمان إلى إلغاء نظام المشاعية تدريجياً من البلاد، وإعطائها الأراضي من أصحاب المزارع الكبيرة لكي تستغلها، بعد دفع ثمن ضئيل لأصحابها المزارعين الفقراء وتقدر مساحة الأراضي التي استولى عليها الأثرياء بهذه الطريقة من الفلاحين خلال القرن الثامن عشر بما لا يقل عن ١٣ مليون دونم ونصف المليون.

واتبعت الطبقة الحاكمة الأرستقراطية من الحزبين سياسة خارجية يقصد منها تقوية التجارة البريطانية الخارجية وزيادة مستعمراتها فيما وراء البحار، وكان هذا ما يرغب به الوطنيون البريطانيون والتجار وأصحاب السفن من الحزبين، مما دعا بريطانيا إلى الاشتراك في حروب كثيرة مع فرنسا منافستها في التجارة والاستعمار، والاستيلاء على معظم مستعمراتها، ولا سيما الهند وكندا، والحصول على امتيازات تجارية كثيرة من الدول الحليفة لفرنسا، فإسبانيا اضطرت ان تمنح بريطانيا حق التجارة مع مستعمراتها الأمريكية وحق بيعها بعد حرب الوراثة الإسبانية (١٧٠٢-١٧١٤).

لقد شعر المفكرون والكتاب البريطانيون بعد إعلان استقلال أمريكا نهائياً عن بريطانيا عام ١٧٧٦م واشتباكها معها في حرب انتهت عام ١٧٨٣ بأن المستعمرات الأمريكية كانت تناضل من أجل المبادئ التي بسببها قامت الثورات في بريطانيا خلال القرن السابع عشر، وانها كانت تتبع السياسة التي وضعها الفيلسوف البريطاني جون لوك أكثر من الحكومة البريطانية نفسها، التي كان يسيطر عليها طبقة أرستقراطية وبرلمان لا يمثلان الشعب بشكل صحيح.

ان الفشل في إخماد ثورة المستعمرات قد هيأ الفرصة أمام المعارضين من الزعماء والسياسيين البريطانيين لمهاجمة الحكومة والمطالبة بتغيير أعضائها وسياستها العامة تجاه المشاكل الداخلية والشؤون الإمبراطورية، وأدركوا ان ذلك لا يتم إلا بعد القضاء على الأرستقراطية والرشوة والمحسوبية في البرلمان، وتغيير نظم انتخاب أعضائه ليمثل الشعب وطبقاته على نطاق واسع، وكان من الطبيعي ان تظهر هذه الحماسة للإصلاح في دوائر حزب الويك البعيد عن الولاء للملك جورج الثالث.

٤- بريطانيا بين (١٧٨٣-١٨٠١):

من بين زعماء حزب الويك بزر وليم بت الأصغر (١٧٥٩-١٨٠٦) ولد وليم الابن الثاني لايرل شاتام عام ١٧٥٩، ووُجِّه في حداثته للدخول إلى عالم السياسة، وتم تدريبه على الخطابة والمناقشة، وحصل عام ١٧٨٠ على مقعد في مجلس العموم قبل ان يبلغ سن الحادية والعشرين، وبعد سنتين عين وزيراً للمالية، واختلف في العام التالي مع الملك جورج الثالث مع رئيس وزرائه، فأقال الوزارة وطلب من بت البالغ الرابعة والعشرين من عمره تأليف وزارة جديدة برئاسته، لكن المعارضة في البرلمان استقبلته بفتور وعدم اهتمام لافتقاره لأغلبية برلمانية تؤيده في المجلس، ولكن بت ثبت أمام المعارضة على أمل ان ينحاز له الرأي العام، وقد أيده جورج الثالث حين أبلغ اعضاء مجلس اللوردات ان معارض بت يكون محسوباً من أعدائه الشخصيين، وفعلاً نجح بت في كسب أغلبية برلمانية تؤيده عندما حل المجلس وأجرى انتخابات جديدة، وظل رئيساً للوزارة بين (١٧٨٣-١٨٠١م).

وهي على فترتين: الأولى حربية (١٧٨٣-١٧٩٣) استهل بت اعماله بتأليف حزب جديد سمّاه حزب التوري الجديد من أعضاء الحزبين المستائين، والأعضاء المخلصين للملك والواقعين تحت نفوذ رجال الدين وملاك الأراضي المحافظين، ثم باشر بالإصلاحات الداخلية كتخفيض الضرائب غير المباشرة، وبدلاً منها رفع الرسوم على الكماليات حتى لا تقع الضرائب على كاهل الطبقات الفقيرة والمتوسطة، وعمل على إنقاص الديون البالغة ربع مليار جنيه آنذاك، وعقد معاهدة تبادل تجاري بين بريطانيا وفرنسا عادت بالفائدة للبلدين، وفي عام ١٧٨٥ اقترح على مجلس العموم إلغاء (٣٦) دائرة انتخابية خالية من السكان وتوزيع مقاعدها على المدن الصناعية الجديدة، واعداً بتعويض أصحابها النبلاء، ولكن أغلبية أعضاء مجلس العموم ومنهم أعضاء حزبه عارضوا اقتراحه هذا خوفاً على مصالحهم.

الفترة الثانية (١٧٩٣-١٨٠١): ابتدأت عام ١٧٩٣ حروب الثورة الفرنسية، فانهمك الرأي العام والأحزاب البريطانية فيها، وكان تأثيرها في بت كبيراً، فتخلى عن الإصلاح نهائياً، ولا سيما بعد فترة حكم الإرهاب، بحيث عدت فترة ركود نسبي.

بالنسبة للإصلاح الداخلي، وأيد بت عدد كبير من زعماء المعارضة، مثل بيرك صاحب كتاب (تأملات في الثورة الفرنسية) الذي أورد فيه عدم شرعية امتلاك الأراضي بالقوة، ووجوب الحصول على الحرية بطرق سلمية، وان الثورة ستؤدي إلى ظهور دكتاتورية حربية تضر بمصالح البلاد الفرنسية.

ورأى بت ان المصلحة العامة تتطلب وقف الميول الثورية في البلاد عند حدها ومنع انتشار المبادئ الحرة بين طبقات الشعب وأصدر عدة قوانين:

١- إلغاء القانون الذي يحرم سجن السجين بلا محاكمة.

٢- فرض الرقابة الشديدة على اللاجئين السياسيين ومنع المشتبه به من دخول البلاد.

٣- حل الجمعيات والهيئات السياسية المتطرفة وعدم السماح بعقد الاجتماعات السياسية مهما كان نوعها بلا إذن من الحكومة.

٤- اعتبار الكتابات المحرضة على الثورة أو الفتن أو عصيان سلطة الحكومة والملك خيانة يحاكم عليها الشخص.

٥- حل نقابات العمال واتحادهم واعتبارها غير مشروعة.

وظلت هذه القوانين نافذة المفعول بعد عام ١٨١٥ مع زوال خطر نابليون والثورة الفرنسية، وكان هدف حزب الثوري الحاكم من ذلك مقاومة المعارضة المشتدة وإخماد مطالبها في الإصلاح البرلماني.

٥- الانقلاب الزراعي:

هناك علاقة وثيقة بين الانقلاب الزراعي والانقلاب الصناعي، لاعتماد الآخرين على علاقتهما، فالواحد يكمل الآخر، ويشتمل الانقلاب الزراعي على تغيرات في أساليب الزراعة خلال القرن الثامن عشر، مما ساعد على التقدم الصناعي من مصانع وتجهيزها بالقطن والصوف والكتان والجلد والمواد الأولية الأخرى، وزيادة عمال المصانع في المدن وإمدادهم بالطعام الضروري لهم، وتسريح ملايين من المزارعين للعمل في الصناعة وتحسين الطرق الزراعة وإدخال الآلات فيها.

نظراً للحاجة إلى تطبيق الأساليب الزراعية الجديدة بأموال طائلة فقد كان زعماء الإصلاح الزراعي من المتمولين الأرستقراطيين أصحاب المزارع الواسعة القادرين على إجراء تجارب زراعية واسعاً، ومن أمثال الأرستقراطيين جثرو تل، والفيكونت نونشند، وروبرت بيكول وأرثر يونغ.

إن عجز المزارع الصغير عن اتباع أساليب زراعية حديثة، وحاجته إلى المال وجهله وشيوع نظام المشاع، وعدم إمكان أي مزارع إدخال الجديد من الأساليب والغلات إلا بموافقة سكان القرية، أدى ذلك كله إلى ان غلة الدونم في المزرعة الصغيرة لم تزد على ٧٠% من غلات الدونم في مزارع الأثرياء.

وهذا ما دعا آرثر يونغ وآدم سمث وغيرهما من الاقتصاديين إلى القول بأن نظام المشاعية نظام فاسد يضر بالبلاد، وانه يجب تقسيم الأراضي الزراعية والمراعي العامة على الأهالي، وأيد ذلك ملاك الأراضي الأثرياء بسبب ما كانوا يجنونه من الأرباح وسن البرلمان قوانين تجيز إلغاء المشاعية والأخذ بالتقسيم لينال كل مزارع حصته قطعة واحدة فيمتلكها.

كان من تأثير هذا التقسيم إزالة المراعي العامة التي اشتراها الأثرياء بأثمان قليلة، وانخدع المزارعون الصغار في أثناء تقسيم الأراضي وبيعهم حصصهم لجيرانهم الأغنياء، وزادت حالة المزارعين من الفاقة والبؤس لعجز نسائهم عن الغزل والنسيج اللذين هبط ثمنهما على أثر انتشار المصانع، وإرغام آلاف المهاجرين إلى المستعمرات الى العمل بأجر يومي لدى أثرياء في مزارعهم أو مغادرة القرى إلى المدن، مما زاد في عدد عمال المصانع واستبداد أصحابها بهم[١٦].

ثالثاً: الإمبراطورية الرومانية المقدسة

بعد انكسار الإمبراطورية الرومانية المقدسة في حرب الثلاثين عاماً، والاعتراف رسمياً باستقلال سويسرا والأراضي المنخفضة، واستيلاء فرنسا والسويد على بعض ممتلكاتها، ظلت الإمبراطورية التي تضم معظم الألمان وكل من تشيكيا وبوهيميا، وتعد مؤسسة سياسية وأوروبية لها خطرها وسطوتها، وكان الإمبراطور ينتخب كالعادة من أسرة آل هبسبورغ، إلا أن عدد المنتخبين زاد عن تسعة، بإضافة

١٢٩

بافاريا عام ١٦٢٣، وهانوفر ١٧٠٨، وأصبح عددهم أخيراً ثمانية بعد توحد بافاريا وبراين عام ١٧٧٨. وكان مجلس الديات يجتمع بانتظام في مدينة راتزبون بعد عام ١٦٦٣.

لم يكن الديات والمنتخبون والمنصب الإمبراطوري إلا رمزاً رسمياً إلى وحدة الإمبراطورية السياسية المؤلفة من (٣٠٠) دولة مستقلة تفتقر إلى إرادة شعبية أو دواعٍ اقتصادية وسياسية للوحدة، فالدول الأوروبية الكبيرة كانت تحاول توسيع ممتلكاتها على حساب غيرها، دون الالتفات إلى المصلحة العامة، فالنمسا امتلكت عدة ولايات خارجة عن نطاق الإمبراطورية، مما عوضها عن ضياع نفوذها داخل الإمبراطورية، وبروسيا أصبحت دولة عظمى وأحرز حاكمها لقب ملك، وبافاريا وسكسونيا كانا على وشك نيل هذا المركز.

ومما زاد في سوء الحالة الداخلية امتلاك بعض الدول الأجنبية أقاليم ضمن الإمبراطورية، فالالزاس كانت لفرنسا وقسم من بوميرانيا للسويد، وهانوفر لبريطانيا، وكان ملوك هذه الدول يتعرضون للشؤون الألمانية الداخلية قصد توسيع ممتلكاتهم هناك، وكثيراً ما اشتركوا في حروب عدوانية كانت ميادينها ألمانيا نفسها.

وأهمل الأباطرة بعد عام ١٦٤٨ الإمبراطورية الرومانية المقدسة، واهتموا بتوسيع ممتلكاتهم الخاصة، وقد نجحوا في تأليف إمبراطورية نمساوية كبيرة، عدت الدولة الأوروبية العظمى في القرن الثامن عشر وبعده، وكانت أجزاء من هذه الإمبراطورية كالنمسا وبوهيميا وولايات ستيريا وكارنيتا وكارينولا والتيرول في إطار الإمبراطورية، وأجزاء أخرى كهنغاريا وكرواتيا وترانسلفانيا، وإقليم سلوفاكيا خارجة عنها، وكان التوسع العثماني هو الخطر على الإمبراطورية لا سيما بعد اجتياح محمد الرابع هنغاريا، وبخاصة في حصار فينا عام ١٦٨٣، ولولا إسراع ملك بولندا إلى مقاومة الإمبراطورية وفك عن عاصمة ملكه، لكانت قد سقطت فينا في أيدي العثمانيين.

وتلا ذلك تعاون البابا والبندقية وبولندا وروسيا ولويس الرابع عشر على إمداد الإمبراطور بالأموال والرجال لمحاربة السلطان، وظل النزاع المسلح ست عشرة سنة، وانتهى عام ١٦٩٩ بمعاهدة كارلوفيتنز، حيث خرج العثمانيون من جميع

الأراضي الواقعة على شمال نهر الدانوب، وضمت هنغاريا بكاملها إلى الإمبراطورية النمساوية.

وقد ضمت الإمبراطورية النمساوية خلال القرن الثامن عشر شعوباً مختلفة، وحكم الإمبراطور أراضي وشعوباً كثيرة فهو أرشيدوق النسما، وملك بوهيميا وهنغاريا، ودوق ميلان وأمير الأراضي المنخفضة.

رابعاً: بروسيا

يعود تاريخ أسرة هوهنزلرن إلى القرن العاشر، حيث حكموا تل زولرن شمال سويسرا، ووسع هؤلاء ممتلكاتهم بشن الحروب الإقطاعية، والإخلاص لحكام الإمبراطورية الرومانية المقدسة الذين كانوا يساعدوهم، وحكم أحد أفراد الأسرة عن طريق الزواج في القرن الثاني عشر مدينة نورمبرغ.

زادت شهرة الأسرة ونفوذها عندما عين الإمبراطور عميدها أميراً على براندنبرغ عام ١٤١٥، وهي إمارة في شمال ألمانيا عاصمتها برلين، وأصدر ألبرت أشيل (١٤٧٠-١٤٨٦) المنتخب الثالث مرسوماً يقضي بعدم تجزئة ممتلكات الأسرة بين أولاد حكامها عند موتهم، واتبع خلفاؤه هذه القاعدة، مما أدى إلى اتساع إمارة براندنبرغ وانتشار نفوذ أسرة هوهنزلرن.

اتخذ حكام نبرانبرغ في القرن السادس عشر البروتستانتية ومعها شعبها، واستولى حكامها كبقية أمراء الألمان على ممتلكات الكنيسة الكاثوليكية، وتخلصوا من قوة كانت تسيطر عليهم، وصارت براندنبرغ زعيمة ألمانية بروتستانتية، كما كانت النمسا زعيمة الدول الكاثوليكية في الإمبراطورية.

انتخب أحد أفراد أسرة هوهنزلرن عام ١٥١٢ رئيساً أعلى لفرقة فرسان التيوتون القابضة على زمام الحكم في بروسيا الشرقية، وفي عام ١٥٢٥ حوّلها هذا إلى دوقية وراثية في أسرته، وتزوج المنتخب يوحنا سيجسموند (١٦٠٨-١٦١٩) بقريبته آن الابنة الوحيدة لدوق بروسيا الشرقية، وبوفاة والدها آلت إلى زوجها دوقيتا بروسيا وكلينز وولايتا مارك ورافنربرغ، ولكن بروسيا الشرقية ظلت خارج نطاق الإمبراطورية الرومانية المتقدمة.

تعود أسرة هوهنزلرن إلى فردريك وليم الملقب بالمنتخب الأعظم (١٦٤٠-١٦٨٨)، وعندما اعتلى عرش براندنبرغ كانت ممتلكاته في حالة صعبة بسبب حرب الثلاثين عاماً، وعزم على تحسين أوضاعها وتوحيدها ورفع شأنها بين الدول الأوروبية، ونجح في السياسة بدل الحرب، وفي معاهدة وستغاليا عام ١٦٤٨ ضم إلى براندنبرغ أسقفيات هلبرستاند ومندن، ومابدبرغ والنصف الشرقي من دوقية بوميرانيا، واغتنم فرصة قيام الحرب السويدية – البولندية (١٦٥٥-١٦٦٠)، وساعد ملك الأخيرة الذي أعفاه من واجباته الإقطاعية كتابع له، وانتقلت السلطة المطلقة في بروسيا الشرقية من ملك بولندا إلى أمير براندنبرغ.

أما على الصعيد الداخلي فقد عمل فردريك على أساس السلطة الملكية المطلقة، ووجوب رفع مستوى البلاد السياسي والاقتصادي والثقافي، وألغى فردريك سلطات دياتات براندنبرغ وكليفر وبروسيا الشرقية، وحصر السلطة في يديه، ودمج الجيوش المحلية في جيش قومي واحد، وأنشأ إدارة واحدة لجميع الأقاليم والولايات، وأصبح الحكم مركزياً، وتحولت أسرة هوهنزلرن من ولايات مختلفة لها حقوق وامتيازات متباينة، إلى وحدة قومية كفرنسا وبريطانيا، وأظهر فردريك نشاطاً كبيراً، وشجع إنشاء الصناعات وتجفيف المستنقعات وحفر القنوات، ووصل بقناة نهري الأودر والألب، ولما ألغى لويس الرابع عشر مرسوم نانت عام ١٦٨٥ دعا فردريك البروتستانت الراغبين في مغادرة فرنسا إلى استيطان بلاده، ونزح إليها عشرون ألفاً، واهتم فردريك في توسيع عاصمة مملكة برلين وزيادة سكانها لتصل إلى عشرين ألف نسمة.

ويعود الفضل في رفع شأن بروسيا إلى الملك فردريك وليم الأول (١٧١٣-١٧٤٠)، وفي عهده عدت بروسيا دولة عظمى، وأهم أعماله زيادة عدد الجيش من ٣٨ ألفاً إلى ٨٠ ألف جندي، وتدريبه وتسليحه ليفوق الجيوش الأوروبية كافة، وإلغاء شراء المناصب في الجيش، وعدم الحصول على المناصب إلا بمقدرة عسكرية، وتقوية الحكم المركزي المطلق، وتأليف مجلس وزاري وطبقة من الموظفين الأمناء لإدارة البلاد، وتشجيع الصناعات وحمايتها بضرائب المكوس العالية، وتنظيم التعليم، وفتح الهجرة وأبوابها إلى بروسيا، واتباع الاقتصاد التام في النفقات، وكانت الميزانية تبلغ مليون

جنيه ينفق منها ١٢٥ ألف على البلاط، وموظفي الدولة، وعلى التعليم، و ٧٥٠ ألف على الجيش، ويدخر الباقي وهو ١٢٥ ألف جنيه كاحتياطي للنفقات الطارئة، وورث نجله فردريك الثاني (١٧٤٠-١٧٨٦) ثروة كبيرة ساعدته في حروبه الكثيرة.

خامساً: روسيا

تعرضت روسيا إلى الغزو عام ١٢٢٤ من قبل القبائل المغولية، وأخضعتها لسلطانها زهاء (٢٥٠) عاماً، وحصلت على الجزية أو الضرائب سنوياً، يجمعها أمير موسكو من كل الأمراء، وفي عام ١٤٨٠ استطاع إيفان الثالث (١٤٤٠-١٥٠٥) أمير موسكو ان يستغل تفكك المغول وانحلالهم، ونجح في مواجهتهم، ووحد الإمارات الروسية الثلاث عشرة إمارة، وضم إلى ممتلكاته نوفكورد ووبسكوف عام ١٤٧٨، ونشر سلطته حتى المحيط الشمالي المتجمد وجبال الأورال شرقاً.

تزوج إيفان ابنة آخر قيصر بيزنطي، وشجعته على ان يكون خليفة قياصرة القسطنطينية الخاضعة للعثمانيين، وادخل عادات بلاطه القيصرية في القسطنطينية وتقاليده ومراسيمه وحكمه المطلق وشعاره القيصري المطلق.

خلف ايفان ابنه باسيل الثالث (١٥٠٥-١٥٣٣) الذي واصل سياسة أبيه في تقوية الحكم المطلق، وتوحيد مختلف الإمارات وتوسيع ممتلكاته، وانتزع سمولنسك من لتوانيا، وقضى على ثورة في نوفكوردو، وتبعه نجله ايفان الرابع (١٥٣٣-١٥٨٤)، وكان عنيفاً ومستبداً، وأخضع كازان عام ١٥٥٢، واستراخان عام ١٥٥٤، وضم قسماً كبيراً من سيبيريا إلى أراضيه، واضطهد النبلاء عندما ثاروا عليه، وشتتهم، وقتل، وأسر الكثيرين منهم، لا يأخذه فيهم عطف أو شفقة، واشتدت قبضة حكمه المطلق على روسيا، حتى انه اتخذ لنفسه لقب قيصر روسيا عام ١٥٤٧.

خلف ايفان ابنه فيودور الأول (١٥٨٤-١٥٩٨) الورع والضعيف الشخصية، فاستغل النبلاء ذلك واسترجعوا نفوذهم السياسي، وعندما توفي ولم يترك أولاداً من بعده انتهى حكم الأسرة الذي استمر من (٨٦٢-١٥٩٨)، وانتشرت الفوضى والحرب الأهلية (١٦٠٥-١٦١٣) من الذين ادعوا العرش.

واغتنمت بولندا والسويد الفرصة للسيطرة على روسيا، واجتاحت الجيوش البولندية روسيا واحتلت موسكو، والجيوش السويدية على نوفكوردو، وثار عليهم الروس، بحيث اضطروا لترك البلاد، وانتخب مجلس الدوما ١٦١٣ الأمير ميخائيل رومانوف (١٦١٣-١٦٤٥) أحد أقرباء فيودور، وليكون قيصراً على روسيا وبمساعدة والده بطريرك موسكو، ونجح في إقرار السلم وصد تعديات بولندا واسترجاع نوفكوردو من السويد (١٧).

وعقد ولده الكسيوس (١٦٤٥-١٦٧٦) معاهدة مع بولندا أصبح فيها نهر الدوينا الحد الفاصل بين الدولتين، وتخلت بولندا لروسيا عن كييف وسمولنسك وأوكرانيا الشرقية، وفي عام ١٦٤٨ أصدر الكسيوس قانوناً يعترف فيه بشرعية نظام القنانة في البلاد، واختلف مع بطريرك موسكو، وقام بنفيه وتعيين آخر محله، وأخضع بذلك البطريركية إلى القياصرة الروس.

جاء بعده فيودور الثالث (١٦٧٦-١٦٨٢) وكان عصره سلمياً، وخلفه ايفان الخامس وبطرس الأول، وحكمتهما شقيقتهما صوفيا لصغر سنهما حتى عام ١٦٨٩، ولكن أخيها بطرس عرف بمؤامرة تقودها ضده صوفيا، فقرر القبض عليها وسجنها وقتل ألفين، وأكثر من خمسة آلاف آخرين من الحرس الملكي المتآمرين عليه، علماً أن أخيه الخامس كان مريضاً وضعيفاً، وتوفي عام ١٦٩٦.

بطرس الأكبر:

تبوأ بطرس الأول (الأكبر) عرش روسيا، وقام بتوسيع روسيا إقليمياً في القرنين (١٦-١٧)، وأسس المهاجرون الروس من القوزاق والفلاحين عدة مدن، مثل توبولسك (١٥٨٧)، ونومسك (١٦٠٤)، وياكوتسك (١٦٣٢)، واركوتسك (١٦٥٢)، ووصلوا إلى بحر اوكوتسك (١٦٣٨) وشبه جزيرة كمتشاكا، واكتشفوا السكا (١٧٤١) بعد عبور مضيق بيرنغ، ووصلوا جنوباً إلى مناطق مهمة.

وبذلك انتشرت في الأراضي الروسية العادات القومية واللغات المحلية والديانة الأرثوذكسية والثقافة الشرقية، وقد فقدت من جهة أخرى علاقاتها التجارية والسياسية

مع أوروبا، وسادت تقاليد ثقافية شرقية من المغول والتتر والسويديين والعثمانيين الذين كانوا على حدودها شرقاً وغرباً، والى البلطيق والبحر الأسود.

وصعبت على روسيا الاتصالات مع أوروبا تجارياً وثقافياً، فضلاً على الديانة الأرثوذكسية الشرقية والتقاليد والعادات المختلفة عن الكاثوليكية والبروتستانتية، حيث كان الاختلاف بارزاً، مما قوّى الرغبة في الامتناع عن الاتصال مع الغرب وثقافته وسياسته وحضارته.

يحتل بطرس الأكبر مكانة كبيرة في تاريخ روسيا؛ لأنه حاول ان يضع عليها صبغة أوروبية بعد حروب كثيرة، وتثبيت للحكم المطلق وإخضاع للجهاز الحكومي والنبلاء ورجال الدين، وكانت أولى خطوات بطرس طبع روسيا بطابع أوروبي، فذهب إلى أوروبا عام ١٦٩٧، وتنقل للتعرف على الثقافة الغربية وحضارتها وطلب المعونة من أوروبا، لوقف توسع العثمانيين، وزار هولندا وبريطانيا وبروسيا والنمسا وإيطاليا وفرنسا، وعقد فيها اتفاقات مع حرفيين وأطباء ومهندسين وضباط ومدفعيين.

وعندما عاد إلى بلاده أصدر قوانين غربية الطابع من أزياء وملابس غربية وتدخين، والسفور للنساء واختلاطهن مع الرجال، وحضورهن الحفلات العامة، وأسس عام ١٧٠٣ مدينة بطرسبورغ لتحل محل روسيا التي اعتقد أنها متخلفة وشرقية ومحافظة.

وفي خطوات نحو السلطة المطلقة لحكمه قد ألغى بطرس الحرس الملكي المؤلف من النبلاء، وأنشأ جيشاً منظماً من عامة الشعب المخلصة له، ودربه على الأساليب الأوروبية من الضباط الأجانب، واعتمد على هذا الجيش في تنفيذ مشاريعه وإصلاحاته، واستعاض عن مجلس الدوما الذي يحق له التشريع بمجلس استشاري من تسعة أشخاص يعينهم القيصر، وأخيراً قسّم البلاد إلى ولايات على رأس كل منها حاكم مسؤول عن أعماله مباشرة.

واعتزم بطرس السيطرة على الكنيسة لما لها من سلطة روحية قد تقف أمام إصلاحاته العلمانية الغربية، وجرد البطريرك من جميع سلطاته، وفوض إدارة شؤون

الكنيسة كلها إلى مجمع مقدس، من أساقفة يعينهم هو بنفسه، ويرأسهم رجل علماني وصارت الكنيسة عاملاً لدى القيصر لتأييد حكمهم المطلق ومناصرته.

وحرم بطرس النبلاء الإقطاعيين من سلطتهم ونفوذهم السياسي، وأرغم أفرادهم على العمل في الجيش والأسطول والحكومة، وأمر أن يرث الابن الأكبر ما مِلكه الأب المتوفى، ووهب البارزين من رجال الجيش والأسطول والحكومة الألقاب النبيلة والأراضي الواسعة، وأظهر ذلك طبقة نبلاء مخلصة للقيصر وصل إلى مائة ألف أسرة عام ١٧٣٧.

أما الفلاحون فكانوا الأغلبية الساحقة من السكان، واعتقد بطرس وجوب إخضاعهم للنبلاء وحملهم معظم الضرائب، وحظر عليهم مغادرة المكان الذي هم فيه، دون إذن من النبيل، وحلل بيعهم وشراءهم.

كانت سياسة بطرس تدور حول التوسع الإقليمي في سيبيريا وجوار بحر قزوين، والاتصال المباشر بأوروبا عن طريق البحر، وصمم على حرب السويد التي تسيطر على بحر البلطيق والدولة العثمانية التي تسيطر على البحر الأسود.

اعتقد بطرس ان ملك السويد الفتى الصغير شارل الثاني عشر لن يقوى على مجابهته، وان الوقت قد حان لتقطيع أوصال السويد، واقتسام ممتلكاتها، وتم الاتفاق عام ١٦٩٩ بين الدول المجاورة للسويد على ان تسترد بولندا ليفونيا واستونيا، وتحصل روسيا على انجريا وكاريليا، وتحتل بروسيا بوميرانيا الغربية، وتضم الدانمارك هولشتين والألب والويزر، ولا يبق لشارل إلا السويد ودوقية فنلندا.

قرر بطرس عبور المضيق بسرعة الذي يفصل روسيا عن الدانمارك لمنع أعدائه من الاتصال مع بعضهم، وانتصر على الجيش الدانماركي، وأجبره على ان يعقد اتفاقاً مع السويد على منع مقاتلة روسيا ودفع غرامة كبيرة له، واسرع شارل ملك السويد على استونيا لقتال الروس والتفاهم مع نارفا، وهزمهم، واتجه جنوباً، وطهّر من الروس والبولنديين إقليمي ليفونيا ولتوانيا، واستولى على وارسو وكراكاو، وأجبر ديات بولندا على خلع ملكهم، وتنصيب آخر حليف شارل عام ١٧٠٤م.

في هذه الأثناء كان بطرس الأكبر يعيد تنظيم جيشه للاستيلاء ثانية على انجريا وكاريليا، واتجه شارل من جانبه نحو موسكو لاحتلالها، لكنه فشل وقصد الجنوب ليتصل ببعض القوزاق المتمردين على بطرس، والتقى الجيشان الروسي والسويدي في بولتافا عام ١٧٠٩، ووقعت معركة طاحنة انكسرت فيها الجيوش السويدية بقوة، وهرب شارل إلى الدولة العثمانية، وأخذ السلطان يحض على مقاتلة بطرس الأكبر.

وأقام شارل خمس سنوات لدى السلطان العثماني، ثم عاد إلى السويد لمعاودة الحرب على روسيا، ولكن الحلفاء كانوا قد تكاثروا عليه من ملك الدانمارك وبريطانيا وبروسيا وهانوفر؛ للسيطرة على تجارة السويد وضم ممتلكاتها، وبينما كان شارل يغزو النرويج عام ١٧١٨م، لقي حتفه وعقدت معاهدة صلح تم فيها:

١- حصول الدانمارك على هولشتين وفرض غرامة حربية على السويد.

٢- حصلت هانوفر على مصبي نهر الألب والويزر.

٣- ضمت بروسيا مدينة ستيتن ومصب الأدور.

٤- عودة ملك بولندا المخلوع إلى عرشه.

٥- حصول روسيا على أنجريا وكاريليا وأستونيا وليفونيا وأجزاء من فنلندا الجنوبية وحصن فيبورغ.

وهكذا خرجت روسيا من هذه الحرب مسيطرة على الأجزاء الشمالية من أوروبا، وتحولت إلى قوى أوروبية كبرى، وخلّف بطرس الاكبر إمبراطورية واسعة وموحدة، وجيشاً قوياً ومنظماً، ومجتمعاً متطوراً وحديثاً على الطراز الغربي[١٨].

سادساً: بولندا

ينتمي البولنديون إلى الصقالبة السلاف، وهم يشبهون بذلك الروس واللتوانيين والتشيكيين واليوغسلافيين، وظهروا كقبيلة تغطي الأقاليم الواقعة بين نهري الأودر والفستولا، وظل تاريخهم غامضاً حتى أواخر القرن العاشر عندما انتحل ملكهم عام ١٩٦٦ المسيحية، وأصبحت بلاده دولة أوروبية.

في عهد الملك بولسلاف الأول (٩٢٢-١٠٢٥) تم توحيد جميع البولنديين، وامتدت تخوم دولتهم إلى ما وراء نهري الأودر والدنيستر، واكتسح التتر بولندا عام ١٢٤١، ودمروا معظم مدنها، وضعفت كثيراً، مما اضطرها للتخلي عن عدد من الأقاليم المجاورة لروسيا وبراندنبرغ وفرقة الفرسان التيوتون، وتوحدت عام ١٣٨٦ بولندا ولتوانيا بانتخاب جانيلو ملك الأخيرة، ليتبوأ العرش البولندي، واتخذ مع اللتوانيين المسيحية ديانة له.

وحكمت أسرة جافيلو بين (١٣٨٦-١٥٧٢)، ووصلت بولندا إلى قوتها وعظمتها، ولكن انشغل ملوك هذه الأسرة في حروب خارجية مستمرة مع روسيا والسويد وفرقة فرسان التيوتون.

توفي عام ١٥٧٢ آخر ملك من أسرة جافيلو بلا وريث، فجعل النبلاء الملكية انتخابية؛ محافظة على نفوذهم السياسي وسطوتهم، وحددوا سلطان الملك المنتخب من حيث حرموه الحق في ترشيح خليفة له، وأقروا شرعية الثورة وخلعه إذا هو خالف القوانين التي تحدّ من سلطته.

مع ان معظم ملوك بولندا المنتخبون في القرنين (١٧و١٨) كانوا من القدرة والحنكة، إلا أنهم عجزوا عن إنشاء حكم قوي في البلاد لاتساع بولندا وافتقارها إلى حدود طبيعية تُسَهُّل بناء التحصينات المنيعة، ولقلة السكان وعدم القدرة على بناء جيش كافٍ للمحافظة على وحدتها من الاعتداءات الأجنبية، مما عرّضها للغزوات الأجنبية، ومن ثم طبيعة نظام الملكية الانتخابي المضعف للسلطة الملكية، وانتشار الفوضى في الحكم بسبب شرعية وقانونية اعتراض أي نبيل على قانون من مجلس الديات عندما لا يقبل به، وافتقار البلاد إلى طبقة وسطى مؤيدة للملك، مثل دول أوروبا الغربية، والنزاع المستمر بين البولنديين واللتوانيين والكراهية المتبادلة بينهم، والخلافات المذهبية بين الكاثوليك والبروتستانت واليهود، واستفادة الملوك المنتخبين - وأغلبهم من الأجانب -، فلا يعملون لبولندا بل لبلادهم، وإحاطة بولندا بجيران أقوياء يخشون توسعها وهدفهم الأساس إبقاؤها ضعيفة ومفككة، تعمها الفوضى؛ رغبة منهم في ضم بعض ممتلكاتها إليهم.

كان ضعف بولندا قد أدى إلى اتفاق بروسيا والنمسا وروسيا عام ١٧٧٢ على ضم بعض أجزائها إلى ممتلكاتهم، وأخذت روسيا وإقليم روسيا البيضاء والنمسا وبروسيا بروسيا الغربية.

وفي ضوء هذه التخوفات نهضت القوى الوطنية، ووافق الديات على إصدار دستور جديد يضمن الاعتراف بالملكية الوراثية، وبالكاثوليكية ديناً رسمياً للبلاد، وعدم اضطهاد المذاهب الأخرى، وتأليف البرلمان من مجلسين وإلغاء حق النقض المتمتع به النبلاء، والتقليل من امتيازاتهم وتخفيف واجبات الأقنان.

وكانت ردة فعل الدول الأوروبية متباينة، فأيدت النمسا هذا الإجراء لاعتقادها ان بولندا إذا كانت قوية متحدة صدت التوسع البروسي، ولكن روسيا وبروسيا استغلتا انشغال بريطانيا والنمسا في حروب الثورة الفرنسية، واتفقتا على تقسيم الأراضي البولندية في عام ١٧٩٣، فحصلت بروسيا على إقليم دانزيغ، وثورن وبوزن، وأخذت روسيا اقليم فولهينيا وبودوليا والبريبيت الكبيرة.

ثار البولنديون لهذا الاعتداء، ونظموا ثورة بقيادة كوسيوسكو الذي نجح في محاولاته، واستولى على كراكاو ووارسو، ولكن الجيوش الروسية والبروسية والنمساوية غزت بولندا من جميع الجهات، واحتلتها واقتسمتها، بحيث زالت بولندا الموحدة في عام ١٧٩٥.

سابعاً: النمسا

يبدأ تاريخ النمسا مع سيطرة رودولف هبسبورغ عليها، وانتصاره على الأمراء، وتحولت أسرة هبسبورغ منذ عام ١٢٧٣ الأقوى من أمراء ألمانيا، وحصلوا على مواقع أهم وأقوى في عهد شارل الرابع (١٣٤٧-١٣٧٨) الذي حكم ألمانيا ثلاثين عاماً مع بوهيميا، وتخلصوا من آل لوكسمبورغ الذين كانوا يمثلون أقوى المنافسين لهم.

كانت قوة آل هبسبورغ تكمن في ممتلكاتهم الواسعة، وسيطرة فكرة التوسع على أفراد هذه العائلة، خاصة شارل الخامس الذي كان يحلم بإقامة إمبراطورية

كاثوليكية عالمية تحت زعامته، مما أدى إلى إثارة الدول الأوروبية الأخرى ضد الإمبراطورية واندلاع حرب الثلاثين عاماً، التي كرست حالة التجزئة السياسية في الإمبراطورية؛ إذ خرجت من الحرب ضعيفة وفاقده لممتلكاتها، وضعفت سلطتها على الأمراء الألمان.

إلا أن آل هبسبورغ استطاعوا ان يحافظوا على الأراضي التي تعرف بالممتلكات الوراثية لآل هبسبورغ، وأصبحت تعرف بـ(النمسا) أكبر دولة إقطاعية ضمن الإمبراطورية الرومانية المقدسة، وأخذت ممتلكات آل هبسبورغ منذ القرن السابع عشر تتحول إلى دولة مركزية بعد ان ساعد الخطر العثماني على توحيد الأمراء لقواهم، وتقديم العون للإمبراطور ضد ذلك الخطر، ثم ان السياسة التوسعية لملوك فرنسا ساعدت آل هبسبورغ على تقوية سلطتهم الإمبراطورية، وظهرت دولة كبرى هي الإمبراطورية النمساوية.

استمر التوسع النمساوي في القرنين السابع عشر والثامن عشر على حساب بولندا والمجر، واستمر الصراع النمساوي العثماني للهيمنة على المجر، وكانت فرنسا تدعم العثمانيين للوقوف بوجه هيمنة آل هبسبورغ السياسية في أوروبا.

وشهدت الفترة (١٥٥١-١٦٦٤) حروباً عدة بين النمسا والدولة العثمانية على الأراضي المجرية، وكانت الحرب في نهاية القرن السابع عشر تجري لصالح النمسا بالرغم من الانتصارات الاولى التي حققها العثمانيون الذين حاصروا فينا عام ١٦٨٣ بدعم من فرنسا، وتألفت عام ١٦٨٤ (العصبة المقدسة)، ضمت النمسا وبولندا

والبندقية بزعامة البابا، وانضمت روسيا إلى العصبة عام ١٦٨٦، وهاجمت على أثر ذلك شبه جزيرة القرم وآزوف الخاضعتين للنفوذ العثماني، وقدمت العون في الوقت نفسه لحليفاتها في العصبة المقدسة، الأمر الذي أجبر الباب العالي على توقيع صلح كارلو فيتز عام ١٦٩٩ الذي أعطى المجر وترانسلفانيا إلى آل هبسبورغ.

توسعت الإمبراطورية النمساوية في مطلع القرن الثامن عشر على حساب تقسيم إرث آل هبسبورغ، وبعد وفاة آخر ملوك الفرع الإسباني لعائلة شارل الثاني عام

١٧٠٠، وبدأت حـرب الوراثة الإسبانية (١٧٠٠-١٧١٣)، ودخلت الإمبراطورية النمساوية الحرب إلى جانـب إنكلترا وهولندا وفرنسا وحليفتها بافاريا، وانتهت بمعاهدة اوترخت، وقد حصلت النمسا على الأراضي المنخفضة الإسبانية (بلجيكا) ولومبرديا وميلان ونابولي وسردينيا، ثم تنازلت بعد ذلك الإمبراطورية عـن سردينيا لدوقيـة سافوي مقابل حصولها على صقلية، وتنازلت الإمبراطورية عنها وعن نـابولي إلى إسبانيا عـام ١٧٣٥، واحتفظت بلومبارديا، وفرضت هيمنتها بالقوة.

أعلن الإمبراطور شارل السادس (١٧١١-١٧٤٠) الذي لم ينجب ولدا أن الممتلكات الوراثية النمساوية كلٌّ واحدٌ، على ان يقدم عرشها في حالة عدم وجود ولي عهد إلى ابنته ماريا تيرزا، وصدر مرسوم رسمي عام ١٧١٣ بذلك، وافقت عليه عليه الأوساط المتنفذه في كل ممتلكات آل هبسبورغ، لانها كانت متفقة على مبدأ عدم تقسيم الممتلكات الإمبراطورية، وحصل الإمبراطور على اعتراف الدول الأجنبية لقراره المذكور، ورغم ذلك أخذت هذه الدول بإشعال الحرب عند وفاة شارل السادس، فتحالفت بروسيا وفرنسا مع بافاريا وسكسونيا وإسبانيا وسافوي في حرب عرفت بالحرب الوراثة النمساوية (١٧٤٠-١٧٤٨) استهدفت وحدة الإمبراطورية النمساوية وقطع أوصالها، وكانت الإمبراطورة الجديدة ماريا تيريزا (١٧٤٠-١٧٨٠) تعتمد في السنوات الأولى من الحرب على

مساعدات إنكلترا؛ لان حليفتها الرئيسية روسيا مشغولة بحربها مع السويد، ولكن الوضع تغير لصالح النمسا عند دخول روسيا الحرب إلى جانبها عام ١٧٤٦.

وبعد عامين تم عقد صلح (آخن) أنهى حرب الوراثة النمساوية، وفقدت النمسا ممتلكات مهمة، وتنازلت عن سيليزيا لبروسيا، وبعض الممتلكات الإيطالية لإسبانيا، وعن سردينينا، ورغم ذلك واصلت النمسا توسعها في القرن الثامن عشر على حساب بولندا والممتلكات العثمانية في البلقان، فقد حصلت على الجزء الشمالي من صربيا وجزء من البوسنة وفالاخيا الصغرى بعد الحرب النمساوية – العثمانية (١٧١٦-١٧١٨).

ورغم انها اضطرت إلى التنازل عن بلغراد للعثمانيين في الحرب التالية بين الطرفين، استطاعت ان تحافظ على ممتلكاتها الأخرى خلال تلك الفترة، وخلال حرب السنوات السبع (١٧٥٦-١٧٦٣)، وحصلت النمسا أثناء تقسيم بولندا على أوكرانيا الغربية وكراكوف ومناطق محيطة بها.

وهكذا أصبحت الإمبراطورية النمساوية في نهاية القرن الثامن عشر من أقوى الدول الأوروبية من حيث السكان والمساحة، ورغم هذا أظهرت هزائمها أمام العثمانيين وفقدانها لسيليزيا مقدار ضعفها العسكري، ومع استعدادها لمواصلة الصراع ضد بروسيا إلا أنها قررت عام ١٧٤٩ إعادة تنظيم الجيش على نمط الجيش البروسي والمعروف بأنه من أشهر الجيوش تنظيماً وقوة، وقرر النمساويون رفع جيشهم إلى ١٥٨ ألف إلى ان بلغ ٢٧٨ ألف رجل في الثلث الأخير من القرن الثامن عشر، وعين الضباط على أساس الخبرة والكفاءة بدل الانتماء العائلي.

وأعادت تيريزا إدارة المالية، وأسست إدارة الشؤون المالية عام ١٧٤٩ ومؤسسات الدولة الأخرى، وأسس مجلس الدولة من ستة أعضاء لتركيز السلطة بين أيديهم، وخلف الإمبراطورية جوزيف الثاني ابن تيريزا، وسار على سياسة والدته، وهو من الملوك المتنورين، واعتنق أفكار فولتير ومونتسكيو، فأخضع الكنيسة لسلطاته، وحاول القضاء على الامتيازات الموروثة من العصور الوسطى وزيادة مداخيل الدولة وإنشاء المدارس والجامعات، وأعلن نفسه حامياً للفن والعلم، وفرض السلفة الألمانية في الحياة، وأخضع التعليم لاشراف الدولة، وأنشأ المعامل والمصانع وألغى القنانة، إلا انه وقف ضد الثورة الفرنسية، وأخذت الأرستقراطية الرجعية تفرض هيمنتها على البلاد وخاصة مع وفاة جوزيف الثاني عام ١٧٩٠ لتنتهي مرحلة الإصلاحات، وأخذت الأسرة الحاكمة تحارب الإصلاحيين على أساس أنها نابعة من فكر الثورة الفرنسية[١٩].

ثامناً: بروسيا (١٧٤٠-١٧٩٧)

اتسم النصف الثاني من القرن الثامن عشر بانتشار الحكم المطلق، ويمثل فردريك العظيم (١٧٤٠-
١٧٨٦) هذا النوع من الحكم المطلق المستنير الذي يقوم على إدخال إصلاحات شاملة على الحكومة والإدارة
والحياة العامة، وقد فردريك منذ اعتلائه العرش البروسي واجباته ومسؤولياته، وحاول تحسين الحكم في بروسيا
وإعلاء شأن البلاد، واخذ على عاتقه توسيع ثقافة عصره وتقدمه العلمي، وعمل على رفع رعيته بكل السبل،
وانه ليس سيد البلاد بل خادمها، وبالفعل حكم مدة طويلة امتدت (٤٦) عاماً.

سعى فردريك إلى التقدم الاقتصادي وتشجيع النبلاء وأصحاب المزارع الواسعة على إدخال الطرق
العلمية في الزراعة وتجفيف المستنقعات وزيادة مساحة الأراضي المحروثة، وغرس الأشجار، وزرع البطاطا
وتربية الحيوانات وحفر القنوات وإنشاء الطرق، وتخفيف مصاعب القنانة المالية والضريبية، وتشجيع الهجرة
إلى بروسيا، وفرض ضرائب عالية لحماية الصناعات الناشئة، وتشجيع الثقافة والعلوم والفنون ورعاية العلماء،
وتأسيس المدارس، وإعادة تنظيم مجمع العلوم في برلين، ودعوة فولتير لزيارة بروسيا، وتنسيق القوانين، وتسهيل
نشرها على الجميع، وإلغاء التعذيب في السجون والمباحث الجنائية.

ومع ان الحكم المطلق له حسنات وإيجابيات كثيرة، ولكن له أيضاً سلبيات في عدم تجانس رعايا
الدول الأوروبية المختلفي القوميات مع المصالح الاقتصادية المتباينة، وفي اللغات والقوميات والتقاليد والثقافات
والديانات، فما كان يفيد الإصلاح لهذه القومية قد يضر بالأخرى، ويولد استياء لعدد كبير من رعايا الدولة،
ثم ان إيقاد الحروب المدمرة الكثيرة كان إشباعاً لأطماعهم الشخصية لا من أجل الإصلاحات الداخلية، واحتقار
الحكام المستثيرين لرعاياهم، وتنفيذهم بالقوة هذه الإصلاحات مما ولد معارضة شعبية، وزوال الإصلاحات
بعض الاحيان عند زوال الحاكم المعني بها، والحاكم القوي قد يأتي من بعده آخر ضعيف لا يستطيع ان
يستكمل مسيرة هذه الإصلاحات.

هكذا توفي فردريك العظيم ولم يترك ولداً، وجلس على العرش البروسي ابن شقيقه فردريك وليم الثاني (١٧٨٦-١٧٩٨)، وكان طيب القلب وضعيف الإرادة، اهتم بعشيقاته وملذاته أكثر من اهتمامه بالجيش وإدارة البلاد.

تاسعاً: روسيا (١٧٢٥-١٨٠١)

دخلت روسيا مرحلة جديدة مع تولي كاترين الأولى العرش خلفاً لبطرس، ولكنها تخلت عن الحكم عام ١٧٢٧ لبطرس الثاني ابن اليكسيوس النجل الوحيد لبطرس الأكبر الذي قتل اليكسيوس لمقاومة إصلاحاته، وبعد وفاة بطرس الثاني عام ١٧٣٠ تولت الدوقة آن (١٧٣٠-١٧٤٠) ابنة إيفان الخامس شقيق بطرس الأكبر وزوجة دوق كورلاند، ولم تبدِ آن أي اهتمام بتصريف شؤون الدولة، بل ألقت إلى عشيقها بيرن مقاليد الأمور، فحكم البلاد حكماً استبدادياً على أيدي موظفين ألمان.

جاء بعدها إلى الحكم ايفان السادس (١٧٤٠-١٧٤١) الذي خلع بعد عام، وجاءت سلسلة من السلطات إلى ان وصل العرش إلى بطرس الثالث ابن شقيقها المعتوه عام ١٧٦٢ الذي انحاز إلى بروسيا في بداية الحرب، وأثار الرأي العام، مما أفضى إلى قتله، وخلفته زوجته كاترين الثانية.

تعد كاترين الثانية من أبرز الشخصيات الروسية والتي حكمت (٣٤) عاما (١٧٦٢-١٧٩٦) بحزم وشدة، وقوّت السلطة المطلقة، وعيّنت حكام الأقاليم والمقاطعات الروسية، وجعلتهم مسؤولين أمام الحكومة المركزية، واستولت على أملاك الكنيسة الأرثوذكسية، ودفعت المرتبات لرجالها، وحاولت على غرار بطرس الأكبر ان تجعل بلادها أوروبية الصبغة، إلا انها اختلفت عنه في إدخال الغربي من الأنظمة الحكومية والعادات والصناعات، وحتى الثقافة الأوروبية، فأنشأت المدارس ومجمع العلوم، واهتمت بالعلماء والفلاسفة، وأرسلت الأمراء من الروس لزيارة بريطانيا والاطلاع على مظاهر تقدمها، ولكنها لم تهتم كثيراً بالفلاحين وتحسين أحوالهم.

على الصعيد الخارجي، صرفت كاترين عنايتها إلى توسيع حدودها على حساب الدول المجاورة، ونجحت في تقسيم بولندا، ودخلت مع الباب العالي في

حرب (١٧٦٨-١٧٧٤)، واحتلت بخارست، وأجبرت العثمانيين على عقد معاهدة كوجك كينارجي، والتي نصت عام ١٧٧٤ على ما يأتي:

١- تخلت الدولة العثمانية عن أزوف وشبه جزيرة القرم وممتلكاتها الأخرى الواقعة على سواحل البحر الأسود الشمالية، عدا الافلاق والبغدان، وأصبحت روسيا أقوى دولة على البحر الأسود.

٢- نالت روسيا حق الملاحة التجارية في المياه التركية، فاتصلت بالبحر المتوسط عن طريق المضائق.

٣- اعترفت الدولة العثمانية لروسيا بالحق في حماية بعض كنائس اسطنبول، واشتهرت بأنها حامية الطوائف المسيحية في الإمبراطورية العثمانية، مما ساعد على التعرض المستمر للشؤون العثمانية.

وفي عام ١٧٩٢ تم الاتفاق بين روسيا والدولة العثمانية على أن يكون نهر الدنيستر هو الحد الفاصل بين تخومهما، وضمت دوقية كورلاند إلى روسيا بعد خلع حاكمها عام ١٧٩٥، وجعلت كاترين من روسيا دولة عظمى بحق.

وخلف كاترين نجلها بولص (١٧٩٦-١٨٠١)، وكان متقلباً لا يستقر على رأي على العكس من والدته، وألغى بعض إصلاحاتها الداخلية، وأدى إلى فوضى في الإدارة الحكومية، ثم قتل عام ١٨٠١(٢٠).

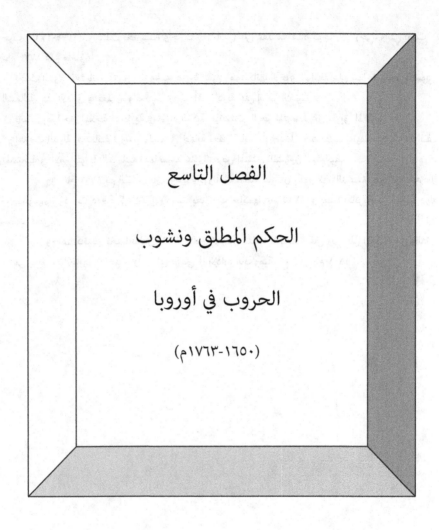

الفصل التاسع

الحكم المطلق ونشوب

الحروب في أوروبا

(١٦٥٠-١٧٦٣م)

أولاً: الحروب الفرنسية في عهد لويس السابع عشر.

ثانياً: حرب الوراثة الإسبانية.

ثالثاً: حرب الوراثة النمساوية.

رابعاً: حرب السبع سنوات.

خامساً: الثورة الأمريكية.

تعد السنوات الانتقالية من عمر أوروبا بين (١٦٥٠-١٧٦٣) من أشد الفترات حروباً وصراعاً، مع انتشار الحكم المطلق في أوروبا، وسيطرة مصالح الأسر الحاكمة بدل مصالح الشعوب والدول، فحكمت أسرة بوربون في فرنسا، وهوهنزلرن في بروسيا، ورومانوف في روسيا، وآل هابسبورغ في النمسا والمجر وإيطاليا، والأسرة العثمانية في الأناضول، واعتمدت هذه الأسر على مبدأ الحكم الإلهي للسلطة، وتوسيع نفوذها وحدودها على حساب جيرانها، والحروب كانت لديها فرصة لتحقيق انتصارات ومكاسب، والعداء والتنافس بينها كان شديداً، مثل العداء بين بوربون وهبسبورغ الذي بلغ ذروته في التوسع شرقاً على حساب دويلات الإمبراطورية الرومانية المقدسة، والتنافس بين هوهنزلرن وهبسبورغ لمحاولة الأولى الوصول إلى النفوذ الكامل على ألمانيا والصراع بين رومانوف وأسرة هوهنزلرن، والذي بلغ أشده بتهديد الأولى ممتلكات أسرة هبسبورغ الشرقية.

ويضاف إلى هذا كله التنافسُ الاقتصادي والسياسي بين بريطانيا وفرنسا للسيطرة على التجارة العالمية، وميل الأولى لمنع أي خلل في التوازن الدولي، ومنع الدول الأوروبية من ان تكون قوية تهدد بقية الدول، مما أدى إلى قيام عدة حروب لم تنته مؤقتاً إلا في عام ١٧٦٣.

وفي أواخر القرن السابع عشر كانت المستعمرات الأوروبية موزعة بين الدول الأوروبية، فاحتلت إسبانيا (أمريكا الجنوبية والوسطى والمكسيك وفلوريدا ومعظم جزر الهند الغربية والفليبين)، أما البرتغال فاحتلت (البرازيل وشواطئ الهند وأفريقيا)، وأما هولندا فكان لها (معظم جزر الهند الشرقية وجنوب أفريقيا وجنوب جزر الهند الغربية)، واحتلت بريطانيا مستعمرات في الساحل الشرقي لأمريكا الشمالية ومراكز تجارية في الهند والهند الغربية، وكان لفرنسا (كندا وحوض نهر المسيسبي ومراكز تجارية في الهند).

ثم ان الدول الأوروبية رغبت في احتلال المستعمرات والسيطرة على العالم، لان المستعمرات فيها المواد الأولية وتعد أسواقاً تجارية، وكذلك فهي غنية بالثروات،

وتجبى الضرائب من سكان المستعمرات، وتستوعب المستعمرات السكان الراغبين بالهجرة إليها من أوطانهم الأصلية.

أولاً: الحروب الفرنسية في عهد لويس السابع عشر

دخل لويس السابع عشر في حروب عدة للحصول على حدود أوسع لفرنسا، وإذلال اسرة هبسبورغ، أولها حرب الأراضي المنخفضة الإسبانية (١٦٦٧-١٦٦٨) لادعاء لويس بحقّه في بلجيكا كإرث لزوجته ابنة ملك إسبانيا، وكاد لويس ان يقضي بجيشه على إسبانيا لولا تدخل هولندا وبريطانيا والسويد في الحرب للحفاظ على توازن القوى بين هذه الدول وفرنسا، مما اضطر لويس إلى الإذعان لتهديدات الدول، ورضي بعقد معاهدة أكس لا شابل عام ١٦٦٨ التي توجب على إسبانيا التخلي له عن جزء من بلجيكا، مثل مدن ليل وشارلوا وتورناي.

اتجه لويس إلى هولندا لخيبته في الحرب، وكانت هذه تنافس فرنسا منافسة شديدة في التجارة والاستعمار، واغتنم فرصة الارتباك المالي لشارل الثاني ملك بريطانيا، وعقد معاهدة دوفر السرية عام ١٦٧٠، ومقتضاها منحه مرتباً سنوياً كبيراً، خلصه من الاعتماد على البرلمان مقابل اعتناقه الديانة الكاثوليكية وخروجه من الحلف الثلاثي، وبعد ان دفع لويس أموالاً في السويد وأخرجها من الحلف، ناصب لويس هولندا الحرب، وهددت جيوشه امستردام، وخوفاً من هذا التطور تشكل حلف من هولندا وبراندنبرغ وإسبانيا ودول ألمانية أخرى، ولكن الجيوش الفرنسية هزمت جيوش الحلف، واضطر لويس إلى عقد الصلح بعد ان تحقق التصميم الألماني البريطاني على مواجهة لويس، وانتهى الأمر بالتوصل إلى معاهدة نمويجن عام ١٦٧٨، ولم تخسر هولندا شيئاً، وحصل لويس على فرانش كونتيه وحصون بلجيكية من إسبانيا.

ثم استغل لويس انشغال إمبراطور ألمانيا عام ١٦٨١ بحربه مع الدولة العثمانية، واستولى على ستراسبورغ ولوكسمبورغ عام ١٦٨٤، وخشي الإمبراطور، وقرر تشكيل عصبة أوجزبرج عام ١٦٨٦ من بعض الأمراء الألمان وإسبانيا والسويد؛ للحفاظ على وحدة الإمبراطورية الرومانية المقدسة، ولكن لويس لم يهتم لذلك لاعتماده على حياد صديقه جيمس الثاني ملك بريطانيا، وأرسل جيوشه لاحتلال إقليم بلاتينات

الراين الغنية، مدعياً انها لفرنسا، إلا أن اعتلاء وليم اورنج حاكم هولندا للعرش البريطاني والثورة فيها عام ١٦٨٨ قد أدى لانحياز لندن إلى جانب امستردام والعصبة، وبعد سنوات من القتال والمواجهات في أوروبا وأمريكا والهند (١٦٨٩-١٦٩٧) وجد لويس ان لا مناص له من طلب عقد الصلح الذي تم في معاهدة روزيك عام ١٦٩٧، وأكدت في بنودها:

١- يتخلى لويس عن جميع ما استولى عليه من الأقاليم عدا استراسبورغ.

٢- يسمح لهولندا بوضع حامياتها في القلاع البلجيكية المتاخمة لفرنسا وتحصينها تجنباً لاعتداءات فرنسية.

٣- تعقد معاهدة تجارية فرنسية – هولندية.

٤- يعترف لويس بعدم حقه في المطالبة بضم بلاتينات الراين إلى فرنسا، وبوليم ملكاً شرعياً على بريطانيا.

٥- تعترف الدول بأن إقليم اللورين الفرنسي.

ثانياً: حرب الوراثة الإسبانية

ظلت إسبانيا حتى القرن الثامن عشر تحتل مكانة متميزة في أوروبا، واتسعت ممتلكاتها، فكانت تحكم بلجيكا ومملكة الصقليتين وسردينيا وميلان ومستعمرات في الأمريكيتين والفلبين، وكان ملكها شارل الثاني الضعيف الشخصية، وكان ليوبولد الأول عاهل الإمبراطورية الرومانية المقدسة زوجاً لأخته، ولويس الرابع عشر زوجاً للأخرى، وكان في نيته ان يجعل الإمبراطور ليوبولد وارثاً له، ولكن وكلاء لويس الرابع عشر أكدوا له ان الرجل الوحيد القادر على الحفاظ على وحدة الإمبراطورية الإسبانية بعد وفاته إنما هو لويس، فكتب شارل وصيته قبل وفاته وأعطى حكمه لفيليب أنجو حفيد لويس بشرط ان لا تجزأ.

انزعج الإمبراطور ليوبولد ووليم الثالث ملك بريطانيا، وألّف الحلف الأعظم الذي اشتركت فيه هولندا وبراندنبرغ وهانوفر وبلاتينات الراين والبرتغال لمقاومة حلف لويس الرابع عشر المؤلف من فرنسا وإسبانيا وبافاريا وسافوي التي عادت وانحازت إلى الإمبراطور على ان تعترف دول الحلف الأعظم بدوقها ملكاً، وهدف

الحلف تمليك شارل نجل الإمبراطور الثاني على إسبانيا، والسماح لمن يريد التجارة معها ومع مستعمراتها.

دامت الحرب بين (١٧٠٢-١٧١٣)، وكانت ميادينها هولندا وجنوب ألمانيا وإيطاليا وإسبانيا والبحار والمستعمرات، وحالف النجاح في البدء الحلف الأعظم، وعلى أثر معركة بلنهايم عام ١٧٠٤ طرد الفرنسيون مولبرا القائد البريطاني من الإمبراطورية الرومانية المقدسة، واستولى الأسطول البريطاني على جبل طارق عام ١٧٠٤، وأخرج يوجين أمير سافوي الفرنسيين من إيطاليا عام ١٧٠٦، وبعد انتصارات حاسمة أرغمهم مولبرا على الدلاء من هولندا عام ١٧٠٩.

في هذه الأثناء استدعى لويس الرابع عشر وطنية الفرنسيين والأسبان في الحرب، وانهالت تبرعات على خزينة الدولة والمتطوعين في ساحة القتال، وأوقف تقدم الأعداء، وظهرت اختلافات بين أعضاء الحلف الأعظم، وعزل القائد مولبرا، وأصبح شارل المطالب بالعرش الإسباني عرش الإمبراطورية عام ١٧١١، وكان تمليكه على إسبانيا خطراً مهدداً لتوازن القوى في أوروبا، كما كان يهدده تمليك فيليب أنجو، ومهد الطريق لعقد معاهدة اوترخت عام ١٧١٣، وأهم موادها هي:

١- الاعتراف بفيليب أنجو ملكاً على إسبانيا ومستعمراتها على ان لا تتوحد الدولتان تحت تاج واحد.

٢- منح أسرة هبسبورغ النمساوية نابولي وميلان وبلجيكا وسردينيا، واستبدلتها عام ١٧٢٠ بصقلية الممنوحة حينذاك لسافوي.

٣- حصول بريطانيا من فرنسا على نيوفون لاند وأكاديا واقليم خليج هدسن، ومن إسبانيا على جبل طارق وحق إمداد مستعمراتها بالعبيد، وبيعها من البضائع سنوياً ما حمولته سفينة واحدة.

٤- استرداد هولندا حصون الحدود البلجيكية، واحتكارها التجارة على نهر سكيلت البلجيكي.

٥- الاعتراف بمنتخب براندنبرغ ودوق سافوي ملكين وامتلاك الأخيرة جزيرة صقلية.

ثالثاً: حرب الوراثة النمساوية

بعد وفاة لويس الرابع عشر عام ١٧١٥ ساد السلام أوروبا لمدة ربع قرن، خاضت في نهايته حربين كبيرتين، سببهما الإمبراطور شارل السادس (١٧١١-١٧٤٠) الذي لم يكن له من وريث سوى ماريا تيريزا، وخوفاً مما وقع لإسبانيا فقد صمم على تسوية المستقبل قبل وفاته فيما يخص ممتلكاته، وسعى عند الدول لأن تعترف بوحدة أسرة آل هبسبورغ، وعدم شرعية تقسيمها وقانونية تمليك امرأة عليها، ووافقت على اقتراحه، كما وأيدته بروسيا وبريطانيا وروسيا وهولندا وبولندا وفرنسا وإسبانيا وسافوي وملوك وأمراء آخرون.

ما ان وصلت تيريزا العرش حتى اجتاح فردريك الثاني ملك بروسيا سيليزيا مدعياً أنها لأسرته، واتفق مع بافاريا وفرنسا على تقسيم الممتلكات النمساوية، واتخذت فرنسا بلجيكا لها، وبروسيا اتخذت سيليزيا، وعلى ان يصبح منتخب بافاريا إمبراطوراً، ولما رأت تيريزا الجيوش البافارية والفرنسية تغزو النمسا وبوهيميا من الغرب، ذهبت إلى المجر لدعمها، والتف المجريون والبوهيميون والنمساويون وانخرطوا في الجيش لدعمها، وبدأت حرب الوراثة النمساوية (١٧٤٠-١٧٤٨)، وانقسمت الدول الأوروبية إلى حلفين، الأول بروسيا وفرنسا وبافاريا وإسبانيا، والثاني (النمسا وبريطانيا وهولندا وسردينيا)، واستمرت الحرب سنوات طوال دون حسم، عجزت تيريزا عن انتزاع سيليزيا من فردريك، واحتلت بافاريا، ودفعت الفرنسيين للتراجع إلى نهري الراين غرباً، وفي إيطاليا انتصرت الجيوش النمساوية والسردينية على إسبانيا وفرنسا التي اخضعت في سنوات الحرب الأخيرة معظم بلجيكا وغزت هولندا.

وأخيراً رغبت الدول في السلم، ووقعت معاهدة أكس لا شابيل ١٧٤٨، وأعيدت الحالة إلى ما كانت عليه قبل قيام الحرب، ما عدا أخذ فردريك لسيليزيا مقابل اعترافه بزوج ماريا تيريزا إمبراطوراً، وتعد هذه الحرب مقدمة للنزاع بين النمسا وبروسيا على زعامة ألمانيا ومرحلة تنافس سياسي وتجاري فرنسي - بريطاني في أوروبا[٢١].

رابعاً: حرب السنوات السبع

صممت ماريا تيريزا على الانتقام من روسيا، وأجرت عدة إصلاحات داخلية، وعززت الحكم المركزي، وحالفت سكسونيا، وصادقت بريطانيا وهولندا، واستمالت إليها بعض خصوم فردريك لتعزله عزلة سياسية، وقدم لها مستشارها الكونت كونتز خدمة كبيرة بأن دفع دي بومبادور عشيقة لويس الخامس عشر إلى ترك سياسة العداء التقليدية لأسرة هبسبورغ والإقبال على محالفتها مقابل ضم بلجيكا لفرنسا.

إلا ان بريطانيا انحازت إلى فردريك، وعقدت معه معاهدة دفاعية وهجومية عام ١٧٥٦ للحفاظ على توازن القوى ولتوسيع إمبراطوريتها الاستعمارية على حساب فرنسا، ولضمان فردريك الدفاع عن هانوفر البريطانية بجيوشه البروسية، فواجهت بريطانيا وبروسيا حلفاً من النمسا وفرنسا وروسيا.

بدأت الحرب دون إعلانها رسمياً بهجوم خاطف من فردريك على مملكة سكسونيا واحتلالها، وزحفه على بوهيميا وحصار براغ التي فك الحصار عنها، وتراجع إلى الأراضي البروسية، بعد ان قابلته القوات النمساوية الكبيرة وألحقت به الأعداء من جميع الجهات: الروس من بروسيا الشرقية، والسويد من بوميرانيا، والنمسا من سيليزيا، وفرنسا من الغرب، وهنا بدأ فردريك ذكاء حربياً، فاستحق لقب (العظيم)، فمع قلة عدد جيوشه نجح في كسر شوكة فرنسا في معركة روسباخ عام ١٧٥٧، وزحف من هناك إلى سيليزيا بسرعة وهزم النمساويين في معركة ليوثن بهزيمة ماحقة، وأسر منهم ثلث الجيش.

كانت أمريكا الميدان الثاني للحرب، وعرفت حينذاك بالحرب الفرنسية – الهندية (١٧٥٤-١٧٦٣)، وبسبب ان كلاً من فرنسا وبريطانيا تريدان السيطرة على حوض نهر أوهايو، ومنيت بريطانيا في بدايتها بهزائم كبيرة واستسلام معظم الحصون البريطانية على نهر أوهايو والبحيرات العظمى، إلا ان النصر تحقق لبريطانيا في نهاية الحرب لأسباب عدة: تفوقها بالموارد والرجال، حيث بلغت مع سكان المستعمرات نحو مليوني شخص، ولها سيادة بحرية، ودخول وليم بت الأكبر الوزارة، ودعمه البريطانيين وسكان المستعمرات لاستنهاض الهمم، وإرساله الاعتدة والرجال إلى

الجبهات الحربية، وشجاعة القائد رولف واحتلاله كوميبك الحصينة عام ١٧٥٩، واسترجاعه ما خسرته بريطانيا من قبل، وضعف الحكومة الفرنسية، وانتشار الفساد في أجهزتها، والعجز عن إرسال الجنود والأعتدة لتغيير الموقف.

وكانت الهند هي الميدان الثالث في ظل إمبراطورية مغولية مفككة، والإمبراطور مثلاً كان يحكم بالاسم، وحكام الولايات مستقلون في قراراتهم وإداراتهم ولا وجود لحكومة مركزية، والتنافس قائم بين شركة الهند الشرقية البريطانية ونظيرتها الفرنسية في الهند، وقبل نشوب الحرب استطاع دوبليكس أن ينشئ - وهو حاكم الممتلكات الفرنسية في الهند - جيشاً هندياً استطاع ان يعزل القادة والضباط الهنود المتعاطفين مع فرنسا، وينصّب آخرين موالين له، وقد وقف بوجهه من الجانب الآخر كلايف الموظف في شركة الهند الشرقية البريطانية، وانتصر عليه الأخير في معركة بليسي عام ١٧٥٧، وعلى حاكم البنغال صديقهم، وتم طرد الفرنسيين من مراكزهم التجارية، حتى استسلمت عام ١٧٦١ مدينة بوندشري أهم المراكز التجارية الفرنسية الهندية، وتلاشت السيادة الفرنسية في الهند.

كانت لحرب السنوات السبع نتائج عالمية أدت إلى عقد معاهدة الصلح عام ١٧٦٣ بين الدول المتحاربة في معاهدة هوبرنوزبرغ ومعاهدة باريس، وأهم موادها ونتائجها هي:

١- تخلي ماريا تيريزا عن سيليزيا، واحتلال هوهنزلزن ألمانيا، وعد بروسيا دولة عظمى.

٢- تنازل فرنسا لبريطانيا عن كندا والأقاليم الواقعة إلى الشرق من نهر المسيسيبي، ولاسبانيا عن لويزيانا مقابل مساعدتها الحربية لها، ولم يبق لفرنسا سوى جزيرتين صغيرتين قرب نيوفوندلاند، وجواديلوب ومارتينيك في الهند الغربية، وغيانا الفرنسية في شمال أمريكا الشمالية.

٣- تخلي إسبانيا لبريطانيا عن فلوريدا.

٤- سيطرة بريطانيا على الهند بعد فقدان فرنسا مراكزها التجارية.

٥- الإقرار بسيادة بريطانيا البحرية والاستعمارية المطلقة.

٦- انحطاط مركز الحكم المطلق في فرنسا وإسبانيا.

٧- ظهور الولايات المتحدة، وشعور الولايات الأمريكية القوة والاستقرار بعد زوال الخطر الفرنسي، ومقاومة أهلها بريطانيا والمطالبة بالحريات في إدارة البلاد من الناحية الداخلية، مما أدى إلى الثورة ثم الاستقلال.

خامساً: الثورة الأمريكية

كان بين ممتلكات بريطانيا (١٣) مستعمرة على الساحل الشرقي لأمريكا الشمالية تختلف عن المستعمرات البريطانية من حيث المناخ والاستيطان، وهاجر إليها عدد كبير من البريطانيين والأوروبيين الآخرين، وقد شكل الإنكليز الأغلبية الساحقة، فانتشرت في المستعمرات آراؤهم وعقائدهم وأنظمتهم السياسية البريطانية، واتبعت القانون البريطاني العام، ونظام المحلفين في محاكمها، ولها حاكم يعينه الملك، ومجلس اشبه بالعموم البريطاني، وعلاقة الحاكم بالمجلس مثل علاقة الملك بالعموم، وكثيراً ما رفض ان يصادق على اعتمادات مالية لكي يلزم الحاكم بقبول وجهة نظره، واستند المجلس على الآراء والنظريات التي جاء بها الإنكليز من حقوق وامتيازات وأنظمة برلمانية وتقاليد.

تضافرت خلال القرنين السابع عشر والثامن عشر عوامل عدة ساعدت على إنماء حكم ذاتي وتقويته في نفوس المستعمرات، منها عدّ أمريكا ملجأ المضطهدين من البيوريتان والكاثوليك على سبيل المثال، وقد استوطنوا أمريكا هرباً من الاضطهاد من أسرة آل ستيورات، ونمت الديمقراطية في المستعمرات لعدم وجود طبقة النبلاء، وحصول كل مزارع على مزرعته عكس ما كان في بريطانيا، حيث كان الفلاح يستأجر من النبلاء الإقطاعيين.

وقد أهمل ملوك ستيورات شؤون المستعمرات الداخلية ومنحوها حرية واسعة، وعدوها فقيرة غير جديرة باهتمام الحكومة المركزية، إلا ان الطبقة الحاكمة البريطانية لم تهتم بالعلاقات التجارية بين المستعمرات وبريطانيا على أساس نظام حماية التجارة، وتوجب على المستعمرات إمداد بريطانيا بما تعوزه من مواد، والامتناع عن منافسة

صناعتها، ومشاركتها في نفقات الحكومة والأسطول والجيش، ونقل بضائعها على سفن بريطانية، وجلب ما تحتاجه من بريطانيا.

لقد خضعت المستعمرات لبريطانيا لأسباب عدة، مثل تغاضي الحكومة البريطانية عن تنفيذ هذه القوانين حق التنفيذ، وساعد على التهريب علناً، وخاصة في وزارة ولبول (١٧٢١-١٧٤٢)، ثم ابتداء الحروب الاستعمارية (١٧٤٥-١٧٦٣)، مما ألجأ الحكومة البريطانية إلى عدم التقيد بهذه القوانين الشديدة مخافة إغضاب المستعمرات، وقبول المستعمرات تعرض بريطانيا الاقتصادي، لكي تنال مساعداتها على صد الاعتداءات الفرنسية ومعهم الهنود حلفاؤهم، وضعف المستعمرات وانقسام بعضها عن بعض لتباين المذاهب والمصالح، سواء زراعي أو تجاري أو صناعي، ومنهم من يدين بالكاثوليكية أو البروتستانتية.

وقد تغيرت الحالة بعد عقد الصلح عام ١٧٦٣ في حرب السنوات السبع، وانتهى الخطر الفرنسي بين المستعمرات وبريطانيا، فقويت ثقة السكان في المستعمرات لاشتراكهم في الحرب والانتصارات التي حققوها، فغزا المتطوعون كندا، وحصلوا على لويزبيرغ عام ١٧٤٥.

وقد وافق انتهاء الحروب الفرنسية الهندية اعتلاء جورج الثالث العرش، المصمم على إرجاع حزب التوري إلى الحكم، وكانت بريطانيا تعاني من أزمة مالية وديون كبيرة (١٤٠) مليون جنيه، وأراد الملك اشراك المستعمرات الأمريكية في نفقات حمايتها، ولكن أغلب أعضاء حزب الويك الحاكم رفضوا هذا، فاستغل الملك الموقف وطلب من جرانفل احد الزعماء الثانويين في حزب الويك تأليف الوزارة بمساعدة حزب التوري الذي كان يقر فرض الضرائب الاستثنائية على المستعمرات، وأهم الضرائب هي:

١- قانون السكر ١٧٦٤: فرضت ضريبة على السكر المستورد من الخارج، وكان تجار المستعمرات يجنون أرباحاً طائلة من التجارة مع المستعمرات الفرنسية والإسبانية، وباشرت السفن البحرية البريطانية بمراقبة السواحل لمنع التهريب، وشعر التجار بالخطر، مما دفعهم للضجر والاستياء من بريطانيا.

٢- قانون الدمغة ١٧٦٥: استعمال الورق من سنت إلى خمسين دولار لجميع الصحف والمجلات والمنشورات والمستندات القانونية، مثل صكوك البيع والشراء والرهن والوصايا والإسناد، وشعر الشعب كله بهذه الضريبة؛ لأنها مباشرة عليه لا سيما الصحفيين ورجال الأعمال والمحامين.

٣- احياء الحكومة البريطانية القوانين التجارية القديمة والتشديد في تنفيذها.

كان تأثير هذا هيجان المستعمرات وحركة المعارضة والعصيان، واعتصم البعض على الامتناع عن شراء البضائع البريطانية بشكل تام، إلا أن الملك جورج الثالث لم يتعظ، وأصدر عام ١٧٦٦ قوانين أخرى تفرض الضرائب الكمركية على مواد هي الزجاج والرصاص والورق والشاي وسلع كثيرة أخرى، واقترح محاكمة المخالفين في محاكم لا يشترك فيها المحلفون على ان يخصص الدخل لرواتب حكام المستعمرات والجيش والقضاة؛ لكي لا يعتمدوا على مساعدات المجالس التشريعية المناهضة للسلطة.

وقد عم السخط، واشتدت المقاطعة، بحيث انخفض ما تجبيه من بريطانيا إلى ٧٠٠ ألف جنية سنوياً، وأُرغمت بريطانيا على إلغاء جميع الضرائب ما عدا الشاي، وفي الوقت نفسه قررت إخضاع المستعمرات بالقوة وأرسلت القوات، وحرمت ولاية ماساشوستس من الحكم الذاتي، واغلقت ميناء بوستون في وجه التجارة.

لم يفكر في البدء زعماء المستعمرات بالثورة أو الانفصال عن بريطانيا، بل صرفوا الاهتمام على وجوب موافقة ممثلي الشعب على فرض الضرائب، حتى عندما اجتمع عام ١٧٧٤ أول مجلس للمستعمرات أرسل عريضة إلى جورج الثالث بعدّه الملك الشرعي، وهذا يدل على ان زعماء المستعمرات عدوا أنفسهم بريطانيين يدافعون عن حقوقهم الشرعية كما لو كانوا في البرلمان البريطاني.

ولكن ظهر في يناير/ كانون الثاني ١٧٧٦ كتاب صغير لتوماس بين إنكليزي قاطن في المستعمرات ويؤمن بمطالبها، وعبر في الكتاب عن آراء متطرفة هي انفصال المستعمرات النهائي عن بريطانيا لانتفاء السبب في بقائها، لا سيما ان لا حق إلهي في الحكم للملوك الذين ما هم إلا شريرين، واذا تقلدوا سلطة مطلقة فهم طغاة

يجب ان يثار عليهم ويعزلوا، وان كانوا ملوكاً دستوريين، كما هو الحال في بريطانيا، ويجب الاستغناء عنهم لكونهم حكاماً بالاسم فحسب يُحَمِّلون الدولة أموالاً طائلة لا مسوغ لها.

وقد زاد الشعب إصراراً على القتال من أجل الاستقلال مع تصميم الملك على قمع الثورة الامريكية بالقوة، وفي الرابع من تموز/ يوليو ١٧٧٦ اجتمع فريق من الوطنيين، وأعلنوا وثيقة الاستقلال، ووضعوا دستوراً لكل مستعمرة مقتبسين أكثر مواد الوثيقة من مصنفات فلاسفة بريطانيا السياسيين، وأكدت الوثيقة على ثلاثة مبادئ، هي:

١- الله منح لا البريطانيين فحسب بل كل إنسان حقوقاً طبيعية، لا سبيل إلى إلغائها كحق الحياة والحرية والسعادة.

٢- ان سلطات الحكومة إنما هي مستمدة من الشعب.

٣- حق الشعب في حمل السلاح وقلب الحكومة الظالمة وتأسيس غيرها عادلة.

بدأ النزاع المسلح عندما أرسلت بريطانيا ٣٠ ألف جندي معظمهم من الألمان لاحتلال نيويورك، ونجحت القوات في الاستيلاء على معظم موانئ المستعمرات ودحرها في بداية الأمر، إلا ان جورج واشنطن قائد جنود المستعمرات تفادى المواجهة مع الجيوش البريطانية، وعاد إلى الداخل منعاً لها من سحق جيشه، مع مفاجآت بين حين وآخر لضرب هذه القوات، وعام ١٧٧٧ استسلم واشنطن في ساراتوغا القائد برجوين مع ٦ آلاف جندي بريطاني. ومع انحياز فرنسا إلى جانب المستعمرات عدوة بريطانيا، واخذت الكفة ترجح لصالح المستعمرات، وتقدمت فرنسا لحرب بريطانيا عام ١٧٧٨، وإسبانيا تبعتها عام ١٧٧٩، وهولندا عام ١٧٨٠، ولما اصرت بريطانيا على تفتيش السفن المحايدة المتوجهة إلى المستعمرات، واعلنت معظم الدول الأوروبية حيادها المسلح لبريطانيا التي اضطرت إلى توزيع قواتها على عدة ميادين، أهمهما المستعمرات الأمريكية، والهند الغربية، والهند، والبحر الشمالي، والبحر الأبيض المتوسط.

وفي عام ١٧٨١ كان الجنرال كورنوليس ومعه ٧ آلاف جندي في يوركتون وإحاق به الجيش الأمريكي بقيادة واشنطن وفرنسي آخر هو لافاييت قائد المتطوعين

الفرنسيين والأسطول الفرنسي، وأجبروه على الاستسلام، ورضيت لندن بالصلح لعجزها على إرسال الإمدادات العسكرية للمواجهة، وتم بالفعل عقد معاهدة باريس ١٧٨٣، وأهم بنودها:

١- اعتراف بريطانيا باستقلال المستعمرات الأمريكية التام.

٢- استرداد فرنسا توباغو في ارجنيل الهند الغربي والسنغال في أفريقيا.

٣- استرجاع إسبانيا مينوركا وفلوريدا.

٤- خسارة هولندا بعض مراكزها التجارية في الهند وإرغامها على إشراك بريطانيا في تجارة الملايو.

كان تأسيس جمهورية جديدة مستقلة في أمريكا خطوة نحو عدّ الثورة الأمريكية مكملة لثورات بريطانيا في القرن السابع عشر، واتخاذها الأساليب والممارسات الديمقراطية والسياسية والنيابية على غرار البريطانيين، وعززت الثورة الأمريكية من فكرة حق الثورة، وقلب الحكومة المستبدة، وإيجاد حكومة عادلة، وأصبحت التجربة الأمريكية مقياس النجاح لتجارب أخرى في أمم أوروبية وغيرها تسعى للثورة من أجل الاستقلال.

وتعد نتائج الثورة الأمريكية متعددة، أهمها:

١- إحلال رئيس منتخب لمدة معينة محل ملك وراثي.

٢- اتخاذ دستور مكتوب أساسا للحكم منعا للاستبداد.

٣- إلغاء الأرستقراطية الوراثية الإقطاعية والألقاب.

٤- فصل الكنيسة عن الدولة.

٥- تأسيس نظام حكومي يعتمد على فصل السلطات بعضها عن بعض، وإحداث توازن بينها، وتحديد السلطات والحقوق للسلطات التنفيذية والتشريعية والقضائية وعدم تجاوز الواحدة على الأخرى في التخصصات.

٦- إنشاء جمهورية فيدرالية حكومية مركزية.

٧- منح حق الانتخاب على نطاق واسع عما كان عند دول أخرى.

٨- توزيع التمثيل في مجلسي الشيوخ والنواب على أساس حسابي، أي مقعد واحد لكل عدد معين من الناخبين بغض النظر عن كفاياتهم أو مؤهلاتهم العلمية والمالية والاجتماعية[٢٢].

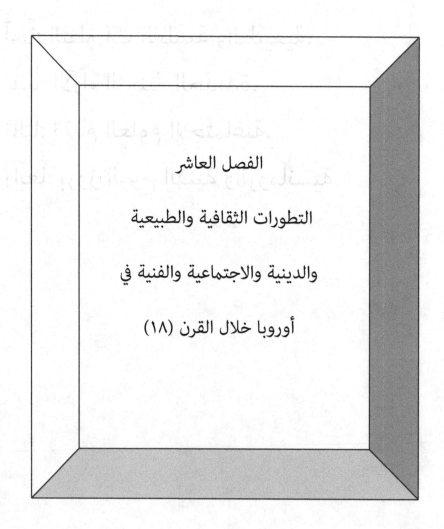

الفصل العاشر

التطورات الثقافية والطبيعية

والدينية والاجتماعية والفنية في

أوروبا خلال القرن (١٨)

أولاً: التطورات العلمية والطبيعية.

ثانياً: الآراء الدينية الجديدة.

ثالثاً: تقدم العلوم الاجتماعية.

رابعاً: بروز الروح الفنية والرومانسية.

يعد القرن الثامن عشر فترة مهمة في تاريخ أوروبا، من حيث الإنجازات العلمية والطبيعية، وكان له تأثيره الكبير في أوروبا من حيث الإصلاح الديني والنهضة الثقافية، ونشأت حركات عظيمة سواء سبقت القرن الثامن عشر أو خلاله أدت إلى تغيرات سياسية كبيرة، مما يجعل المؤرخ يشعر بحالة عجز عن مجاراتها أو حتى إيجاد مقاربة لها.

وهذا القرن الذي يمثل عهداً جديداً تلاشت فيه مظاهر العصور الوسطى، وبرزت آفاق العصر الحديث، ووصل الحكم المطلق المستنير إلى أوج قوته، ووقعت الحروب والثورات والانقلابات السياسية والعسكرية بين فرنسا وبريطانيا والتنافس الاستعماري بينهما، والانقلاب الصناعي والثقافي والعلمي، وبعد ذلك نشوب الثورتين الأمريكية والفرنسية.

شهدت المرحلة هذه انقلاباً ثقافياً اتخذه العلماء والمفكرون والمثقفون خلال القرنين السابع عشر والثامن عشر حسب وجهات نظر وآراء وأفكار حرة وجديدة وجريئة من معتقدات دينية وعلمية وفنية، وهذا الانقلاب حركة تدريجية نجمت عن حركات متتالية هي ازدياد المعرفة والاهتمام بالشعوب والاقطار غير المعروفة الناجمة عن التوسع الأوروبي الإقليمي في هذين القرنين، ونمو الثروة وميل الطبقتين الوسطى والنبيلة إلى البحث عن التجارة وتوسيعها واستخدام الأيدي العاملة الرخيصة في أفريقيا وآسيا والأمريكيتين. ثم الحروب الدينية والمذهبية والأسرية الملكية في القرنين السادس عشر والسابع عشر، وسببت رد فعل قوي ضد التطرف الديني وويلات الحروب.

واتصف الانقلاب الثقافي بالتعقيد واتساع النطاق ليشمل أوروبا والعالم كله، ولا يقتصر على التفكير كالسياسة أو بلد معين مثل بريطانيا التي أدت دوراً مهماً وفعالاً فيه، ويتصف أيضاً باختلافه عن سائر الحركات الثورية والتغييرية بحكم سرعتها وكمية التفاعلات فيها، بحيث لا يمكن التنبؤ بها في الحاضر وانعكاساتها المستقبلية.

وقد اعتمد انصار الانقلاب الثقافي على أسس طبقوها عملياً من خلال اعتمادهم على الطريقة العلمية لبيكون وديكارت في وجود المراقبة الدقيقة والتجارب

العلمية والاختبارات الكثيرة، وأهمية العلوم الطبيعية المختلفة وتطبيقها علمياً وعملياً، واتباع الروح النقدية في السياسة والدين والاقتصاد والثقافة وشكهم بالمسيحية ومبادئها، واعتقادهم بوجوب تحرير العقول والعالم من الجهل والخرافات والشعوذة، مما يسهل الدخول في عصر ذهبي هو النور والعلم والحرية والمساواة.

أولاً: التطورات العلمية والطبيعية

اهتم الأوروبيون خلال العصور الوسطى بالعلوم المختلفة من الاختراعات والاكتشافات الجديدة ورفع المستوى العلمي والثقافي والمادي، وذلك لأسباب، هي: حصول علماء أوروبا في القرون (١١-١٥م) على كثير من المؤلفات القيمة لكتب قديمة في عصور سابقة، وقام الأوربيون في العصور الوسطى باستخدام الهندسة والعمران، والبناء، والفلك، وحركة السفن، والحساب، والجبر في المعاملات التجارية، واستخدام المواد والعقاقير الكيماوية والأصباغ، سواء من كتب ومؤلفات روجر بيكون في القضايا العلمية والعملية والعلوم الطبيعية، أو من توظيف الاختراعات والحوادث في البحار، والمراكب، والأشرعة، وحركة الرياح وهبوبها، واستخدام العجلات في المسافات الطويلة، وحركة البضائع والسكان، واعتمد العلماء على الفرضيات والنظريات والاختبارات العملية والبراهين الحسابية.

واكتشف العلماء الآلات العلمية، والعدسات المكبرة، والنظارات، والساعات، والعجلات، والإبر المغناطيسية، والبارود، والمدافع الحربية، وآلات الطباعة، والمنفاخ، والقوة المدارة مائياً، وأفران صهر الحديد، والمطرقة الأوتوماتيكية، والآلات التي تدور بالماء لصناعة المنسوجات، وانتاج المرقب والمجهر المركب، وساعة الرقاص، وميزان الجو، وصهر الحديد بالفحم، والمضخة الهوائية، وتركيب آلة بخارية، وانزال أول سفينة تجارية للبحر عام ١٧٠٠م.

وقد فتحت هذه الاكتشافات العلمية والمخترعات الطريق أمام العلماء لتشييد المخترعات والمراصد، ومواصلة مسيرة الإنجاز العلمي من أجل الوصول إلى الأهداف المتوخاة، مثل مرصد أورانبرغ الذي أنشأه تيخو براهي العالم الدنمركي عام

١٧٥٦ في جزيرة ضمت عدة مراصد ومعمل ورق ومكتبة ومتحف، وانتشرت بسرعة المتاحف في جامعة أكسفورد عام ١٦٨٣م.

ثم ازداد الميل عند الشعوب الأوروبية للاهتمام بالعلم بسبب تشجيع الأباطرة والملوك للعلم والعلماء، واهتمام الطبقة الوسطى بالعلوم لرفع مكانتها الاجتماعية مقارنة بالنبلاء، وزيادة المكاسب المالية لهم أيضاً، وظهور المدارس والجامعات التي أسهمت في إنشاء طبقة باحثين ودارسين ومتعلمين مهتمين بالعلوم المختلفة، وتأسيس المجامع العلمية والجمعيات الأكاديمية، وكان أول المجامع قد تأسس عام ١٦٠٣ في روما، والجمعية الملكية البريطانية عام ١٦٦٢ حسب المرسوم الذي اصدره الملك شارل الثاني، وعام ١٦٦٦ أسس لويس الرابع عشر مجمع العلوم الأكاديمي في باريس، والجمعية الفلسفية في ماساشوستس الأمريكية عام ١٦٨٣م، وجمعية مثلها في دبلن عام ١٦٨٤، وتم تسجيل أسماء الباحثين والعلماء والاكتشافات والاختراعات في المجامع الفرنسية والبريطانية بعد ذلك، وجاء اختراع آلة الطباعة ليزيد من عدد القراء في أوروبا، ومن ثم يرفع المستوى العلمي والثقافي للمجتمع.

١- العلوم الفلكية:

يعد كوبرنيكس مؤسس العلوم الفلكية الحديثة (١٤٧٣-١٥٤٣)، وكاهناً كاثوليكياً بولندياً عمل بين الدين والعلم والبحث في العلوم الرياضية والفلكية، وفند نظرية بطليموس، واثبت نظرية فيثاغورس، ونشر نتائج بحوثه عام ١٤٥٣ في كتابه دوران الأجرام السماوية واهداه إلى البابا بولص الثالث، وفيه أشار إلى ان الأرض ليست مركزاً للكون، بل عضواً فيه، وانها تدور حول الشمس وحول نفسها أيضاً، وان دورانها حول الشمس بسبب السنة الشمسية، في حين دورانها حول نفسها يكوّن الليل والنهار، وأحدث الكتاب ضجة علمية كبيرة، وسخطاً في الكنيسة لمخالفته التعاليم الدينية، وقد مات كوبرنيكس بعد أسابيع من ذلك.

أما جوهان كيلر (١٥٧١-١٦٣٠) فكان مدرّساً للفلك في ألمانيا، ثم رئيساً لمرصد أورانيبرغ، وعُرف بذكائه في العلوم الرياضية، وأضاف إلى نظرية كوبرنيكس ان الأرض والكواكب السيارة الأخرى تدور حول الشمس في طرق دائرية.

٢- العلوم الطبيعية:

تقدمت الرياضيات في القرن السادس عشر بشكل كبير، واستخدمت بطريقة عملية لإثبات صحة نظرية كوبرنيكس وإصلاح التقويم السنوي ومدى المدفعية، ومقاومة التحصينات والسفن الحربية، وتسهيل حسابات التجار والعمليات التجارية والمالية والمصارف.

فقد ظهر في إيطاليا تارتاليا (١٥٠٦-١٥٥٩)، وكاردانو (١٥٠١-١٥٧٦)، وفي هولندا كتب ستيفينوس (١٥٤٨-١٦٢٠) عن الكسور العشرية، واقترح تطبيق نظام عشري في الاوزان والمقاييس والنقد، ووجد العلماء فكاً للرموز الثابتة للحساب والجبر، واكتشف يوحنا نيير (١٥٥٠-١٦١٧) اللوغرتمات، وأول من استعمل الفاصلة العشرية.

واستخدمت الميكانيكيات والطبيعيات من وجهة عملية، واخترع الإيطالي بورتا (١٥٤٠-١٦٥٠) الفانوس السحري، وجانس الهولندي اول مجهر مركب عام ١٥٩٠، وقام وليم جلبرت البريطاني (١٥٤٠-١٦٠٣) بأول اختبارات في الأجسام الممغنطة، ولاحظ ظاهرة الكهرباء، واخترع غاليلو ميزان الحر والبرد الهوائي، وميزان السائلات، وتعمق في درس ظاهرتي الحركة والصوت.

اما كريستيان هويجنز الهولندي (١٦٢٩-١٦٩٥)، فهو من أبرز علماء الطبيعيات في القرن السابع عشر، واخترع ساعة الرقاص، واكتشف الحركة الدائرية، واهتم بعلم البصريات، وتحسين المرقب، وان النور ينتقل بشكل أمواج، ويُشار ايضاً إلى ان إسحق نيوتن (١٦٤٣-١٧٢٧) هو أعظم علماء عصره، وأشهر الإنكليز الرياضيين لنبوغه في العلوم الرياضية، واكتشافه التكامل والتفاضل والمعادلات والنظريات الأساسية، ووضع جداول فلكية لمركز القمر بين النجوم وعلوم السوائل المتحركة، وانتشار الأمواج، وعلم السوائل الساكنة، وعلم البصريات، وإثبات ان قوس قزح انه انحلال النور الأبيض، وان النور بطبيعته إنما هو ذري.

أما جيمس برادلي (١٦٩٣-١٧٦٢) القسيس، أستاذ الفلك في جامعة اكسفورد، فقد اكتشف زوغان النور عام ١٧٢٩، وميل محور الأرض ١٤٧٨، وأضاف وليم

١٦٦

هيرشل (١٧٣٨-١٨٢٤) تحسينات إلى المرقب، وكان أول من لاحظ البقع في الشمس، والجبال في القمر، والثلج في المريخ، واكتشف عام ١٧٨١ السيار أورانوس.

٣- العلوم الطبية والحياتية:

لم تتطور العلوم الطبية في القرن السادس عشر بشكل كبير، ورغم هذا أضاف الإيطاليان استاكيو وفكلوبيو قضايا علمية في فن التشريح، وسير فينتوس حول دوران الدم في الرئة، وغيره من الأطباء، مثل سانتوريو مطلع القرن السابع عشر حيث استعمل ميزان الحر والبرد لقياس حرارة الجسم البشري، واكتشف جهازاً لقياس النبض، وقال باراسلوس ان الطب علم يعتمد على الاختبارات الشخصية، وعلى علاقة الوطيدة بالكيمياء، وله آراء في المعادن والينابيع المعدنية والطبية، أما فيساليوس الهولندي، فهو جرّاح اعتمد على المراقبة الدقيقة وضرورة درس أعضاء جسم الإنسان بالتفصيل، ودرس العضلات، وله كتاب في علم التشريح كدعامة للعلوم الطبية، وفيه تفصيل عن الجمجمة والعضلات والغضاريف والشرايين والأوردة، وغيرها في جسم الإنسان، وعينه شارل الخامس طبيباً خاصاً للبلاط الإمبراطوري في مدريد.

وتخصص الجراح البريطاني وليم هارفي (١٥٧٨-١٦٥٧) في دراسة القلب والدم، واكتشف عام ١٦٢٨ الدورة الدموية، ونفى فكرة وجود هواء في الأوردة والشرايين. وكان هلمونت (١٥٧٧-١٦٤٤) قد تخصص في العلوم الكيماوية وأول من عرف الغازات وأنها تختلف عن الهواء في خصائصها، ومنها ثاني أكسيد الكربون.

وتقدمت العلوم في القرنين (١٧و١٨) تقدماً كبيراً، وفُتحت آفاق واسعة في الطب، وأثبت مالبيجي (١٦٢٨-١٦٩٤) من جامعة بولونيا نظرية هارفي عن دوران الدم في الأوردة بواسطة المجهر، وتشريح أجساد الحيوانات الحية.

وصرح توماس سيدنهام (١٦٢٤-١٦٨٩) الطبيب البريطاني الشهير بالنظرية التي ترى ان الأمراض هي جهود الطبيعة لطرد المواد التي تسبب الأمراض من جسم الإنسان، واشتهر مورجايني الجراح الإيطالي في دراسة الأمراض، والبرخت هالر عالم التشريح بأنه أعظم اختصاصي في علم الوظائف، والجراح الفرنسي بيشا في

دراسة الأنسجة الخلوية، وتأسيس علم يبحث في الدقائق المجهرية المتكونة عنها الانسجة العضوية.

وتقدمت العلوم الحياتية، وبحث ماليبجي في النبات، واكتشف روبرت هوك تركيب النباتات، وليوينهوك جراثيم البكتيريا والحيوانات ذات الخلية الواحدة التي تعيش في الماء، ونشر سوامردام الصيدلي المشهور في امستردام كتاباً حول تحول الحشرات من حالة الإسراع إلى حالة الفراشة والتحول في الجنين البشري.

٤- العلوم النباتية والحيوانية

اهتم الأطباء بالنبات والحيوان، مثل تيريز طبيب الملك إدوارد السادس، وأندريا سيسالبينو طبيب البابا كليمنت الثامن، وتعمقا في علم النبات، ولهما كتب كثيرة، ودرس بيير بيلون الطبيب الفرنسي طبائع الأجناس من طيور وأسماك. وكان أعظم العلماء الطبيعيين في ذلك الزمن هو جيسنر السويسري الذي خصص معظم وقته لمراقبة النباتات والحيوانات المحلية وتصنيفها، وتعد لائحته في النباتات أساساً لهذا العلم، وكتاباته عن الحيوانات وتطورها وتاريخها وتقدم علم الحيوان.

ويعود تطور علم النبات وتقدمه إلى يوحنا دي القسيس الذي نشر سلسلة من الكتب في مواضيع علمية، ثم وجه اهتماماته إلى الحيوانات وصنفها تصنيفاً طبيعياً إلى حيوانات وطيور كثيرة.

وكان فون لينيه السويدي من أعظم المصنفين في عصره، وصنف الحيوانات على أساس أعضائها الجنسية، ولاحظ الفروق بين الأجناس البشرية، وقسم الجنس البشري إلى أربعة أقسام حسب اللون والصفات الأخرى، وقارن الإنسان مع القرود والخفافيش.

ويعد بوفون الفرنسي صاحب تقدم علم الحيوان، حيث كتب عن تاريخ الحيوانات الطبيعي، والشبه بين الإنسان وبعض الحيوانات كالقرود والحصان.

٥- العلوم الكيميائية والجيولوجية:

يعد روبرت بويل المؤسس لعلم الكيمياء منذ عام ١٦٦٠ عندما اكتشف ان حجم الغاز يتناسب عكسياً مع الضغط، ونجح في التفريق بين المواد المركبة

والمخلوطة، وجمع الهيدروجين في وعاء فوق الماء، وصنع الكحول من الخشب، وأيّد نظرية وجود العناصر الكيماوية ونشرها، والتنبؤ بنظرية الذرة.

وظلت العلوم الكيماوية متأخرة عن بقية العلوم خلال القرن الثامن عشر لولا خطوة الكيمائي السويدي شيل في اكتشاف عنصر الكلورين، ومهد بذلك لتقديم فن التصوير بصورة أفضل، وتحضير الكليسرين.

أما علم طبقات الأرض فقد وضع أسسه جيمس هتن (١٧٢٦-١٧٩٧) الاسكتلندي، وعمل في الطب والزراعة وطبيعة الصخور وتكوينها المعدني، وأعلن نظريته السابقة على السطح ممكنة التفسير بمراقبة التغيرات التي تحدث، وان الأرض لم تخلق حديثاً كما يقال في التوراة، بل كانت نتيجة تطور تدريجي مضت عليه ملايين السنين.

وقد صاحب تقدم علوم الطبيعيات اختراع عدد غير قليل من الآلات، واستمرت التحسينات في الآلات البصرية كالمرقب والمجهر، واخترع توريشيللي الإيطالي (١٦٠٨-١٦٤٧) البارومتر، وأوتو فوم جيريك الألماني (١٦٠٢-١٦٨٦) المضخة، واوصل فهرنهايت الألماني (١٦٨٦-١٧٣٦) الذي قضى معظم حياته في بريطانيا ميزانَّ الحر والبرد الزئبقي إلى درجة الكمال، واخترع نظاماً لقياس الحرارة، ونجح أستاذان من جامعة لندن في اختراع المكثف ليدن لتخزين القوة الكهربائية، ووصلوا إلى نتيجة ان الاختبارات التي قام بها بنيامين فرانكلن في مكثف ليدن ان الصواعق هي نتيجة شرارة كهربائية كبيرة في الجو، واخترع مانع الصواعق أيضاً.

٦- الفلسفة الحديثة:

أدى الصراع الديني والسياسي والثقافي إلى تقوية العامل العلمي والفلسفي على أساس رؤية فلسفية جديدة تعتمد على العلم أساساً، وكانت الفلسفة في العصور الوسطى جزءاً من اللاهوت، والحقائق التي يكتشفها العلماء والتي يصل إليها الفلاسفة يجب ان لا تعارض المسيحية، وإلا لأصبحت منبوذة وكفراً وإلحاداً، ولكنّ مثقفي القرن السابع عشر شرعوا في محاولة فصل اللاهوت عن الفلسفة وعدّها جزءاً من العلوم الطبيعية، واكدوا على وجوب إحلال العلم محل اللاهوت، ونبذ مبدأ الوحي والاعتماد على قوى

خارقة، واعتقاد وجود نواميس طبيعية تدير الكون المادي والعقل البشري، وتسيطر عليها، واعترفوا بعظمة العقل البشري ومقدرته على اكتشاف قوانين الطبيعية، مما يؤدي إلى تقدم الجنس البشري، ورفع مستواه العلمي والثقافي، والاعتراف بحقوق الأفراد الطبيعية وضرورة القيام بأعمال صالحة لمنفعة المجتمع الإنساني ونقد المؤسسات والمعتقدات الاجتماعية والسياسية والدينية وتحليلها، والتأكد من صلاحيتها ومنفعتها، وعدم تعرضها لحقوق الفرد الطبيعية.

وكان من أشهر الفلاسفة جيوردانو برونو (١٥٤٨-١٦٠٠) الإيطالي الراهب الدومنيكاني، وهجر الرهبنة إلى البلاد الأوروبية خارج روما، وأكد على نظرية كوبرنيكس، وهاجم بشدة الديانات التي تنسب إلى الخالق صفات الإنسان، وأنزل التوراة إلى خرافات الوثنيين وأساطيرهم، وسخر من العجائب وأنكرها، وان قوانين عدة تدير الكون، وهي قوانين إلهية لانها طبيعية، أي انه كان يعتقد ان الله هو القوى والقوانين الطبيعية، وقد سبب هذا الاعتقاد لبرونو متاعب كثيرة واضطهاداً من الكاثوليك والبروتستانت، وطُرد من جنيف إلى ويتبرغ، ورجع إلى روما، وقبض عليه، وسجن في محاكم التفتيش، وبعد سبع سنوات أحرق.

وفضلاً عن رينيه ديكارت وتوماس هوبز واللورد بيكون، كان هناك باروخ سينوزا (١٦٣٢-١٦٧٧)، وهو هولندي ويهودي، وايد ديكارت في قوة العقل البشري واتساعه، وخالفه في تمييزه بين العقل والروح، وبين الجسد والمادة، وان كل شيء هو جسد وروح، أي لا فرق بين المادة والتصورات الذهنية (الطبيعة و الله).

وولهلم ليبنتس (١٦٤٦-١٧١٦) ناشر ألماني تعمق في العلوم الرياضية، وحاول التوفيق بين العقائد البروتستانتية والكاثوليكية من جهة، والمسيحية والعلوم الطبيعية والمعتقدات الجديدة من جهة أخرى، وأكد على أهمية العقل البشري، وان الإنسان يستطيع ان يتجاوز به الكون، اما يوحنا لوك (١٦٣٢-١٧٠٤) فقد تعلم الطب كعالم سياسي ونفساني، وأنشأ علم التحليل النفسي الباطني، وكان يعتقد بالله والسيد المسيح والمسيحية، وحاول فصل الدين والمعجزات والوحي، ووجوب اعتماد الإنسان على العقل في المعتقدات والقيم الدينية.

وكان الأسقف بيركلي (١٦٨٤-١٧٥٣) من الاساقفة رجال الدين الذين استند على الفلسفة الحديثة، وقال بحقيقة سيطرة العلوم الطبيعية على العالم، وان الحقيقة ليست إلا حيز الفكر، وانه لا يوجد كون طبيعي خارج نطاق العقل البشري، أما ديفيد هيوم (١٧١١-١٧٦) الاسكتلندي الاقتصادي والمؤرخ والعالم الطبيعي فقد انكر وجود الحقيقة ضمن نطاق العقل البشري، وأنها ضمن سلسلة التصورات الذهنية والآراء المتتابعة، والعقل أداة عملية لتفسير الاختبارات الشخصية، ولا أساس لاثبات صحة وجود الله أو صحة الدين لانه خارج الاختبار البشري.

ومن علماء الطبيعية الآخرين أمانويل كانت (١٧٢٤-١٨٠٤)، وهو من أصل اسكتلندي تلقى علومه في جامعات كونجرمارك بروسيا، وكتب عن أسباب النزول، والأجناس البشرية، والبراكين في القمر، وهو فيلسوف وعالم أخلاقي، وأكد ان الحاسة الإنسانية توكد حرية الإرادة، وخلود النفس والخالق للتحديد والوصف الدقيق[٢٣].

ثانياً: الآراء الدينية الجديدة

كان علماء أوروبا وفلاسفتها ومثقفوها خلال النصف الاول من القرن السابع عشر ينتمون إلى مذاهب مسيحية كاثوليكية وبروتستانتية وأرثوذكسية، وكانت أوروبا متعصبة لديانتها المسيحية، وشهدت صراعات بين الكاثوليك والبروتستانت التي كانت تزداد حدة، وصراعاً بين البروتستانتية فيما بينها، وضاعف الكاثوليك مساعيهم التبشيرية لكسب عدد كبير من الاتباع.

خلال النصف الثاني من القرن السابع عشر ظهرت بين المسيحيين اتجاهات دينية مختلفة ازدادت مع الأيام وخلال القرن الثامن عشر مع الانقلاب الثقافي والعقائدية المسيحية الجديدة، مثل التصوف والإلحاد واللاأدرية، وأسباب ذلك هو التقدم العلمي وانطلاق الفلسفة خارج إطار التقييد ونحو التحرر من السلطة الدينية، ورد الفعل القوي ضد التعصب الديني الأعمى وضد الحروب الدينية، والاستياء بين الطبقات، والنزاع بين الكنائس المسيحية والطوائف البروتستانتية، وإعجاب المثقفين الأوروبيين بالأنباء القادمة من الخارج عن الحدّ من نطاقي الديانة الطبيعية واللجوء للكهنة، والكتب المقدس والعقائد الدينية وانتحال الشعوب الهندية والصينية والعربية المتحضرة دياناتٍ ذات

مبادئ عظيمة وفاضلة، والمثل العليا من الطهارة دون اختلافات أو صراعات بين أفرادها.

ومن أبرز هؤلاء المتصوفة فيليب سبيسنر (١٦٣٤-١٧٠٥) الكاهن اللوثري الألماني من المذهب التصوفي، ونشر كتابه عام ١٦٧٥ في وجوب إقامة حياة صالحة تقية؛ لإظهار المسيحية الحقيقية والتخلي عن المعتقدات الدينية وعدم الاهتمام بالكنائس وطقوسها، وتنحصر في اتباع حياة خالية من التعصب والحروب التي هي لعنة من لعنات الله.

أما يوحنا ويزلي (١٧٠٣-١٧٩١) فقد أسس اثناء دراسته في إكسفورد جمعية دعاها (المقدسة)، أكد من انتمى إليها على رفض اللهو، والعمل في تقوى وإصلاح ومحبة وعمل وخير، ثم غادر إلى أمريكا للتبشير بين الهنود، واتصل مع المرسلين الألمان، وأخذ عنهم مذهب التصوف، وكانت المسيحية تطوراً فردياً حسب رأيه، بحيث يستطيع كل شخص ان يصبح مسيحياً إذا آمن بالسيد المسيح واتبع حياة لا تخالف المبادئ الحقيقية للمسيحية.

وكان ويزلي واتباعه ينتمون إلى الكنيسة الإنكليكانية، ولكن إهمالهم التقاليد والطقوس الدينية، وعدم استحسانهم الصور الكهنوتية والايقونات والصلبان والهياكل والاحتفالات الضخمة ولجوءهم إلى الطبقات الدنيا من الشعب والجفاء بين الكنيسة وبينهم، أدى إلى أن شكل اتباع ويزلي هيئة مستقلة هي المثوديست أي النظاميون، وتدار شؤونها عبر المؤتمرات التي تتألف من وعاظ ورؤسائهم، وانتشر المذهب في أمريكا بسرعة، وفاق عدد اتباعه بقية المذاهب البروتستانتية، وظهر تأثير المثوديست في بريطانيا في الكنيسة الإنكليكانية عندما أخذ عدد كبر من الكهنة وبعض الأساقفة يصلون بالطبقات الفقيرة، ويقولون ان المسيحية يجب ان تعتمد على التبشير أكثر من العقائد الدينية.

أما جورج فوكس (١٦٢٤-١٦٩١) فهو معاصر لسبينز، وأسس مذهب (الكويكرز) أو (الفرندز) أي الأصدقاء، ويعتقد ان المسيحية هي إلهام داخلي بحت،

واختيار شخصي لا علاقة له بالدولة وقوانينها أو طبقة رجال الدين ومعابدها وكنائسها وطقوسها، وتنحصر في اتباع حياة صريحة وخالية من التعصب.

صاحب انتشار التصوف بين البروتستانت ظهور حركة تدعى مذهب (السكون والتأمل الديني) عند الكاثوليك، ومن أبرزهم الكاهن الإسباني ميخائيل مولينوس (١٦٤٠-١٦٩٧)، وادعى انصاره ان الكنيسة تمهد لطريق الخلاص للإنسان، وتتوقف الطهارة الحقيقية على العقائد الدينية، أو الكنيسة، أو العقل، بل على حلول الله في ضمير الفرد وقبول المؤمن ما يحدث له باستسلام، ودخل في هذه الحركة الأساقفة والكرادلة بأعداد كبيرة، وأظهر البابا أنسنت الحادي عشر تأييداً لها، ولكن اليسوعيين عارضوا هذا المذهب، وقدموا مولينوس للمحاكمة، فحكم عليه بأنه خارجي، ومات في السجن، وتلاشت حركته.

أما بسكال جانسن (١٥٨٥-١٦٣٨)، فهو صاحب حركة أخرى ظهرت في الكنيسة الكاثوليكية، وهو أسقف كاثوليكي من الأراضي المنخفضة الإسبانية، وكان يعتقد انه يجب على كل من أراد الخلاص ان يهتدي داخلياً، ويتبع حياة طاهرة، لان هذا أجدى من مراسيم الكنيسة وطقوسها، وبعد موت جانسن أسس اتباعه ديراً قرب باريس، ونشر تلاميذه مبادئه في فرنسا والأراضي المنخفضة، و كان العالم الرياضي بليز بسكال (١٦٢٣-١٦٦٢) من أشد المتحمسين لحركته، واتهم اليسوعيين يساندهم لويس الرابع عشر أصحاب هذا المذهب بالهرطقة، واتباع بعض العقائد الدينية البروتستانتية، ومنها عقائد مبدأ القضاء والقدر، وأمر لويس عام ١٧٠٩ بحل هذه الجمعية وإغلاق ديرها، واصدر البابا بعد أربع سنوات مرسوماً عد فيه هذه الحركة بدعة يجب إلغاؤها، وقد عارض ذلك بعض الكاثوليك، وعلى رأسهم أسقف أتركت، ورفضوا الاعتراف بالسلطة البابوية، وشكلوا جماعة تعرف بالكاثوليك القدماء، وانتشرت إلى هولندا وسواها.

وظهرت في روسيا حركة تشبه التصوف حين حاول بطريرك موسكو عام ١٦٥٤ التغيير في الطقوس الدينية، وانفصل عن الكنيسة عدد كبير من الناس لتشددهم في اتباع الطقوس القديمة، ودعوا أنفسهم بالمؤمنين القدماء، وكانوا يرون ان الضمير

هو السلطة النهائية، وليس رجال الدين في كل الأمور الدينية، وهو المرشد الوحيد لاتباع حياة طاهرة، وكان القياصرة والكنيسة يضطهدون هذه الجماعات باستمرار وبقسوة كبيرة، خاصة انها كانت تدعو إلى ان الحرب والخدمة العسكرية أعمال غير مسيحية.

وفي الوقت الذي كان المتصوفون البروتستانت واتباع مولينوس وجانسن الكاثوليك، والمؤمنون القدماء الأرثوذكس، يحاولون التقليل من أهمية العقل البشري والكنائس وعقائدها، ويرفعون من شأن الاختبار والعاطفة في العبادة، كان بعض من مثقفي أوروبا يبتعد عن المسيحية، لشكهم في صدق أسسها المعتمد على الوحي والقوى غير الطبيعية لا العقل والطبيعية وقوانينها.

ويعد النبيل هربرت شيربري (١٥٨٣-١٦٤٨) النبيل الإنكليزي من أوائل الرجال الذين أيدوا الديانة الطبيعية، ودرس في جامعة اكسفورد، واتصل بالعلماء وفلاسفة عصره، وكون لنفسه رأياً ثابتاً في الدين، وأوضحه في كتابين نشر الأول عام ١٦٢٤، والثاني بعد موته عام ١٦٦٣، وحاول المؤلف ان يثبت ان الحقائق الدينية تتوقف على الإدراك، وان الديانة الطبيعية متكونة من الإيمان - حسب العقل - بالله والفضيلة والخلود، وهي كل ما يتطلبه الإدراك، وان الوحي الديني والكلام المنزل هما من اختراعات الكهنة.

ومما ساعد على تقوية الشكوك في الدين ميل العدد الكبير من العلماء المثقفين إلى انتقاد الكتب المقدسة وعدم الاعتراف بصحتها، فهوبز الفيلسوف السياسي والعالم النفسي لم ينكر الإلهام والوحي في العهد القديم، بل أصر على ان النبي موسى لم يكتب أسفاره الخمسة، وان الاسفار ألفت بعد فترة طويلة من مرور الحوادث التي تسردها، وأيد سبينوزا اليهودي هوبز في قوله ان العهد القديم خرافي في طبيعته، وظهر عام ١٦٨٠ كتاب للفرنسي الكاثوليكي ريتشارد سيمون انتقد فيه أسفار العهد القديم، وأتبعه بكتاب آخر انتقد فيه العهد الجديد، وانتشر الشك بين المثقفين في قدسية الأناجيل وصدق ما فيها من أسفار وعجائب.

وقد ظهر ميل إلى الشك في المسيحية في بريطانيا بين الارستقراطية والساسة ورجال الدين، واتباعه لا يشكون إلا في عناصر المسيحية الخاصة بالعجائب والخوارق الطبيعية، ويؤمنون بعناصر عقلية، ويرغبون في إصلاح الكنيسة والمسيحية لا في إنهائها وتدميرها، وسلطة الكنيسة الإلهية، وتقوية الإيمان بإله الطبيعية والقوانين والأخلاق الطبيعية والعقل البشري، وان اللـه هو القوة العظمى الخالقة والتي تمنح الإنسان عقله وتمييزه وحقوقه الطبيعية، ولكن هذه القوة أصبحت بعد الخليقة لا تهتم بما خلقت، وصار الكون يدار بشكل من النواميس الخاصة، وانه لا صحة لما يُنسب إلى تلك القوة العظمى من القدرة على صنع العجائب والمعجزات أو سماع صلوات الناس ومناجاتهم، وتسرب هذا الاعتقاد من بريطانيا إلى فرنسا وسائر الدول الأوروبية، وازداد تطرفاً بمرور الزمن حتى انفصل عن المسيحية، ومن ابرز دعاة الديانة الطبيعية بيير بيل (١٦٤٧-١٧٠٦)، الذي أكد على إنكار الوحي مع الإيمان بوجود اللـه، وهو الخليفة الحقيقي لشيربري، وكان بيل ابناً لقس بروتستانتي فرنسي اهتدى إلى الكاثوليكية، ثم عاد البروتستانتية، ثم دخل الشك إلى قلبه في كل الديانات الأخرى، واستقر في الأراضي المنخفضة، واصبح عام ١٦٨١ استاذاً للفلسفة والتاريخ في جامعة روتردام، وكان يؤيد باستمرار حرية الفكر والتسامح الديني، وهاجمه الكاثوليك والبروتستانت على السواء، وضاع مركزه الجامعي من جراء عداء الكلفانيين البروتستانت له، إلا انه استمر في التأليف، وأصدر عام ١٦٩٧ القاموس التاريخي، وهو إنتاج علمي فائق الجودة، ويلخص عناصر الشك الديني في أوروبا، وسخر في أسلوب ساخر من العقائد الدينية والتعاليم المسيحية، وعدها خرافات لا أصول لها، وأنها اخترعت لتسلية الأطفال وإرهابهم.

ويجب ان نشير إلى الكاتب الفرنسي الشهير فولتير الذي هاجم المسيحية بشكل عنيف، وكان يدعوها بالشيء الذميم، فالكهنة عنده دجالون، والعجائب هي وهم من الأوهام، ومبدأ الوحي ليس إلا اختراعاً من اختراعات البشر، وان الإيمان بالديانة الطبيعية هو المبدأ الواجب ان يسيطر على عقول البشر، وان إله الطبيعية

الذي خلق النجوم في الكون وسن له نواميس أزلية، لا يهتم بالجنس البشري ولا بأعماله.

إلا ان فولتير لم يكن وحده في الساحة، بل تغلغل الإيمان بالديانة الطبيعية في قلوب الكثيرين، فقد استحسنوا انتقادات فولتير وأيدوها، مثل بوب الشاعر الإنكليزي، وهيردر الألماني، وكيبون في مؤلفاته التاريخية، ويدور في موسوعته ومعه داليمرت أيضاً.

لم يكتف هؤلاء الكتاب والمؤلفون بالديانة الطبيعية، بل شاركوا في فكرة إنكار اللـه كوجود، والإيمان بالإلحاد، ومنهم الألماني هولباخ (١٧٢٣-١٧٨٩) الذي نشأ في قصر والده في باريس، والتقى فيه الفلاسفة والعلماء والأدباء، مثل ديدرو، ودالمبرت، وتركو، وبوفون، وهيوم، وكان هولباخ أكثرهم تطرفاً في مهاجمة الدين، ونشر عام ١٧٦٧ كتابه كشف الغطاء عن المسيحية، وهاجم فيه المسيحية والديانات الأخرى، ووصفها بأنها مصدر كل شر في العالم، واصدر كتاباً آخر بعد أربع سنوات بمساعدة ديدرو، أنكر فيه وجود اللـه، وزعم ان الكون ليس إلا مادة تتحرك تلقائياً، وان الروح تتلاشى عندما يموت الإنسان، وان هدف الجنس البشري هو التمتع بالحياة وملذاتها، واحدثت آراء هولباخ ضجة كبيرة بين المثقفين، وازعجت الكاثوليكية والبروتستانتية واتباع الديانة الطبيعية أيضاً، وحاولت جميع الأطراف تفنيدها والقضاء عليها، ولكن دون جدوى.

كان من جراء هذه التطورات الدينية الجديدة ان انتشر التسامح الديني، وألغيت الرهبنة اليسوعية، وزال الإيمان بالسحر والشعوذة والتنجيم، وبدأت حركة تحرير اليهود من وجهة سياسية واجتماعية.

نتائج التطورات الدينية الجديدة:

١- التسامح الديني:

يرجع الفضل في التسامح الديني إلى التصوف والديانة الطبيعية، فالمتصوفون كانوا يقللون من أهمية الاختلافات اللاهوتية، ويقولون ان الدين هو شعور داخلي لا مراعاة طقوس ومراسيم خارجية، وانه من خصوصية الفرد لا شأن للكنيسة أو الدولة

فيه، وتشبثوا بوجوب إعلان التسامح الديني التام، وقاوموا للكنيسة والدولة في محاولتها إرغام الفرد على انتحال ديانة ما لانهم قد ذاقوا الاضطهاد.

اما اتباع الديانة الطبيعية فقد رفضوا الاعتراف بحق الكنيسة أو الدولة في التعرض للأمور الدينية، وإجبار الفرد على اتباع ديانات خرافية ونبذ الديانة الطبيعية العقلية المستنيرة، ولهذا نجد فولتير يمتدح التسامح والتصوف ويهاجم المسيحية الكاثوليكية المتعصبة.

وإن التقدم العلمي في القرن الثامن عشر قد أحدث في نفوس طبقات الشعب ذات النفوذ روحاً عدائية نحو التعصب الديني، وأدى إلى تنافس الحكام المستبدين وإلغاء القوانين السارية التي تحتم على كل من رعاياها اتباع دين الدولة.

فقد توقف العمل في بريطانيا بما سن في حق الكاثوليك من القوانين المتشددة، وكان عام ١٧٦٦ آخر عمل لشنق أو إعدام أحد الملحدين في فرنسا، وحدثت أول خطوة لتحرير الكاثوليك في بريطانيا ومستعمراتها عام ١٧٧٤، ومنحت الحكومة البريطانية امتيازات كثيرة لكنيسة كوبيك الكاثوليكية في كندا.

وألغى شارل الثالث (١٧٥٩-١٧٨٨) ملك إسبانيا سلطات محاكم التفتيش، وأظهر البابا بندكتوس الرابع عشر ميلاً نحو التسامح الديني بصدق، واستحسن الإمبراطور فرنسيس الثاني النمساوي (١٧٦٥-١٧٩٠) منح الحرية الدينية للشعوب الأوروبية دون استثناء، ولكن فردريك الثاني ملك بروسيا (١٧٤٠-١٧٨٦) كان الأبرز من بين الجميع، فقد أعلن رسمياً وجوب عدم تدخل الدولة في الشؤون الدينية أو مجاراة أي دين، أما كاترين الثانية ملكة روسيا فقد أيدت الكنيسة الأرثوذكسية ظاهرياً، لأن طبقة رجال الدين كانت تخدم مصالحها وسياستها العامة، وكانت تحتقر هذه الطبقة وتظهر تسامحاً كبيراً، فهي التي سمحت لليسوعيين بالإقامة في إمبراطوريتها بعد أن أبعدتهم جميع الدول الأوروبية، وشجعت المسلمين على بناء المساجد لهم في البلاد الخاضعة لهم.

٢- إلغاء اليسوعية:

كانت الرهبنة اليسوعية منذ ان تأسست في القرن السادس عشر تعد سلسلة من سلاسل الكنيسة الكاثوليكية، وكان لأفرادها دور في التعليم والتبشير والشؤون العامة والمجالات والمناقشات بين الكاثوليك والبروتستانت، وتدخلها في المسائل الاقتصادية والتجارية والسياسية، والسعي للسيطرة على الحكومات، والقضاء على كل ما هو جديد مستنير كمذهبي مولينوس وجانسن، وجلب هذا عليها عداء الملوك الكاثوليك واستياء شعوبهم العام، حتى ان الحكومة البرتغالية طردتهم من بلادها عام ١٧٥٩، وتبعتها فرنسا واسبانيا ١٧٦٧. واضطر البابا كلمينت الرابع عشر امام هذه الضغوط الكاثوليكية الشديدة إلى إلغاء الرهبنة رسمياً عام ١٧٧٣م.

٣- ضعف الإيمان بالسحر:

كان السحر والخرافات والتنجيم تنتشر في أوروبا بشكل كبير، وكان اعتقادها متفشياً بين الطبقات العامة والملوك والنبلاء والعلماء، وكان الدجالون يجمعون الأموال الكثيرة من هذا العمل، مثل الاعتقاد ان الكيميائيين ممكن ان يحولوا النحاس إلى ذهب، وتركيب العقاقير تطيل عمر الإنسان، وتحفظه من الموت، وكانت الدول تقاوم السحر بفرض العقوبات الشديدة على السحرة، أما في القرن السابع عشر فقد بدأت الطبقة المثقفة تميل إلى عدم الإيمان بالتنجيم والسحر، وانكر ذلك الكاهن اليسوعي فردريك سبي عام ١٦٣١، وأيده آخرون مثل بكر وهوبز وسبينوزا، وفي القرن الثامن عشر كان القسم الأكبر من الطبقة المثقفة من مسيحيين واتباع الديانة الطبيعية يحثون الحكومات على إلغاء محاكمة السحرة، وآخر محاكمة جرت عام ١٧١٢ في بريطانيا واسكتلندا عام ١٧٢٢، وإسبانيا عام ١٧٨٢، وألمانيا ١٧٩٣.

٤- محاولة تغيير واقع اليهود:

كان اليهود في أوروبا في العصور الوسطى يعيشون في مرحلة انتقالية منفصلين عن المسيحيين، وتعرضوا إلى اضطهاد في بعض المناطق، وسكنوا في أحياء خاصة سميت بـ(الجيتو)، وتميزوا عن المسيحيين في ملابسهم وأعمالهم وعاداتهم وتقاليدهم، ولم يسمح لهم بتملك الأراضي وحمل السلاح ودخول الجامعات والتوظيف، وتعود معاملة القسوة هذه إلى المسيحيين واليهود على حد سواء، فالمسيحيون نظروا

إلى اليهود باحتقار وشك؛ لأنهم غير مؤمنين، وبسبب اختلاف عقائدهم عن المسيحيين، وافتخارهم بأنفسهم وعاداتهم وتقاليدهم المغلقة عليهم واختلافها عن تعاليم وعادات المسيحيين.

وأمام هذا الواقع ظهر موسى مندلسون (١٧٢٩-١٧٨٦)، وهو يهودي ألماني درس الفلسفة، ورفع صوته لتغيير الواقع اليهودي في أوروبا، وحثّ اليهود على الاندماج في البيئة المحلية التي يعيشون فيها، وليصبحوا رعايا حقيقيين مع المسيحيين، ودعا إلى ضرورة نشر التعليم بينهم وإزالة الفوارق مع المسيحيين، وطالب بمنح اليهود حرياتهم الدينية والمدنية.

وكان ظهور كتاب مندلسون في الوقت الذي بلغ فيه الانقلاب الثقافي وعصر الاستنارة أعظم انجاز، وكان كلٌّ من الكاثوليك والبروتستانت واتباع الديانة الطبيعية واليهود يدعو إلى منح الحريات والتسامح الديني التام للجميع، وكان الحكام يتنافسون في إظهار درجة استنارتهم وتسامحهم، وفردريك الثاني - على كراهيته لكل ما هو يهودي - كان أول ملك منح اليهود الحرية الدينية وحماية الدولة، وأزال التمييز بينهم وبين رعاياه المسيحيين، وقرر إمبراطور النمسا جوزيف الثاني (١٧٨١-١٧٨٢) إصدار قوانين عدة، حظر فيها على اليهود إطلاق لحاهم وارتداء ثياب خاصة بهم، أو الإقامة في الجيتو، ومنحهم حق دخول الجامعات والتوظيف والعمل في الصناعة، وأمر رعاياه المسيحيين ان يحسنوا معاملتهم[٢٤].

ثالثاً: تقدم العلوم الاجتماعية

١- التاريخ:

لم يكن التقدم في القرنين (١٧و١٨) يقتصر على العلوم الطبيعية والدينية فحسب، بل العلوم الاجتماعية أيضاً، مثل الجغرافيا والاقتصاد والعلوم الخاصة بالإنسان (انثربولوجي)، واستند علم التاريخ على المخطوطات والوثائق والمستندات الأصلية، واستخدام المنهجية العلمية في التاريخ، ويحتل الراهب مابييون (١٦٣٢-١٧٠٧) الفرنسي الأصل الصدارة بين المؤرخين في عصره، وقد قضى حياته في دراسة الوثائق والمستندات التاريخية، ووضع أسساً علمية في دراسة التاريخ، وشرع في جمع

ونشر مجموعة كبيرة من مصادر التاريخ الفرنسي ومراجعة المختلفة. وقام الراهب الإيطالي موراتوري (١٦٧٢-١٧٥٠) بتنفيذ مشروع مماثل عن تاريخ إيطاليا القديم والوسيط.

وصاحب هذا التوسع في الطريقة العلمية في دراسة التاريخ، توسع في المكتبات القديمة وتنظيمها، وإنشاء عدد جديد منها، وأعاد الباباوات في القرن الثامن عشر تنظيم مكتبة الفاتيكان، ومضاعفة أعداد المخطوطات في ميلان وفرنسا، ونُظمت المكتبة الملكية الفرنسية، والبروسية، وتم تأسيس المتحف البريطاني عام ١٧٥٣.

واتبع فيكو المؤرخ الإيطالي (١٦٦٨-١٧٤٤) روح النقد في سرد الحوادث التاريخية، وحلل مصادر تاريخ الإغريق والرومان، وبحث فيها كثيراً وبعمق، وكان فيكو أول من اتبع طريقة وصف الأنظمة والمؤسسات السياسية، ومصنفات العصور الماضية الفنية والأدبية في مؤلفاته التاريخية، وأخذ منه مونتسكيو هذا الرأي في كتابه (روح القوانين)، والتطور التاريخي السياسي من الأنظمة والمؤسسات والآراء والعقائد مستنداً إلى البيئة المحيطة بالإنسان، وخاصة اختلاف المناخ، ويعد ونكلمان (١٧١٧-١٧٦٨) الألماني هو المؤسس الحقيقي لعلم الآثار بسبب تخصصه في الفنون الإغريقية، ونشر كتابه عام ١٧٦٢ في آثار بومباي وهيركولانيوم اللتين دمرتا عام ٧٠م.

وقد وضع هيردر اللوثري الألماني (١٧٤٤-١٨٠٣) برنامجاً شاملاً لدرس التاريخ لا يزال صالحاً في أي وقت. وقد لخص الأسس الواجب على المؤرخ اتباعها في كتابه (آراء في فلسفة التاريخ)، وبأن التاريخ يجب ان يكون عاماً وشاملاً، ولا يقتصر على السياسة والحرب، بل يجب ان يشمل تاريخ تطور الجنس البشري أيضاً، ويذكر أعمال الإنسان وميوله وآراءه وتأثير البيئة فيه، وتميز القبائل الواحدة عن الأخرى، وكيف نشأت وارتقت، وأصل الإنسان وآثاره ولغاته وأديانه.

وقد أصبح هدف المؤرخين في القرن الثامن عشر هو إبراز مبادئ عصر الاستنارة، وهي الشك والاعتماد على العقل والديانة الطبيعية والإلحاد، وظهر ميل إلى التقليل من خطر العصور الوسطى؛ لانها حسب رأيهم عصور خرافات، والإشادة

بتاريخ الإغريق والرومان المستنير، والافتخار بعصرهم المعتمد على العقل، ومن هؤلاء ادوركيبون (١٧٣٧-
١٧٩٤) صاحب كتاب (تاريخ الإمبراطورية الرومانية وسقوطها)، وكان قد اهتدى للكثلكة، ثم رجع إلى
البروتستانتية، ثم من أصحاب اللاأدرية، وقارن بين الرومان والمسيحية، ونسب سقوط روما إلى انتصار المسيحية
ومبادئها ومثلها العليا، واستقبلت الفئات المختلفة بحماس هذا الكتاب وشاع في عصره بشكل كبير.

وكتب فولتير عن عصر لويس الرابع عشر وحياة الملك شارل الثاني عشر السويدي، وكتب رينال
(١٧١٣-١٧٩٦) سلسلة كتب تاريخية أبرز فيها معتقدات القرن الثامن عشر الفلسفية والدينية، وكتب عن
الاستبداد الفرنسي، وأبدى في كتابه (تاريخ التجارة الأوروبية في جزر الهند الغربية والشرقية) إعجابه بأشراف
ونبلاء آسيا.

ومع رواج كتب التاريخ واتباع الأساليب العلمية في تأليفها والميل إلى جمع الوثائق والمراجع
وانتقادها وتصحيحها، فلم يكن عصر الاستنارة تاريخياً كعصر بقية العلوم الأخرى التي ارتقت فيه، وقد صرف
العلماء والفلاسفة جل نشاطهم إلى حاضرهم ومستقبلهم لاعتقادهم عدم إمكانية الاستفادة من تقاليد الماضي
واختباراته باستثناء الإغريق والرومان، والماضي عندهم يتألف عن عصور الجهل والخرافات، اما هم فبعد
التحرر من سيطرة العقول على أعمالهم وتفكيرهم صرحوا ان الرقي يأتي عن طريقه لا عن طريق النظر في
تاريخ العصور السابقة غير المستنيرة التي لا تقابل بما بلغ إليه عصرهم من رقي وعلوم وفنون وآداب.

٢- العلوم السياسية:

اهتم الفلاسفة في عصر التنوير بالعلوم السياسية اهتماماً كبيراً يمكن ان يوازيه اهتمامهم بالدين
والعقائد، وهدفهم جعل أنظمة الحكم وأساليبه تتلاءم مع العقل، وما ثورات القرنين السابع عشر والثامن عشر
إلا كإشارة من هذا القبيل، وتأثر قادتها ومؤيدوها بآراء سياسية جديدة كان لها أثرها في ذلك الوقت في
بريطانيا والدول الأوروبية الأخرى.

كان الرأي السائد هو محاولة إثبات صحة النظام الملكي المطلق سلطة السلطة بالاعتماد على مبادئ فلسفية لا شك فيها، وفي أوائل القرن السابع عشر حاول الملك جيمس الأول إثبات ادعائه بالحق الإلهي في الحكم، والعودة إلى التوراة، ولقي تأييد ليسيوس وسكرياتي الكاهنان اليسوعيان، والأسقف الفرنسي بورسوري الذي أعلن ان الإخلاص للملك وطاعته هما ما يحتمه الدين المسيحي.

أما هوبز الذي شكك في صحة وقائع التوراة وغير المؤمن بالديانات الفائقة الطبيعة، فقد أيد الملكية المطلقة في كتابه الشهير (لفايثان) زاعماً ان هذا النظام هو الأفضل في معاملة الطبيعة البشرية والسيطرة عليها، وان الإنسان حيوان غير اجتماعي بطبيعته ومحب لذِّاته، وعدو لكل إنسان آخر بغريزته، ولكي يحقق أهدافه بسلمية في هذا الاتجاه عقد مع أميره اتفاقاً سماه هوبز (العقد الاجتماعي)، واصبح هذا الاتفاق نافذ المفعول بمجرد عقده، وتأسس النظام الملكي، وتقلد الملك السلطة المطلقة في جميع الشؤون، مثل الدين وضمير الفرد، وأكد هوبز ان الاتفاق على الاعتراف بهذا الإنجاز سيزيل العوائق الوحيدة والفعالة التي تؤدي للحروب الأهلية والبربرية والفوضى.

وجاءت فلسفة هوبز كرد فعل للثورة الإنكليزية والحروب الأهلية التي تبعتها والتي تُوِّجت بقتل الملك شارل الأول، وكان هوبز من خلال آرائه هذه يتوخى توحيد كلمة الأمة ومقاومة الثورة، ولكنه أخفق في ذلك؛ لأن آراءه كانت لادينية، ومتحيزة للنظام الملكي، فلم تؤيدها أغلبية البروتستانتية، ولم يعطف عليها الحزب البرلماني الذي ثار وقتل الملك، أما تأثير افكاره غير المباشرة فقد كان كبيراً؛ لأنها قد حصرت اهتمامات الطبقة المثقفة في ضرورة وجود سلطة قوية للدولة، واحدثت نظريته في (العقد الاجتماعي) جدلاً كبيراً، وساعدت على تنمية فكرة وجوب إخضاع الكنيسة للدولة.

أما يوحنا لوك (١٦٣٢-١٧٠٤) فاختلف عن هوبز؛ لأن هدف نظريته السياسية كان الإدلاء بما يسوغ وقوع الثورات ورفع المسؤولية عن كاهل الشعب، وأشهر كتبه كانت عن (الحكومة)، وأكد فيه ان كل إنسان له حقوق طبيعية كالحياة

والحرية والتملك الخاص، والحفاظ على هذه الحقوق هو الذي أسس الحكومات والتي ان عجزت عن أداء واجباتها حق للشعوب ان تثور عليها وتستبدلها بالقوة بحكومة أخرى أصلح وأقدر منها على خدمة الشعب.

وهكذا وضع لوك نظرية السيادة الشعبية والتي أكد فيها ان الشعب يتألف من أفراد يتمتعون بالحقوق والواجبات، ولا بد ان تكون القرارات بأغلبية الأصوات من هؤلاء الأفراد، وان واجب الحكومة المحافظة على مبدأ الحرية، وان لا تتعرض لمعتقدات الأفراد الدينية إلا إذا كانت كاثوليكية أو إلحادية.

وانتشرت فلسفة لوك السياسية انتشاراً واسعاً، ففي بريطانيا تم استغلالها لتسويغ ثورة عام ١٦٨٨ وتأييد النظام الملكي المقيد، وزيادة سلطة البرلمان الذي كان يمثل الشعب ولو نظرياً على أقل تقدير، وظهور الحكم الوزاري، وفي المستعمرات الأمريكية أدلى الوطنيون من الأمريكان بحججها لتسويغ الثورة على ملك بريطانيا وبرلمانها، وبرزت مبادؤها في وثيقة الاستقلال الأمريكية عام ١٧٧٦ ودستور الولايات المتحدة عام ١٧٨٧م.

وقد تأثر الكتّاب السياسيون الفرنسيون إلى حد كبير بآراء لوك الحرة، والاختلافات الواضحة بين حكومتهم وأنظمتها ونوع الحكم في بريطانيا، في حين ان فرنسا كانت تفتقر إلى دستور تسير به البلاد، وكان ملكها صاحب السلطة الاستبدادية، ولا ضمان للحريات الشخصية، وان بريطانيا في ذلك الوقت مقيدة بدستور وملكها محدود السلطة يخضع لبرلمان قوي يمثل الشعب، والحريات الشخصية مضمونة ومعترف بها، وقد اعتقد الفرنسيون المثقفون ان نظام الحكم البريطاني كان عقلياً يتماشى مع المبادئ السياسية الصحيحة أكثر من النظم الحكومية الفرنسية، والدليل على ذلك انتصار بريطانيا الحرة على فرنسا الاستبدادية في حروب (١٦٨٩-١٧٦٣).

ومن أشهر الفلاسفة السياسيين الفرنسيين مونتسكو وجان جاك روسو، وسبق ان أشرنا إليهما من قبل، وكانت كتاباتهما إلى حد كبير غير واقعية، بل خيالية، وتفتقر إلى البراهين العملية، ولكن كان له انصار ومؤيِّدون من النبلاء والطبقة الوسطى، والذين تزايدوا بمرور الزمن، حتى ان الملكة ماري أنطوانيت أمرت بتشييد قصر ريفي

لها، والعودة إلى الحياة الطبيعية التي نادى بها روسو، واتخذت شخصية بائعة الحليب، ووصيفتها وظيفة صيد السمك في البحيرات المجاورة،

ولم يتعدى تأثير روسو على الأمور السطحية هذه، بل إلى ما هو أكبر وأبعد، فقد أعجب به دافيد هيوم وتوماس بين وكانت، واتخذوا من أفكاره السياسية الكثير مما طرحوه، وأثنى عليه الفيلسوف هيردر، وسادت في فرنسا أراؤه عن الحرية والإخاء والمساواة والسيادة الشعبية والديمقراطية والقضاء على الطبقتين الدينية والأرستقراطية، وكانت شعاراً لثورة كانت على الأبواب في فرنسا.

وقد اتفق روسو مع الفلاسفة في عصره على تأسيس نظام حكومي مستقل عن الدين والتقاليد، وكل سلطة خارجية وغير طبيعية، يُقصد منه خدمة ومصلحة المجتمع الإنساني، بحيث يصبح علم السياسة علماً اجتماعياً.

٣- العلوم القانونية:

لم تقتصر محاولات صبغ العلوم الاجتماعية على علم السياسة فحسب، بل وصلت إلى الدراسات القانونية، فمونتسكيو حاول وضع الفلسفة السياسة على أسس علمية، وكان كتابه الشهير (روح القوانين) اول محاولة جدية لدراسة أنظمة الدول القانونية، وقضى السير وليم بلاكستون سنوات طويلة من عمره وهو ينقب في جامعة أوكسفورد عن الأنظمة القانونية الإنكليزية، ونشر رسالة في القانون الإنكليزي، ادعى فيها انه من الممكن إثبات صحة القوانين الإنكليزية بطريقة علمية.

أما بكاريا (١٧٣٨-١٧٩٤) النبيل الإيطالي وأستاذ القانون والاقتصاد في جامعة ميلان وصاحب لقب (أبي علم الجرائم والعقوبات)، فقد نشر رسالة عن علم الجرائم والعقوبات طبعت ست مرات في أقل من سنتين، وترجمت إلى عشرين لغة عالمية، وصرح فيها بوجوب اتخاذ التدابير اللازمة لمنع وقوع الجريمة لا معاقبة مرتكبيها، وفرض القصاص الرادع بشدة وسرعة في حالة العجز، وذم الطرق التقليدية في العقوبات الجارية، وأساليبها في عصره، مثل التعذيب وحكم الموت وغيرها.

وكان جرمي بنثام (١٧٤٨-١٨٣٢) من أشهر علماء القانون في القرن الثامن عشر، وتلقى علومه في جامعة اكسفورد، وتعاطى المحاماة في لندن، ثم انتقل إلى التأليف والكتابة، وساعده ثراء أسرته في هذا العمل.

واتصفت كتابات بنثام في الفلسفة والاقتصاد والدين والأخلاق بفلسفة خاصة (نفعية)، وهي ان كل عمل فردي يجب ان ينظر إليه بمقدار السعادة والفائدة منه، واعترف انه مبدأ يتصف بالأنانية، ولكنه دافع عن نفسه بأن الإنسان عندما يخدم مصلحته الخاصة فإن ذلك لا بد ان يعود في النهاية بالمنفعة والسعادة على الآخرين.

وقد وضع بنثام كتاباً في الأنظمة الحكومية نشره عام ١٧٧٦، ويدور هذا الكتاب حول انتقاد الدستور البريطاني والتشديد بوجوب إصلاح شامل للمؤسسات والأنظمة السياسية حتى تكون عقلية، وتؤدي إلى سعادة الجميع، وفي كتابه الآخر (مبادئ الأخلاق والاشتراع) صرح بأن هدف كل اختراع يجب ان يكون تأمين أعظم الفائدة والخير لأكبر عدد ممكن من الأفراد، وعبر عن إعجابه الشديد بحكومة الولايات المتحدة وقوانينها الجديدة، وحث أبناء وطنه على الاقتداء بهذه الأمة الحديثة والأخذ عنها في التجارب السياسية والدستورية المكتوبة وشريعة قوانينها.

وكان بنثام طوال حياته يريد الإصلاح المنطقي النفعي، وهو يُعَدُّ – بحق – من أبرز من وضع اسس (الفردية)، أي القول ان الهيئة الاجتماعية هي لمصلحة الأفراد وحرية المبادئ والآراء والتطرف في المبادئ السياسية [٢٥].

٤- العلوم الاقتصادية:

في الوقت الذي اتسعت فيه التجارة العالمية والنظام الربحي الرأسمالي من خلال الإصلاحات والتحسينات على الزراعة والصناعة واستخدام الوسائل الحديثة والآلات ووسائل النقل والمواصلات حاول عدد كبير من المفكرين إعطاء تفسيرات عقلية لمظاهر العالم الاقتصادية، وأقاموا علم الاقتصاد في محل لائق مع العلوم الاجتماعية كالتاريخ والسياسة والقانون.

وساد حينذاك نظام حماية التجارة في النظم الاقتصادية، ولا سيما التجارة الخارجية والصناعة، وكانت النقابات فكرة سائدة منذ أواخر العصور الوسطى، ولها الحق في تنظيم الأصناف والأعمال الصناعية، ولكن ملوك أوروبا ذوي السلطات المطلقة سيطروا على هذه النقابات، واحتكروها لمصلحتهم، واستولوا على حقوقها وواجباتها وتنظيم صناعاتها.

وحاولت البرتغال وإسبانيا احتكار التجارة العالمية أول الأمر كقوتين في أوروبا، واستخدمتا الذهب والفضة والتوابل والبخور الشرقية، وجنتا أرباحاً كبيرة، وازدادت ثروتها بمرور الزمن، وفي محاولة للحد من هذه السيطرة، قامت الدول الأوروبية من جانبها بوضع وسن قوانين تلائم مصالحها الاقتصادية، وتواجه الاحتكارات الإسبانية والبرتغالية، وقامت باتباع سياسة الاستقلال التجاري والاقتصادي، وعرفت هذه القوانين التي سنت بنظام حماية التجارة.

ومميزات هذا النظام اعتماده على أسس ومبادئ، هي:

أ- الاعتقاد ان هذا النظام هو التعبير الاقتصادي للوطنية القومية، حيث عد الساسة كل دولة وحدة اقتصادية، واهتموا بثرواتها كمجموعة، ولم يولوا الاهتمام لمصالح الأفراد الخاصة.

ب- التشديد على أهمية الذهب والفضة، فثروات البلاد كانت تقاس بهما، ولهذا رغبت كل دولة في مضاعفة ما تملكه بمنع التصدير إلى دولة أخرى، وتشجيع الاستيراد إليها.

ج- ضرورة الاحتفاظ بميزان تجاري ملائم، وأن زيادة ذهب البلاد والفضة لا يحصل إلا بالاستيلاء على المستعمرات الغنية بالمناجم، مثل البيرو، والمكسيك، أو الاحتفاظ بميزان تجاري مناسب إذا افتقرت الدولة إلى مستعمرات، وكان هذا يتطلب من الدولة إصدار مقادير كبيرة من البضائع المصنوعة، وجلب أقل كمية ممكنة عدا المواد الأولية والسلع التي تصنعها بذاتها، وللوصول إلى هذا الهدف كانت الدول تسن القوانين التي تحد من جلب السلع غير المصنوعة عندها.

د- وجوب تشجيع الصناعة المحلية وانعاش التجارة الخارجية وتعزيزها، ومساعدة الدولة للصناعات الأولية بالأموال، وتشجيعها على تصديرها سلعها، ومنع تصدير

المواد الأولية التي قد يستخدمها الأجانب المنافسون، وسن قوانين بخصوص نوع البضاعة المصنوعة لكي تشتهر في الدول الأخرى بجودتها ويزيد الطلب عليها، وفرض الضرائب الكمركية العالية، ومنع دخول البضائع الأجنبية لحماية الصناعة المحلية من المنافسة الخارجية.

هـ- الرغبة الكبيرة في الاستيلاء على المستعمرات، والحصول على الذهب والفضة والتوابل والحرير والبخور التي كانت تباع كثيراً في الأسواق الأوروبية، والمواد الأولية كالخشب والقطران والمواد الغذائية المختلفة الداخلة في الصناعات، أو التي تفتقدها هذه الدولة المستعمرة أو تلك، وفرض الضرائب الكمركية العالية لمنع دخول البضائع الأجنبية وحماية الصناعة المحلية، وكانت الرغبة في الاستيلاء على المستعمرات من اهم العوامل والبواعث الاقتصادية في أوروبا في عصر النهضة وما بعده.

و- التأكيد على أهمية القوات البحرية لحماية المستعمرات والتجارة من هجمات الأعداء، واستخدامها في الهجوم على مستعمرات الدول الأخرى وعلى تجارتها عند اللزوم، وهذا دفع الدول الأوروبية الغربية إلى بناء الأساطيل الكبيرة ذات الأشرعة العملاقة، والمجهزة بالمدافع والرجال المقاتلين، وتشجيع صناعة السفن التجارية، وتشكيل أساطيل بحرية كبيرة، أشهرها الأسطول الإنكليزي الذي استطاع تدمير الأسطول الإسباني العظيم في معركة (الأرمادار) الشهيرة عام ١٥٨٨.

٥- الإحصاء:

ظهر علم الإحصاء في القرن السابع عشر، وكان يوحنا جرونت الثري الإنجليزي (١٦٢٠-١٦٧٤) أول من بدأ بجمع العمليات الإحصائية لغرض التسلية، ونشر عام ١٦٦٢ كتاباً في الإحصاءات عن أسباب الموت المختلفة، وانتخب عضواً في الجمعية الملكية البريطانية، ثم قام وليم باشي (١٦٢٣-١٦٨٧) بتحويل تسلية جرونت إلى علم حقيقي وأداة للعلوم الاجتماعية، ووسيلة إحصائية لا غنى عنها.

٦- الاقتصاديون الأحرار:

ظهر علماء اقتصاد في القرن الثامن عشر شعروا بتدخل الحكومات في التجارة والصناعة، واقتنعوا بعدم صحة النظريات القائمة على حماية التجارة من وجهة اقتصادية بحتة، وكان أول هؤلاء بكاريا أستاذ القانون والاقتصاد في جامعة ميلان، وقال ان العمل هو أساس رأس المال لا القوانين أو التنظيمات الحكومية، وشرح عدة قوانين عن علاقة نمو السكان بمستوى المعيشة.

إلا ان المعارضة الحقيقية ظهرت في فرنسا على يد كيسني (١٦٩٤-١٧٧٤) طبيب لويس الخامس عشر، وصرح ان رواج الثروة في أمة من الأمم يتوقف على قوانين الطبيعة، مثلما هو دوران الدم في الجسم البشري، وانه يمكن اكتشاف هذه القوانين والبحث عنها، مثل الطب والقانون وعلم وظائف الأعضاء، وسمّى كيسني جماعته بـ(الاقتصاديين)، ثم عرفوا بـ(الفيزيوقراطيين) لاعتقادهم بنظام اقتصادي جديد يعتمد على حكم وسيطرة الطبيعة.

وأكد هؤلاء على أصل الثروة الذي يعود إلى الأرض، حيث الزراعة والتعدين، والأرض هي المخزن الذي يأخذ منه التجار البضائع وأصحاب الصناعة المواد، فإذا أرادت الدولة ان تزيد ثروتها عليها ان تهتم بالصناعة والتجارة، وتشجيع الزراعة، وتسمح للفلاحين ببيع الغلات، ولا تقف أمامهم القوانين أو الضرائب الكمركية، وان سماح الدولة بالحرية هذه سيتيح للأفراد زيادة الإنتاج وزيادة الثروة، ويصبح تدخل الدولة في حق التملك الخاص والحرية الاقتصادية يتناقض مع القوانين الطبيعية التي تتحكم بالثروة وتوزيعها.

وقد نقل هذه الآراء من فرنسا إلى بريطانيا آدم سميث الاقتصادي الاسكتلندي الشهير (١٧٢٣-١٧٩٠)، واستاذ فلسفة الأخلاق في جامعة كلاسكو، وقد زار فرنسا وتَعَرّف بجماعة الفيزيوقراطيين، واقتنع بمذهبهم، ونشر كتاباً عام ١٧٧٦ سماه (البحث في طبيعة ثروة الأمم وأسبابها)، وكان له تأثير في تاريخ القرن التاسع عشر على الجوانب الاقتصادية والمالية والتجارية.

إلا ان سميث لم يكن مقلداً للفيزيوقراطيين تماماً، بل غيّر وأضاف على نظريتهم، وعارض فكرة ان الزراعة أساس الثروة، واعترف بأهمية التجارة

والصناعة، وان العمل مهما كان نوعه هو مصدر الثروة، وان ازدهار الأمة يتوقف على درجة الحرية التي يتمتع بها أفرادها، ولهذا يجب إلغاء الاحتكارات والامتيازات والقيود الضريبية والكمركية التي تحد من حرية الإنتاج والتجارة والصناعة والتصدير والاستيراد.

٧- الجغرافية:

تقدم علم الجغرافية في القرن الثامن عشر بشكل ملحوظ، واستخدمت المعلومات الجديدة التي نشرها الرواد والمكتشفون والتجار عن لغات وعادات وتقاليد وطرق وطبوغرافية ومواصلات البلاد والشعوب المختلفة عبر العالم، سواء الهنود أو الصينيون أو اليابانيون أو الأستراليون والأمريكيون، ودراسة علم الإنسان وأصوله، وتطور أجناسه ولغاته وتوزيعاته الجغرافية، بحيث لم تكن معروفة من قبل لدى العلماء.

٨- العلوم اللغوية:

نشر عدد من الكتب والمعجمات اللغوية في الصرف والنحو، وأول هذه الكتب المعجم العلمي الفرنسي عام ١٦٩٤، ثم المعجم الملكي الإسباني عام ١٧٧١ في الصرف والنحو باللغة الإسبانية، وأنهى عام ١٧٥٥ صموئيل جونسون المعجم الإنكليزي اللغوي الشهير، وانتهى اللغوي الألماني عام ١٧٨٦ أديلونغ من وضع المعجم الألماني، واهتم القاضي الإنكليزي وليم جونسون (١٧٤٦-١٧٩٤) في محكمة العدل العليا في كلكتا باللغات العربية والفارسية والعبرية، ومهد الطريق أمام دراسة وبحث اللغات الآرية وشعوبها.

٩- علم الإنسان:

كان بلوسنباخ (١٧٥٢-١٨٤٠) الطبيب الألماني والاختصاصي في علم الحياة ووظائف الأعضاء من أبرز العلماء الذين بحثوا في أصل الإنسان وأجناسه، وقدم عام ١٧٨٧ تصنيفاً للأجناس البشرية يعتمد على الاختلافات في لون البشرة وتركيب

الجمجمة البشرية وتقاطيعها، وقسم الأجناس الأساسية إلى الجنس الأبيض من القفقاس، والجنس الأصفر من المغول، والجنس البني من الملايو، والجنس الأسود من أفريقيا، والجنس الأحمر من هنود أمريكا، وقد عد معظم العلماء هذا التقسيم أساساً لأبحاثهم في أصل الإنسان، وساروا عليه طويلاً[٢٦].

نتائج تقدم العلوم الاجتماعية:

١- كان من أبرز مظاهر تقدم العلوم الاجتماعية والفكرية هو ارتقاء الطبقة المثقفة المستنيرة بالجنس البشري ورفاهيته، واعتقادها بوجوب تحسين حالة الفرد، ووُضِّح هذا بالمطالبة بإجراء الإصلاحات الشاملة في الاقتصاد، مثل آدم سميث، وفي المجتمع مثل روسو، وفي القانون بنثام، وفي الدين فولتير، والطبيعة والأخلاق كانت، وادعى هؤلاء ومؤيدوهم أن القيام بهذه الإصلاحات يضاعف الجنس البشري والثروة المالية، وسينشئ الإنسان الحر ذو العقل المتفتح الفردوسَ على الأرض دينياً، وسياسياً، وأخلاقياً، واقتصادياً.

٢- ظهرت مبادئ إنسانية بشكل واضح تدعو إلى تحسين معاملة المجرمين من بكاريا وبنثام ومستنيرين آخرين، وبعض الملوك دعوا إلى ذلك، وقصر عقوبة الإعدام على من ارتكب جريمة كبيرة، وإلغاء التعذيب وتحسين حالة السجون، والاعتراف بالتسامح الديني.

٣- تحرير العبيد، فقد شعرت الطبقة المثقفة بوجوب إلغاء تجارة العبيد والأرقاء؛ لأنها تتعارض مع الطبيعة الإنسانية والدينية، واحتجت طائفة الكويكرز الأمريكية على تجارة النخاسة، وحرّمت على اتباعها في بريطانيا ممارستها عام ١٧٦١، وأصدر توماس كلاركسون عام ١٧٨٦ كتيباً عن النخاسة والتجارة بالبشر، كان له ضجة كبرى، وأدى إلى تأسيس لجنة مكافحة النخاسة بزعامة وليم ولبرفورس (١٧٥٩-١٨٣٣) عضو البرلمان البريطاني، ثم تأسست عام ١٧٨٨ في فرنسا جمعية أصدقاء السود من الطبقتين النبيلة والمثقفة (الوسطى)، ومنعت الدانمارك عام ١٧٩٢ رسمياً تجارة العبيد.

٤- نشر التعليم: طالب الشاعر ملتون والفيلسوف لوك بإنشاء نظام تعليمي قومي في بريطانيا، وكانت بعض الجماعات الدينية قد أسست فيها مدارس مجانية لتعليم أبناء

الفقراء، مثل مدارس يوم الأحد لجمعية المثوديست، والمدارس اليومية لجمعية تنمية المعارف المسيحية، وقام يوحنا لاسال مؤسس الاخوة المسيحيين (الفرير) بإنشاء مدارس مشابهة، وأضيف لهذه الجهود دعوة الطبيعيين لها أمثال روسو وهيردر، وكان للأخير الفضل في رفع المستوى التعليمي في المدارس الألمانية، وكانت رغبة المثقفين بوجوب جعل التعليم حقاً للجميع أساساً لبروز أصول التعليم القومي في القرن التاسع عشر.

٥- الحركة السلمية العالمية: اشتد الدعوة إلى حركة سلام عالمية جراء الحروب والانتهاكات والآلام الدينية والسياسية والاستعمارية، وكان أول من رفع لواء المطالبة والاحتجاج جوقروشيوس (١٥٨٣-١٦٤٥) الهولندي، صاحب كتاب البحث في قوانين الحرب والسلم، في أثناء حرب الثلاثين عاماً، وقد صرح بضرورة التسامح الديني في هولندا البلد المتعصب، فحكم عليه بالسجن المؤبد، ولكنه هرب ورحل إلى باريس، ونشر كتابه المذكور، وهو الأبرز في قضايا السلم والحرب، والقانون الدولي وعلاقة الدول المتحاربة بالدول المحايدة، ومعاملة المرضى والجرحى والأسرى من الجنود، ومنع السلب والنهب والتدمير أثناء الاحتلال، وكتب وليم بن رسالة شهيرة (السلم الأوروبي في الحال والمستقبل)، واقترح إنشاء محكمة عدل دولية للتحكيم واستبدال الطرق القضائية بالطرق الحربية في حال النزاعات الدولية، ووضع الكاهن الفرنسي بان بيير مشروعاً للسلم اثر انتهاء حرب الوراثة الإسبانية يضمن إنشاء عصبة أمم دائمة، ولقي اقتراحه دعم المثقفين واستحسانهم، مثل روسو وبنثام.

٦- النزعة الوطنية والقومية، تمخض عن هذا العصر فكرة النزعة الوطنية، وان العالم الوطن الحقيقي للجميع، ونمو الروح القومية، وان الإنسان حيوان اجتماعي له ألفة بين البشر، وبين الكائنات الاجتماعية الأخرى، وان مسؤولية سعادة كل فرد ورفاهيته تقع على عاتق الجميع، والتنديد بالروح الوطنية الضيقة، ووجوب الخلاص المحلي للجماعات، وان الأفراد رعايا العالم بأسره، يسعون لنشر السلم الدائم وتقدم الجنس البشري، وقد كانت الحروب سجالاً بين فرنسا وبريطانيا في هذا الوقت، وكان كبار

مفكريهم من روسو وفولتير وسميث وفرانكلين يتبارون في نشر هذه الأفكار ويدعمونها.

ومن جانب آخر ظهرت الروح القومية أيضاً لدى بعض المثقفين، وقالوا بأن القوميات المختلفة هي وحدات أساسية في المجتمع الإنساني لا غنى عنها لتنفيذ الإصلاحات الضرورية وتنمية وتقدم البشر والسلم العالمي، وأكد فولتير على المساواة بين الناس عامة، وحرص على ان كل قومية عليها الإعجاب بتقاليدها وتقديسها والسعي لنيل استقلالها بشتى الطرق، وخصص هيردر وهومن - أشهر المستنيرين في القرن الثامن عشر وأشدهم إنسانية - معظم كتاباته للإشادة بالقومية.

وقد انتقلت الروح القومية من بضعة مثقفين إلى الأغلبية السياسية المثقفة التي تؤمن بحق الآخرين في تقدير المصير، وتخويل الأفراد حق اختيار الدولة التي يرغبون فيها، وتحديد نوع الحكومة التي يريدون ان تحكمهم، ومنح الأفراد هذه الحقوق، وإنهاء روح الإخلاص للجماعات الصغيرة، وان يحل محله الولاء والإخلاص بعقل وحكمة للجماعة، وإزالة الفوارق بين الطبقات وإحلال المنافسة الشريفة للأعمال الصالحة بين الأمم الأخرى الحرة محل المنافسات والصراعات والحروب بين الأسرة المالكة والحاكمة.

رابعاً: بروز الروح الفنية والرومانسية

ان التغيرات الكبيرة التي شهدتها أوروبا خلال القرنين السابع عشر والثامن عشر في العلوم الطبيعية والتطبيقية والاجتماعية لاقت تقدماً في الإصلاحات في الجوانب السياسية والاقتصادية والمجتمعية، وظل مظهر واحد من مظاهر الانقلاب الثقافي ثابتاً هو الطريقة الكلاسيكية في تفكير مثقفي أوروبا حتى مطلع القرن التاسع عشر.

وتتلخص هذه الطريقة باحترام وتقدير مستنيري أوروبا لما قام به الإغريق والرومان من نفائس العلوم والآداب والفنون، والإشادة بمستواها العالي، وعدها أرقى ما وصلت إليه البشرية.

وكانت المدارس والجامعات الكاثوليكية والبروتستانتية تعد تدريس اللغتين اللاتينية والإغريقية من دعائم برامجها، وان الإلمام بمصنفات القدماء من العلماء والأدباء كهوميروس وأفلاطون وارسطو طاليس وشيشرون وفرجيل وغيرهم واجب على كل مثقف، وكان عليه إذا رغب الكتابة بلغته الأصلية ان يعتمد على الأسماء والعبارات المقتبسة من الكلاسيكية، ويقلد أساليب الكتاب الكلاسيكيين واستعاراتهم القيمة والرصينة.

١- فن البناء:

تأثر مهندسو القرنين السابع عشر والثامن عشر بأساليب البناء الإغريقية والرومانية، واتبعت النماذج الكلاسيكية بدقة كبيرة، دون إضافات تذكر إلا ما كان من نقش أو زخرفة في البنايات، أو قصور الملوك والنبلاء، والكنائس والأديرة، والمسارح، والمدارس، والجامعات، والحدائق، والأضرحة.

وكان داخل كل بناء تماثيل ورسوم منحوتة ومرايا وشمعدانات والأدوات الصينية الخزفية والأنيقة. مثل ساحة كنيسة القديس بطرس في مدينة روما ومذبحها الفائق الطراز والروعة، وقصر فرساي والانفاليد في فرنسا، وقصر فردريك العظيم في بوتسدام، وكنيسة القديس بولص في لندن، وقصور وكنائس في مدينة بطرسبورغ في روسيا.

أما في منتصف القرن الثامن عشر فقد ابتعد المهندسون والنحاتون إلى حدٍّ ما عن الأساليب الكلاسيكية، وقللوا من حجم الزخرفة داخل الأبنية وخارجها، مثل القصر الملكي في مدريد عام ١٧٣٤,

٢- التصوير:

لم يخضع فن التصوير للأساليب الكلاسيكية، مثل فني البناء والنحت، وكانت الصور كلها تتصف بالزخرفة المبالغة، واشتهر من المصورين في القرن السابع عشر روبنز (١٥٧٧-١٦٥٠) من الأراضي المنخفضة الإسبانية، ومن الصور الخالدة هنري

الرابع وزوجته ماري دي ميدتشي، وجيمس الأول ملك بريطانيا، وفان ديك الهولندي (١٥٩٩-١٦٤١) الذي أحب تصوير الأشخاص، وصوّر عشرات الأمراء والملوك في فرنسا وهولندا، وأسرتي جيمس الأول وشارل الأول.

وفيلاسكي (١٥٩٩-١٦٦٠) مصور فيليب الرابع الإسباني الخاص الذي امتاز بتصويره الواقعية، مثل الصورتين الشهيرتين (استسلام مدينة بريدا) و(فيليب الرابع)، أما موريللو (١٦١٧-١٦٨٢) الذي صور في بدء حياته القضايا الشعبية، مثل الفقراء والمتسولين الأطفال، ثم المواضيع الدينية، وأرقى صوره (حبل مريم بلادنس)، و(القديس أنطوان).

وتجلت في القرن الثامن عشر الروح الكلاسيكية في فن التصوير في بريطانيا وفرنسا، واشتهر في الأولى يشوع رينولدز (١٧٢٣-١٧٩٢) أثر تصويره لشهيرات نساء العصر من نبيلات وممثلات مع مناظر خلفية فاخرة، وتوماس جينز بورو (١٧٢٧-١٧٨٨) بصوره الزاهرة والصافية، وجورج رومني (١٧٣٤-١٨٠٢) بصورتيه عن الليدي هاملتن عشيقة نلسن والممثلة بيرديتا عشيقة ولي العهد حينذاك، أما هنري ريبيرن فكان واقعياً، وتخصص في تصوير النبلاء الاسكتلنديين.

وتميز فن التصوير في فرنسا بالزخرفة والأناقة والجمال بشكل فائق، وكان واتو (١٦٨٣-١٧٢١) يميل إلى تصوير الاجتماعات الأرستقراطية، وحفلات الرقص والموسيقى، وتجميل السيدات والثياب الفاخرة والجميلة، ومثله بوشيه (١٧٠٣-١٧٧٠) مصور البلاط في عهد لويس الخامس عشر الذي اشتهر بتصوير مدام دي بمبادور عشيقة الملك، أما جريز (١٧٢٥-١٨٠٥) فقد امتاز برسومه الريفية العاطفية القريبة إلى قلوب أبناء الطبقة الوسطى.

عدا هؤلاء الكلاسيكيين فقد اختار مصورون آخرون التصوير الواقعي أو الانتقادي، أو الطبيعي لتمثيل بدقة وصدق وواقعية حياة الفلاحين والعمال والطبقة الوسطى، كالأسواق والاحتفالات والاجتماعات، ومن أشهرهم الهولندي رمبراند

(١٦٠٧-١٦٦٩)، واهتم بتصوير المعاصرين من التجار والأثرياء والطبقة الوسطى والمناظر الطبيعية الجميلة.

أما التصوير الانتقادي، فاشتهر به وليم هوجارت البريطاني (١٦٩٧-١٧٦٤)، ومن أشهر صوره صور الانتخابات البرلمانية، ودانيال تشود وويكي (١٧٢٦-١٨٠١) البولندي، وفرنسيس جويار (١٧٤٦-١٨٢٨) الإسباني، اعتمد الأخير على كرهه للأرستقراطية ورجال الدين، وانتقد النبلاء في صوره وسخر منهم، ويعد تصويره لشارل الرابع وهو يمتطي جواده أوقع صورة لملك في التاريخ؛ لأنه أظهره بمظهر الملك المطلق الأبله المعتوه. ورسم صورة شخصيات بلهاء وأغبياء وخبثاء وهم من السياسيين.

أما المصوران الطبيعيان، فهما ريتشارد ولسن البريطاني (١٧١٤-١٧٨٢) المتخصص في تصوير المناظر الطبيعية الجذابة من أنهار وغابات ومزارع وبحار وبحيرات، والإيطالي بيرانيزي (١٧٢٠-١٧٧٨) وتصاويره عن الآثار الرومانية الطبيعية، وهو ابتعاد عن الأساليب الكلاسيكية المتبعة سابقاً.

٣- الأدب:

مع قلة استخدام اللغة اللاتينية في التأليف سيطرت الروح الكلاسيكية على تصانيف عصر الاستنارة الأدبية نظماً ونثراً، وألفت مؤلفات أدبية بلغات أوروبية أصلية فيها التعقيد في الوصف والأسلوب، والأسلوب الكلاسيكي المشوق والكلمات الرنانة، وازدهرت في فرنسا وبريطانيا خاصة المؤلفات الأدبية، ففي فرنسا كان لويس الرابع عشر في عز العصر الذهبي لفرنسا، وشهد ظهور كتّاب خالدين، أمثال كورثيي (١٦٠٦-١٦٨٤)، وموليير (١٦٢٢-١٦٧٣)، وراسين (١٦٣٩-١٦٩١)، ومدام دي سيفينه (١٦٢٦-١٦٩٦)، ولافونتين (١٦٢١-١٦٩٥).

وفي بريطانيا شعراء أمثال يوحنا ملتون (١٦٠٨-١٦٧٤)، ويوحنا دريدن (١٦٣١-١٧٠٠)، واسكندر بوب (١٦٨٨-١٧٤٤) قد استخدموا الروح الكلاسيكية بشكل حسن ورائع.

وشهد القرن الثامن عشر ازدهاراً في النثر مع الروح الكلاسيكية فيه، وأساليب كتابة منمقة ومنظومة، واستعارات كلاسيكية، ومن أبرز الكتّاب يوحنا لوك، وكيبون، وهيوم، وجونسون، وسميث، وبلاكستون، وتشيستر فيلد، وبيرك، وظهرت أيضاً الرواية في هذا العصر بفضل تطور النثر، ومن أشهر الروائيين دانيال ديغو (١٦٦٠-١٧٣١)، ويوسف أديسون (١٦٧٢-١٧١٩)، ويوناثان سويفت، وصموئيل ريشاردسون (١٦٨٩-١٧٦١)، وهنري فيلدنج (١٧٠٧-١٧٤٥)، وجورج سمولت (١٧٢١-١٧٧١)، ولوريس ستيرن (١٧١٣-١٧٦٨).

أما في فرنسا فقد تميزت بالطبع عن بريطانيا في نتاجها الأدبي، ولا شك ان فولتير هو من أعظم أدبائها وأكثرهم تأليفاً، ووجّه اهتماماته لجعل الكلاسيكية سمتاً لكتاباته، ثم يليه فولتير، ومونتسكيو، وديدرو، وهولباخ، وروسو، ورينال، وبريفوست، وآخرون، وفي ألمانيا وإيطاليا ظهرت الروح الكلاسيكية النقية، ومن دعاتها ليسنغ، وحث الألمان على الاعتماد على الأساليب الكتابية الإغريقية وقواعدها، وفي إيطاليا الفيري الذي كتب بأسلوب حماسي بسيط عدة روايات تمثيلية ناجحة
في مواضيع أغريقية ورومانية تحمل على استبداد حكام عصره.

وقد اتخذ بعض الأدباء في عصر التنوير قواعد غير كلاسيكية في كتاباتهم عن الطبيعة وحياة الشعوب وتقاليدها، وهي ثورة على الروح الكلاسيكية المسيطرة على الناس حينذاك، وظهر هذا في الأدب الإنكليزي أولاً بين الشعراء.

وقاد في ألمانيا الحركة الشعرية هيردر، وكان له تأثير كبير في صفوف الشباب، وفيخته (١٧٤٩-١٨٣٢) مؤلف رواية (الام فيرتر الخالدة)، وشيلر (١٧٥٩-١٨٠٥) مؤلف مسرحية (اللصوص)، ثم اتبعها بقطع رومانسية أخرى.

وتأخر في فرنسا ظهور النزعة الرومانسية إلى القرن التاسع عشر، لان الروح الكلاسيكية كانت تسيطر على عقول الأدباء والكتّاب سيطرة كاملة، فعصر فرنسا كان كلاسيكياً سواء قي القرن السابع عشر ام القرن الثامن عشر.

٤- الموسيقى:

تقدمت الموسيقى في عصر التنوير مثل بقية الفنون الجميلة، واحتلت إيطاليا المكانة الأولى بين الدول، لانها وضعت الاوبرا أي الموسيقى الطويلة مع الغناء في التمثيل، وانتقل هذا من إيطاليا إلى فرنسا وبريطانيا بين الأرستقراطية، واشتهر هاندل (١٦٨٥-١٧٥٩) في ألمانيا بتأليف الروايات الموسيقية.

وتطورت مع الموسيقى الأدوات والآلات، مثل البيانو والكمان في فرنسا وإيطاليا تباعاً، وظهر في القرن الثامن عشر أشهر عازف على الأرغن، وهو جوهان باخ الألماني (١٦٨٥-١٧٥٠)، وكان يميل إلى الطبقة المستنيرة، ويقدم لها ألحاناً غربية كلاسيكية شاذة لم يشتهر بسببها في عصره.

ثم ظهر فيليب رامو (١٦٨٣-١٧٦٤) رئيس موسيقى بلاط لويس الخامس عشر في فرنسا، إلا ان موزارت (١٧٥٦-١٧٩١) هو أعظم شخصية موسيقية في القرن الثامن عشر ألّف ٦٠٠ قطعة موسيقية رغم قصر عمره، من موسيقى إلى غناء إلى أحزان الموق إلى روايات تمثيلية في ظل ذوق راقٍ وأسلوب سليم، وتجديد ونبوغ، وأثّر في هايدن وبتهوفن من بعده بشكل كبير[٢٧].

الفصل الحادي عشر

الثورة الصناعية والمالية والنظم

الاقتصادية في القرنين السابع

عشر والثامن عشر في أوروبا

أولاً: الأنظمة الاقتصادية الجديدة.

ثانياً: الأزمة الاقتصادية في اوروبا.

ثالثاً: التقنية العسكرية.

رابعاً: الثورة الملاحية.

خامساً: الثورة المالية والصناعية.

سادساً: الخدمات الانسانية الحديثة.

أولاً: الأنظمة الاقتصادية الجديدة

قد يكون الاقتصاد هو المجال الأوسع الذي تصارعت فيه النظم الجديدة في عصر النهضة، فالرأسمالية التجارية قامت على أساس الاعتماد المالي في أواخر القرن الثالث عشر في فلورنسا وجنوة والبندقية، وان النظم المالية المختلفة كالمضاربات والتحويل بالمدفوعات وكتب الاعتماد هي محور استقطاب الكثير من التعاملات التجارية والمالية والتبادلات الدولية.

إن أي تقدم تقني لا بد ان يحمل معه تطوراً مالياً، فمثلاً في فرنسا نرى أن الإيراد والدخل لم يكن من وسائل الدعم المالي، والريع الناشئ عن مبلغ من المال يصلح بيعه من دائن إلى آخر لقاء مبلغ يفرضه أو يسلفه، على ان يستوفي دينه تباعاً من إيجار عقار معين بموجب عقد يعد بيعاً نهائياً، بحيث لا يعود على المدين ان يدفع بعد ذلك، ففي الريع الدائم لا يستطيع الدائن ان يسترجع عين المال الذي دفعه نقداً، وحاول بعض الناس رغم معارضة القضاء ان ينزلوا الريع الدائم منزلة مال بفائدة، وحاول الدائنون في باريس منذ القرن الخامس عشر ان يضيفوا على الدين شروطاً أخرى كأن تخضع كل الأملاك في الدين ومقتنياته، وشروطاً تحدد بصورة خاصة حق الدائن باستيفاء جميع حقوقه من جميع أملاك المدين ان لم يسدد هذا الأخير ما تبقى عليه من حساب، غير مكتف بريع العقار المرتهن لديه والذي كان يستوفي ريعه.

وهكذا فإنها معادلة تسليف بفائدة، وأصبح الريع إلزاماً شخصياً مع الرهن، وأصبح هذا أداة سهلة في عملية التحويل المالي.

ان اتساع الأعمال والحركة التجارية وازدياد كمية التسويق الكبيرة كانت تعد بحق أساس التغيير في النظام الاقتصادي، فقد امتدت الحركة التجارية من إسبانيا والبرتغال إلى الهند والصين والعالم الجديد والأمريكيتين، وأدخلت تغييرات في الحركة الاقتصادية العالمية لم تكن معروفة من قبل، وشهدت السنوات الأخيرة من القرن الخامس عشر نهاية الحقبة التي قلّت فيها المعادن الثمينة وهبطت الاسعار هبوطاً كبيراً، وتقلصت المعاملات التجارية، وضعفت حركة الإنتاج، وشجعت هذه الصعوبات الاقتصادية الناس للبحث عن مخرج لها، وظهر جيل من رجال الأعمال والتجار والمغامرين يبحثون عن هذه الحلول اللازمة.

فقد استطاع هؤلاء مع التقنيين ان يؤسسوا حركة سفن حديثة تجوب البحار في الكشوفات الجغرافية بحثاً عن الذهب والفضة، والمواد الأولية والزراعية، والأسواق التجارية حول العالم، ولا سيما إلى الهند والصين، ونقل المواد الشرقية والبضائع، كالتوابل والحرير والذهب والفضة والبخور والعطور وغيرها، وساعدت عملية التطور في النقل البحري في ازدهار التجارة والمعاملات المالية وحركة الأسواق، وتسهيل نقل البضائع التجارية والتوابل إلى الأسواق الفرنسية والبلطيقية والإنكليزية من آسيا والمحيط الهندي، وتحويل سبائك الذهب والفضة من مناجم ألمانيا إلى البندقية ولشبونه، ووصول الأصباغ من الهند والبرازيل، وتطور صناعة النسيج وورود القطن، وتطور صناعة السكر ومطاحنها، وصناعة صيد الأسماك، واشتداد الطلب عليها في أوروبا الغربية والبلطيق، واستيراد الصوف والأجواخ، وصناعة الحديد والنحاس والزئبق والمدافع، والأنسجة والبارود، وتصديرها إلى لشبونة وإشبيلية، مما تسبب في ارتفاع الأسعار، وازدياد التجارة والمبادلات التجارية.

فقد نشطت الحركة التجارية، وازدهرت اشبيلية والموانئ الأمريكية الإسبانية، وكانت محور الحركة التجارية القادمة من أوروبا، وازدهرت الفترة بين (١٥٠٤-١٦١٠) ازدهاراً كبيراً، وارتفعت حركة النقل البحري بنسبة كبيرة عن السابق ١% إلى ٢٠% والذي ترافق مع حركة النقل والمواصلات والأعمال التجارية وطرق المواصلات الجديدة.

وقد ترافق مع هذه الفترة حدوث هزة مالية كبيرة عرفتها البيوت التجارية في اوروبا في النصف الأول من القرن السادس عشر، فقد أدت الحروب خلال هذه الفترة إلى أن يقوم الملوك والأمراء بالاستلاف - ومبالغ كبيرة - لتغطية نفقات الحروب، ووجدوا أنفسهم بعد حين غير قادرين على السداد وعاجزين عن ذلك، فضلاً عن مصروفاتهم على الحياة الباذخة والمسرفة في البلاطات الملكية، فنشأت من جراء ذلك أزمات مالية قوية هزت أوروبا بين (١٥٥٧-١٥٥٩)، ووقعت أسرة هبسبورغ نفسها في عجز مالي بين ١٣-٢٠ مليون دوق، وأعلنت إفلاسها، وتوقفوا عن الدفع وأوقفوا استخراج الذهب في بلادهم، وكان هؤلاء الملوك قد استدانوا من أسر تجارية ومالية

ثرية في أوروبا، مثل الفلورنتيين، وأسرة فوجر، وحوّلوا آل هبسبورغ الديون التي عليهم إلى سندات بفائدة قدرها ٥% ما لبثت ان فقدت قيمتها الاسمية في البورصة.

وكانت لأسرة فوجر مستحقات على إسبانيا بقيمة مليون دوق، ضعف رأسمالها التجاري، فقد اشتروا عام ١٥٦٣ سهم، خسرت بين ٥٠-٤٠% من قيمتها الاسمية بعد حين.

ثم ان فرنسا التي خسرت معاركها عام ١٥٥٧ لم تستطع ان تدفع سوى مبلغ ضئيل من أصل الفائدة المستحقة عليها من المبالغ التي سبق ان اقترضتها، ووصلت الديون إلى (٤٤-٣٦) مليون دوق في عام ١٥٤٧، وخسرت قيمة العملة من الدوق التي أصدرتها ٥٠-٤٠% من القيمة الاسمية.

وهكذا فإن البيوتات المالية التي كانت تتولى الأعمال المالية والمصرفية وجدت نفسها في أزمة بعد ان تكاثر الإفلاس المالي، وانهارت مؤسسات فوجر نفسها بعد ان فاقت الديون المستحقة عليها موجوداتها اثر فقدانها حرية التجارة والمضاربات التجارية، الأمر الذي اضطر معه بعض أعضاء الأسرة للانسحاب من الشركة.

اعتقد البعض ان الأزمة المالية هذه التي استحكمت حلقاتها في منتصف القرن السادس عشر مهدت السبيل لأزمة مالية أخرى لحقت بالرأسمالية في النصف الثاني من القرن السادس عشر، ومنذ عام ١٥٦٢، ١٥٦٣ عقدت معاهدة (كاتو- كمبرسيس) التي أعادت السلام إلى أوروبا ولو إلى حين، فنشطت حركة المصانع والتصدير بشكل ملحوظ خلال هذه الفترة.

وعندما تدهورت البيوتات التجارية والمالية نتيجة الحروب الأوروبية بعد ذلك - مثل أسرة فوجر وغيرها - حلت محلها بيوتات مالية ضخمة في جنوة نتيجة للحرب التي وقعت بين الملك فيليب الثاني وبين إنكلترا، والاضطرابات التي وقعت في فرنسا وانقطاع حركة المواصلات والنقل والتجارة، وخاصة أن جنوة كانت تتمتع بموقع استراتيجي للتجارة داخل أوروبا وخارجها، وكعقدة مواصلات تمر عبرها المعادن الثمينة في طريقها إلى إسبانيا والبلاد المنخفضة وعبر ممرات جبال الألب.

وقد نشأت مصارف مالية خاصة وطنية في باليرمو وجنوة عام ١٥٨٦، والبندقية عام ١٥٨٧، وميلانو وروما عام ١٥٩٣، وقامت هذه المصارف بعملية التسليف والإقراض وبشكل مكشوف دون إيداع سندات تغطية توازيها، وتستخدم عملات ورقية يجب على المودع دفع عملات درهمية بالعملة ذاتها التي دفع بها، وتكفل المبالغ المودعة فيها ضد أي هبوط يطرأ على النقد، وهكذا نرى ان المبالغ الضخمة التي استخدمت في القرن السادس عشر جاءت دليلاً على ما شهد هذا القرن من رأس مال له نفوذ وتأثير.

١- المعادن الثمينة وارتفاع الأسعار

اشتدت في النصف الثاني من القرن السادس عشر حاجة أوروبا إلى المعادن الثمينة، وذلك لأن النقد المتداول لم يكن كافياً بحيث يشجع على الإقدام على المقايضة التجارية، ثم إن ندرة النقد نفسه وقف حائلاً أمام تقدم الإنتاج وتطوره، وأدت المقادير الكبيرة من المعادن الثمينة التي رغب فيها المتعاملون إلى تحقيق الانتعاش لحركة الكشوفات الجغرافية في المحيطات، وقد أمكن توفير هذه المعادن عن طريق استثمار مناجم الفضة في أوروبا. وكانت هذه موضع اهتمام أصحاب المصارف خاصة لما لهذا المعدن من أهمية في القدرة الشرائية العالية والتعاملات النقدية والمالية والمصرفية، وقد سدّت الفضة المستخرجة من المناجم الألمانية (١٤٧٠-١٥٤٠) حاجة البحر المتوسط؛ ليحل تدريجياً محل الذهب المستورد من السودان لصعوبة الحصول عليه في ذلك الوقت.

وعندما احتلت اسبانيا جزر الانتيل أخذ الذهب الأمريكي يسير بسرعة نحو إسبانيا، ثم يليه الفضة، وازدادت الكميات المستوردة من هذه المعادن الثمينة بعد ان تم اكتشاف المكسيك على يد فرناندو كوريتس (١٥١٩-١٥٢٢)، والبيرو على يد بيزار (١٥٣٢-١٥٣٥)، واكتشفت عام ١٥٤٥ مناجم الفضة الغنية في بوتوزي في جبال البيرو، واستُعمل الزئبق عامي (١٥٥٢-١٥٥٤) في استخراج الفضة من مناجمها، وهكذا أخذ هذا المعدن يسير بسرعة نحو إسبانيا.

ثم خرجت هذه الكميات الكبيرة من الفضة والمعادن الثمينة من إسبانيا بسرعة ثمناً لمستوردات الحبوب والخمور والمعادن والبارود والمدافع، من فرنسا وإيطاليا والأراضي المنخفضة وألمانيا وإنكلترا، وقد توافد عليها أصحاب المصارف ورجال الأعمال والصناع المهرة للعمل فيها من فرنسيين وألمان وإيطاليين، ونشروا هؤلاء المعادن الثمينة، ووزعوها في مختلف أرجاء الدول والمدن الأوروبية.

أدّت هذه الكميات الكبيرة من المعادن الثمينة إلى ارتفاع الأسعار بشكل كبير، ولكنها لم تكن العامل الوحيد لهذا، فقد ساهم في ذلك نفقات الجيوش والصرف ببذخ على البلاطات، وارتفاع مستويات المعيشة، وازدياد أعداد السكان، مما زاد في معدلات الطلب، واحتكار التجارة، وقيام الحروب المحلية، والحروب الأوروبية في إيطاليا وفرنسا والأراضي المنخفضة وألمانيا، والدولة العثمانية، مما دفع إلى الاعتماد الكبير على المال والمدفوعات المالية، ورغم ذلك فلم تزدد الأسعار بهذه الأسباب فحسب، بل أدى الإنتاج المتزايد من المعادن الثمينة إلى ارتفاعها بشكل رئيسي، وامتدت إلى كافة أنحاء أوروبا منذ أواخر القرن الخامس عشر، وانطلقت حركة الارتفاع من الأندلس إلى باقي أوروبا على أن أعلى نسبة كانت في إسبانيا.

والعجيب في الأمر أن التجار وأصحاب المال في ذلك الوقت لم يدركوا أسباب هذا الارتفاع الكبير في الأسعار، فتصوروا أن هدر الثروة الحيوانية عام ١٥٢٥ بكثرة ذبحها، والرسوم الباهظة التي فرضت عام ١٥٣٧ على حق استعمال المراعي وعلى تصدير البضائع إلى أمريكا هي السبب في ذلك، وان المضاربات التي يقوم بها الأجانب على الأراضي الزراعية الإسبانية أيضاً أسهمت في ذلك، وللتخفيف من حدة الارتفاع عملت الحكومات والبلديات على فرض الرسوم، وحظر التلاعب بالأسعار، ومصادرة بعض البضائع، ولكن دون أن يكون لهذه الإجراءات حل نهائي.

ولم تأت النتيجة حتى أواخر القرن السادس عشر، لا سيما مع استمرار ارتفاع الأسعار شيئاً فشيئاً بالنسبة لقيمة النقد الفعلية الضعيفة، وقد سبب هذا الأمر المضاربات المالية على العملات في مختلف الدول، وبنسبة الفرق الرسمي بين الذهب والفضة، وقد حمل تجار أجانب معهم إلى الدول الأوروبية التي دخلوها عملات أجنبية قيمتها دون

قيمة النقد في البلاد، وكانوا يتقدمون بجرأة لشراء هذه العملات، ويدفعون فيها أسعاراً تزيد على سعرها الرسمي بالتحويل، ثم يعمدون إلى تحويل هذه العملات إلى سبائك ذهب، إذ كان سعرها أكثر بكثير مما دفعوه ثمناً للعملة الذهبية بالنقد الأجنبي الذي حملوه معهم، وهكذا كانوا يسعرون العملات العينية أعلى من العملات الورقية المعدة للتداول والتي كان سعرها الاسمي في انحدار مستمر، بينما أسعار الحاجيات في ارتفاع مستمر، وكانت النتيجة دوماً واحدة رغم كل إجراءاتهم، وهي ارتفاع مستمر في الأسعار؛ نتيجة لازدياد كمية المعادن الثمينة في الأسواق.

هذا الارتفاع سبّب ارتباكاً بسبب المشاكل والصعوبات التي واجهها الناس عامة والتجار وأصحاب المصارف ورجال الأعمال خاصة، وحركت الاضطرابات والمشكلات التجارية مع ارتفاع الأسعار أربع مرات: بين (١٥٠١-١٦٠١) وفي إسبانيا ٥٠% بين (١٥٠١-١٥٢٥)، ثم ٣٧% بين (١٥٢٥-١٥٥٠) أي زيادة كبيرة وغير ملحوظة من قبل، وقد عدّ هذا حافزاً من أجل زيادة الإنتاجية أكثر مما كان اضطراباً اقتصادياً من أجل الربح والكسب.

وقد شهدت حركة الأعمال التجارية والمبادلات بعثاً في النشاط الاقتصادي في جميع أنحاء أوروبا، وذلك إبان الأزمة المالية الكبيرة التي استحكمت حينذاك، وقد حافظت حركة التصدير على هذا المعدل، حتى بلغت حركة شحن البضائع والمواد الذروة خلال القرن الثامن عشر.

ان الطلب المتزايد من إسبانيا والبرتغال على الانتاج الصناعي والمواد الغذائية من كل أوروبا - تلبية منها للطلبات الشديدة من كل العالم - ساعد كثيراً في تطوير الإنتاج وأدواته، والتركيز التجاري والصناعي الذي انتشرت حركته، وظهرت بوادر رأسمالية صناعية سواء في صناعة النسيج أو غيرها، وكان يعمل في مراكز النسيج الكثير من الحلاجين والندافين والحاكة، وأصحاب الورش والصناع الصغار الذين اعتمدوا على حسابهم الخاص، وآخرون بأعداد كبيرة يعملون لدى التجار الكبار، أو الباعة المتجولين الذين يصرّفون الإنتاج، وازدادت معامل ومصانع النسيج والأجواخ على السواء، حتى في المنازل والبيوت لتشجيع الإنتاج وتقويته بعد ان جهزوها بكل ما

تحتاجه من مواد وآلات وعمال، وفي بعض الأحيان كانوا يعملون في الليل والنهار كسباً للوقت والمال وزيادة في الإنتاج، ولم تكن تقتصر المنازل والبيوت - التي حولت في أغلب الأحيان إلى مراكز إنتاجية كمعامل ومصانع - على النسيج فحسب، بل أصبحت مراكز للصبّاغين والحلاجين والندّافين والقصّارين؛ لكي تتم عملية صنع الملابس أو الامور البيتية والحياتية دفعة واحدة دون تكاليف نقلها أو حركتها التي تستنزف المال والوقت والجهد.

وقد انتعشت المدن وكبرت وتضخمت، وازدادت طلباً للمواد الغذائية والخامات والملابس، مما سبب انقلاباً في حياة ونشاط الفلاحين في الريف والمزارعين، واصبح هؤلاء قادرين على تصدير العجول والحيوانات الأخرى إلى المدينة، أو تصدير مواد الصوف الضرورية لحياكة الأصواف والأجواخ التي تُصدّر إلى الخارج، فنشطت وتغيرت حياة الفلاحين بعد الطلبات الكثيرة من القرى والمدن التي تحرص على استخدام هذه المواد، وتزويد المصانع أو حركة التجارة الدولية بحاجياتها ومطالبها من البضائع والمواد الأولية.

وهكذا فإن تغيير حياة الفلاحين ووظيفة المزارعين وحاجة المدن لغلاتهم جعل شكل الحياة يختلف كلياً، وتغير حتى في علاقة السيد صاحب الأرض مع الفلاح، وعلاقة التجار والبرجوازية والنبلاء أيضاً، واقتضى ذلك رأس مال كبير للقيام بمهام جديدة صناعية وتجارية من توسيع المزارع، وصيانة المباني للعاملين في استثمار الأرض، والمخازن وتوفير الأعلاف للحيوانات، ووسائط نقل الغلال الحديثة، وهكذا قام الفلاح بتوفير الغلال الكثيرة، واستثمار أكبر بتقنية أفضل، وأصبحت مساحات واسعة من الأراضي في العام الجديد مجالاً واسعاً لحركة تجارية كبيرة، واسواقاً تجارية غنية لتصريف المنتجات الجديدة، وظلت هذه الأوضاع منذ النصف الثاني من القرن السادس عشر وقبله بقليل حتى منتصف القرن الثامن عشر، وأطل على أوروبا عام جديد من النشاط الإنساني غير معروف من قبل.

٢- ازدهار الحركة التجارية:

سجل النظام الرأسمالي تطوراً كبيراً بعد بروز الحركة التجارية النشطة، وصاحب إنشاء البلاطات الملكية الباذخة والمترفة، وقيام الجيوش والمرتزقة المحاربة، ونمو المدن الكبرى، وازدياد السكان وتطور الصناعات وازدياد اعداد المصانع والمعامل، وتوفير الثروة والمصارف والبيوتات التجارية، وازدادت أعداد رجال الأعمال والتجار، وتفاقمت الزيادة في الاستهلاك والإنتاج، والاستهلاك اليومي المتزايد للسكان، والتداول التجاري الكبير واستثمار الأموال اللازمة في الصناعة، وخاصة النسيج والصوف والحرير والمصنوعات المعدنية وأعمال التعدين، والتنجيم عن الذهب والفضة، وصناعة الكحول والخمور في فرنسا خاصة، والحبوب والكتان والقنب والخشب، والاهتمام بتربية الماشية في بلاد البلطيق وروسيا وهنغاريا.

أصبحت هذه الحركة الواسعة والنشطة ميداناً للتجارة وانفتاح الطرق وحركة المواصلات بين آسيا وأوروبا وأمريكا(٢٨).

رأت أوروبا أنها بحاجة إلى المحاصيل الآسيوية الكثيرة، وخاصة التوابل والحرير، والمحاصيل التي تستخدمها في المواد الغذائية والعلاجية الطبية على وجه الخصوص، وفي حفظ الأطعمة والمواد الغذائية من التعفن أو التفسخ في وقت لم تكن تتوفر فيه طرق أخرى بديلة سوى استخدام التوابل لحفظها، وتطلع الأوروبيون إلى التوابل الشرقية، مثل الفلفل الأسود في الهند وجوز الطيب والقرفة من الصين والقرنفل لتعطير الأطعمة والمشروبات الروحية، واشتد الطلب على هذه المواد بعد ان ازداد الإقبال عليها في أوروبا، والحاجة إلى الأعشاب والحشائش لمعالجات طبية وصحية، كالكافور من سومطرة والصين وجوز العفص من الصين وشلش غالنغا من الصين، والأفيون والصمغ وتوثياء الهند للكحل والقطرة، وسكر سورية والهند ومصر، والتوابل الأخرى الداخلة في صناعة الأصباغ والانسجة والملبوسات كالأحمر القاني والقرمز من أرمينيا، والخشب من الهند، والحناء من شبه الجزيرة العربية، والعطور والطيب والمسك من التبت، والعنبر من عُمان، والناردين من الهند، والقطن من مصر، والحرير من فارس والعراق وسورية، والأقمشة والصناعات الزجاجية والأسلحة السورية والياقوت الأحمر من الخليج العربي، والماس من الهند والياقوت وغيرها.

وكانت هذه المواد تصل إلى أوروبا عن طريق البحر المتوسط من تجار غربيين قادمين من البندقية وجنوه وغيرها الذين يشترون هذه المواد من الإسكندرية وبيروت، والتي تصل إليها قادمة من الخليج العربي والبحر الأحمر، أما المواد التي تصل إلى موانئ في شمال البحر المتوسط فهي قادمة من آسيا، وتنقل براً إلى ليون والأراضي المنخفضة، أو عبر جبال الألب، لتصل إلى المدن الألمانية مثل أوغسبورغ ونورمبرغ في الجنوب، والى البلاد المنخفضة بعد ذلك، ومن هذه المراكز التجارية والموانئ والأسواق كانت توزع بضائع وسلع الشرق على جميع أوروبا، وكان ينقل التجار الأوروبيون معهم أيضاً العملات والنقود والمعادن والمصنوعات الأوروبية، مثل الاجواخ الإنكليزية، والأصواف، والسجاد، والأقمشة من البلطيق، والنحاس والفضة من وسط أوروبا.

وأحدثت الكشوفات الجغرافية انقلاباً كبيراً، واستطاع البحارة والتجار والمغامرون، مثل فاسكو دي جاما وغيره الوصول إلى الهند وعبر رأس الرجاء الصالح، والسيطرة على تجارة التوابل في المحيط الهندي، والتعامل معها في أوروبا بدون منازع وباحتكار كبير، وأصبحت لشبونة أهم مراكز التجارة الأوروبية والعالمية للتوابل الشرقية، ثم كان لكولومبوس ان نقل الأسبان إلى نفس العالم الجديد وحركة التجارة، وأن يستكمل فتوحاته واكتشافاته الجغرافية، وعثر على الذهب والفضة، وأصبحت اشبيلية الميناء الاساسي للتجارة بين إسبانيا والعالم الجديد، وانفتحت التجارة العالمية على مصراعيها عبر المحيط الأطلسي - بدل البحر المتوسط سابقاً - بين أوروبا والعالم الجديد.

وتوفرت للأسبان - عكس البرتغاليين - القدرة على صناعات ناشئة وجديدة، كالأجواخ والحرائر والأسلحة، وتوافد تجار من ألمانيا وفرنسا والأراضي المنخفضة لشراء المحاصيل الآسيوية والأمريكية من أسواق اشبيلية ولشبونة، وذلك لقاء ما يحملونه معهم من أنسجة، ومصنوعات نحاسية، وقنابل، ومدافع، وقمح، وسمك، وخمور، ونحاس، ومواد ضرورية أخرى.

وتحولت أوغسبورغ ونورمبرغ إلى المحيط الأطلسي للتجارة مع العالم الجديد، إلا أن هذا لم يمنع ان تبقى نقطة التجارة الرئيسية هي مدينة أنفرس على نهر الأسكووا التي ينتهي إليها مجرى نهري الرين والموز على بحر الشمال، ولم يلبث ان نقل الألمان والإيطاليون والإنكليز والأسبانيون وكالاتهم التجارية إلى أنفرس، وأصبحت بالفعل مركزاً تجارياً أوروبياً، ومنافسة لمدينة ليون في الجنوب، أكبر مركز تجاري أوروبي حينذاك.

هكذا وجدت المراكز التجارية الإيطالية نفسها في وضع لا تحسد عليه بعد ان برزت واجهات تجارية أخرى منافسة لها، ولكن حركة الإنتاج والمبادلات التجارية من المدن الإيطالية الكبرى استطاعت ان تحافظ على مستواها من حيث الكم والنوع، والحجم والقيمة، وذلك بعد ان ضربت نوعاً من الاحتكار على التوابل في أسواق لشبونة لتبقى أسعارها مرتفعة، واستطاعت البندقية ان تبعث النشاط التجاري وحركة الأعمال من جديد عبر استيراد التوابل من الطرق القديمة المعروفة، ولكن عبر وسطاء ووكلاء اعتمدت عليهم في عمليات التجارة والتسويق، مما رفع الرسوم التكاليف على البضائع، ومن جهة أخرى عرف البنادقة والجنويون والفلورنسيون والميلانيون ان يستفيدوا كثيراً من خبراتهم التجارية وتقاليدهم وتجاربهم السابقة، فاتجهوا إلى نشاطات أخرى، كالأعمال الصيرفية وصناعة أدوات الترفيه والبذخ، ولا سيما الحرائر التي كانت بلاطات الأمراء والملوك الأوروبيين بحاجة إليها، وصناعات المرمر، واللوحات الفنية، والرسوم الجميلة، والنقوش الفنية، والزخارف على البناء، والتي تحلى بها القصور والبلاطات الملكية، فعرفت إيطاليا بذلك ان تحافظ على مكانتها وازدهارها رغم ما قام به الغرب والجنوب الغربي من أوروبا (إسبانيا والبرتغال خاصة) في منافستها وتجاوزها.

هذه الحركة التجارية التي نشطت على نطاق واسع على أساس نظام رأسمالي ضخم، عرفت ان تتغلغل عن طريق التجارة والمغامرين، ووصلت إلى الريف والفلاح، والمدن الصغيرة والضواحي، ونشطت الحركة الإنتاجية والأشغال والأعمال، ونمت المدن والأسواق، وظهرت حواضر أكثر رقياً وتطوراً مثل باريس والبندقية وفلورنسا،

وانفرس وليون ولندن، ونورمبرغ واغسبورغ، ولوبيك، وزاد عددها عن ٤٠-٥٠ ألف نسمة، بل وصل بعضها إلى ١٠٠ ألف نسمة.

وكانت هذه المدن محور الصناعات العديدة، ومراكز للاستهلاك المحلي، وحركة التوزيع للبضائع والسلع والمواصلات والنقل، واحتاجت إلى الكميات الكبيرة من المواد الغذائية والخامات، سواء للعامة أو القصور والأمراء، من مختلف الأصناف والأسعار. وأخذت الدول الحديثة التكوين مثل فرنسا وبريطانيا وإسبانيا تتجه نحو تكوين أطر اقتصادية ثابتة، ولها مراكز وولايات وإمارات مستقلة في إدارتها وحركتها التجارية والرأسمالية، ولكن هذه الدول ظلت تحلم في وحدتها السياسية وسيادتها القومية لتشكل أيضاً - وفيما بعد - وحدة اقتصادية قوية ذات استقلال تجاري وصناعي ومالي وزراعي[٢٩].

٣- الملكية المطلقة والرأسمالية:

لقد توثقت علاقة كبار رجال المال والرأسماليين مع الملكيات المطلقة الاستبدادية في أوروبا، فقد كان توفير جيوش المرتزقة المحاربين وسبل العيش المرفه

والباذخ في البلاطات الملكية والأميرية وكبار موظفي وقادة الدول تتطلب مثل هذه العلاقة الوطيدة، ومن جانب آخر فإن المشاريع الكبيرة اقتضت أموالاً طائلة لم يكن بمقدور الدول توفيرها رغم اعتمادها على الضرائب الكبيرة من المواطنين، ولذا أصبح الملوك يعتمدون على ما يريدون من أموال على كبار رجال المال، ويعقدون معهم القروض

والسلف لسد حاجاتهم المادية في مقابل فوائد باهظة، والتنازل عن حق استثمار الأملاك الملكية الخاصة لا سيما المناجم.

وكان المثال الواضح على هذا ما قام به رجال المال الإيطاليون في جنوة وفلورنسا، والألمان في أوغسبورغ ونورمبرغ، وأعضاء أسرة فوجر في أوغسبورغ الثرية أصحاب الربا الفاحش، وأطلق عليهم الناس

تسمية Fuggere أي المرابون، وانتشر صيتهم في كل أنحاء أوروبا، وأصبحوا أثرياء عن طريق تجارة الحرير والتوابل والأصواف، وربطوا أنفسهم مع أسرة هبسبورغ، وقدموا سلف مالية كبيرة لمكسمليان للنهوض بحروب إيطاليا (١٥٠٧-١٥١٧) ومصاهرة الأسرة المالكة في هنغاريا عام ١٥١٥، وبفضل نفوذهم الواسع ساعدوا شارل الخامس عام ١٥١٩ على

ان يُنتخب ضد خصمه فرانسوا الأول، وتحملوا نفقات الحرب التي خاضها ضد فرنسا، ودعموا أيضاً البابا بسلف مالية كبيرة مقابل جباية أعضاء الأسرة للرسوم البابوية في هنغاريا وبولونيا وألمانيا والبلاد المنخفضة، وبيع صكوك الغفران في ألمانيا، وعهد إليهم مكسمليان في مقابل خدماتهم المالية هذه بأن يستثمروا مناجم الفضة والنحاس في بلاده، وساعدهم

شارل الخامس في أملاك التاج في نابولي والأراضي

المنخفضة، وعهد إليهم بجباية ريع أملاك التاج في

إسبانيا، ومعادن الزئبق والفضة وإنشاء اتحادات تجارية،

واحتكار تجارة التوابل والنحاس والفضة في انفرس.

وقد حصلوا من الإمبراطورين المذكورين فرمانات

ملكية ترفع عنهم كل مسؤولية عندما

يعقدون العقود بصورة غير شرعية، مثل حق إقامة الاحتكارات وإبطال الملاحقات القضائية ضدهم، واقتراح إصدار القوانين التي يرغبون بها ليترك لهم حق التمويل وحرية المضاربات التي يقومون بها.

فتمتع آل فوجر بنفوذ واسع سياسي ومالي مع الملوك والأمراء والأسر الحاكمة، وكبار الموظفين والتجار، والقضاة وقادة الجيش، والنبلاء والأرستقراطيين، وقد أغدقوا عليهم الحلي والمجوهرات والأموال والأقمشة الفاخرة وغيرها.

أما في فرنسا، فظهرت عائلات مالية كبيرة تعمل إلى جانب الملوك، ولهم فروع ووكالات في باريس وممثلون في البلاط الملكي الفرنسي، مثل ساوني وغواداني، والبيزي وسلفياتي، ومثله في ألمانيا هانز كليبرجر الوسيط بين الرأس مال الألماني والملك فرانسوا الأول، وأدوا هؤلاء جميعاً نفس الدور الذي قامت به أسرة فوجر مالياً وسياسياً.

وهكذا نرى الملكية المطلقة ورأس المال كانا عوناً يساعد الآخرين في الحصول على الأموال الطائلة، ودعم الأسر التجارية والمالية الكبيرة، وأصبحت كأنها ورش رأسمالية من أجل المال.

٤- الزيادة الديمغرافية والسكانية:

هناك عامل مهم في التأثير على النظام الرأسمالي، وهو زيادة أعداد السكان في أوروبا، وهو النمو الذي ساعد على زيادة الأيدي العاملة التي تنهض بالمشروعات وميادين العمل، وكان من نتائجه تضخم الأسواق وتنشيط الأعمال التجارية، خاصة في دول البحر المتوسط، إذ أدى نمو السكان في المدن إلى مجيء القوافل التجارية الإنكليزية والهولندية تحمل معها القمح من البلطيق، وتعزيز الروابط التجارية مع دول شمال أوروبا.

إلا أن هذه الزيادة السكانية صاحبها عجز عن الوفاء بالمواد المعيشية، وظهور المجاعات، ونزوح السكان عن مناطق بأكملها؛ هرباً من الفقر والجوع وقلة الغلال، فنشبت عام ١٥٢١ مجاعة في البرتغال وقشتالة، وأدى الجفاف إلى المجاعات عام ١٥٢٥ في بلاد الأندلس، ثم إيطاليا عام ١٥٨٣، وحصد أرواح الناس.

ونقلت المجاعات معها الأوبئة والأمراض، وقتل المئات من الناس، وفقدت مدن أعداداً كبيرة من سكانها، مثل الثلث أو النصف في بعض الأحيان، وأدخلت هذه الحوادث الرعب والهلع في نفوس الناس، فحصدت من سكان روما ونابولي ١٠/٨ من السكان عام ١٥٢٥، ومن مرسيليا أيضاً عام ١٥٨١ مئات الأشخاص.

وكانت لزيادة السكان - من جانب آخر - مساوئ وآثار سلبية بظهور قُطّاع الطرق، وسالبي الليل، والسارقين والقتلة، وأصحاب الرذيلة الذين يزرعون الخوف في المدن ليل نهار، وكانت تقوم الإدارة بين الحين والآخر بحملات ضد هؤلاء بالطرد والنفي والسجن والإبعاد، اما المناطق البعيدة في الجبال، فقد عاش فيها رجال

العصابات أصحاب السرقة والخطف، والذين ينهبون الإنتاج والغلال، وقطع الطريق على السابلة وقتل المسافرين، وانتهاك المعابد والكنائس، أو مهاجمة القصور والقرى والمدن التجارية سواء في إسبانيا أو إيطاليا.

٥- الشركات المالية والمعاملات المصرفية:

كان رأس المال يتعاطى في ذلك الوقت مع مختلف العمليات التجارية والمالية والصناعية والمصرفية، والتجار كانوا يقومون بكل الأنشطة من أجل الربح والثروة والمشاريع، ويرأس الأسر التجارية والمالية رئيس أو كبير العائلة، ويقوم بمختلف النشاطات، ويدير الشركة، ويفتح الفروع والوكالات في المدن الأوروبية، ويمد نشاطاته لأفراد آخرين من الأسرة كعملاء أو وكلاء.

وسارت على هذا المنوال الشركات الألمانية من آل فوجر وآل ولزر، والإيطالية من أل افيتاتي وغويتشياردينى، والشركات الإسبانية من آل بريس وآل لوبيز، وتكاثرت الشركات سواء (شركات التوصية) التي هي شركات تجارية يرأسها تاجر، ويضع فيها أفراد قسماً من رأسمالهم شرط ان يقتسموا الأرباح فيما بينهم كلٌّ بحسب سهمه، أو (شركات مساهمة)، وتحمل اسم تاجر معين ترمي للحصول على احتكار صنف معين، كالشركة التي تتألف من بيوت تجارية كبيرة في البندقية واوغسبورغ مثلاً ولشبونه والخاصة بالنحاس والتوابل، أو الشركات التي تتاجر بمواد دقيقة المغامرة، مثل (الشركة الشرقية)، والتجار في (الشركة التركية)، أو الشركة الإنجليزية التي تعرف بـ(التجار المغامرون) عام ١٥٨١.

وهناك احتكارات مالية برتغالية وإسبانية، فملك البرتغال احتكر لنفسه تجارة التوابل والعطور والروائح، ويفاوض وكيله في انفرس باسمه، ويدفع الملك الفواتير لشراء معادن النحاس والزئبق في تجارته مع الهند، وكانت لشبونة المركز الأهم.

والسوق الوحيد لكل البضائع والأصناف المستوردة من الهند، ويشرف على وكالاتها مراقبون ملكيون بعد ان يستوفوا الرسوم والمكوس الملكية ويحددوا الأسعار.

وكان ملك إسبانيا له في إشبيلية مركز خاص لإدارة أعماله التجارية، وهو (مصلحة العقود التجارية)، وهي تستوفي ما يعود للعرش الإسباني من رسوم وعوائد على المصارف المستوردة من أمريكا كالذهب والفضة والحجارة الكريمة، كما كان الإمبراطور شارل الخامس قد فرض رسوماً جديدة، مثل رسم البضائع المستوردة من الهند، والرسوم المجباة عليها، وتستخدم في تسليح الأساطيل ومراقبة حركة الاستيراد والتصدير.

وأقيمت أسواق ومعارض لتشجيع الحركة التجارية، وأخرى للأسهم والبضائع باسم البورصة، وأدت دوراً هاماً وفعالاً في المضاربات المالية والتجارية، مثل سوق انفرس عام ١٤٠٠، ثم جُدّد عام ١٥٣١، وتعقد فيه الصفقات التجارية والمضاربات بين التجار الإنكليز والأسبان بشكل خاص، ورافقها مشكلات ومشاحنات بين هؤلاء وتابعيهم نتيجة المنافسة بينهم.

وكانت الصفقات التجارية تعقد عند كاتب العدل وبحضور الشهود، وتحظر الكنيسة الدين بالفائدة، وكان هذا تدبيراً عملياً اعتاد عليه الناس في أخذ ديون صغيرة لقضايا زراعية وصناعية محدودة، ولكن عندما تصبح كبيرة يكون الأمر أكثر صعوبة، حيث توضع ضوابط مشددة على التجار، ويلجأون في الغالب إلى (شركة التوصية) عندما يستدينون مبلغاً مالياً كسلفة لتشغيله في عملية تجارية وعلى مسؤوليتهم الخاصة، إلا ان البعض ابتكر طرقاً جديدة للالتفاف على هذا الأمر، وانتشرت هذه الطرق في ألمانيا الجنوبية، وشجعتها البابوية عام ١٥٨٦ بإصدار (البراءة الرسولية)، وتقوم على أن يقرض دائن تاجراً مبلغاً من المال شرط ان يقاسمه جزءاً من الأرباح، تبلغ أحياناً ١٥% من المبلغ كله، ثم يعقد مع التاجر عقد ضمان على ان يتخلى له الدائن عن ثلث المبلغ العائد له من الأرباح الباقية إذا ما وافق التاجر على أن يعيد المبلغ الذي اقترضه كاملاً حتى في حال خسارة الشركة المذكورة، ثم يعقد معه اتفاقاً ثالثاً يبيع بموجبه من

التاجر ربحه لقاء فائدة 5% من المال المُقرَض، وهي فائدة ملزمة مهما كانت مسألة مصير العملة التجارية.

وأخذت الدول تعتمد في معاملاتها التجارية على نظام السندات أو الاعتماد المالي بشكل كبير وشبه كلي، فانتظمت الأمور واستقرت الأوضاع، وأصدر شارل الخامس سنداتٍ وأسهماً على الخزينة بقيمة اسمية بين 7-10%، وباع عام ١٥٢٢ فرانسوا الأول مدينة باريس ريعاً له قدره ٢٠ ألف ليرة ذهب يعود عليه ريعه، وراحت بلدية باريس تستدين هذا المبلغ من البرجوازيين، ثم وزعته على سكان المحلات التي يوجد فيها الريع كسندات بقيمة مذكورة وهي السابقة، وظهرت بذلك السندات الدائمة المترتبة على المجلس البلدي في باريس، وراح البرجوازيون يبيعون ما لديهم من قطع فخارية ومعدنية ثمينة لوفاء هذه السندات.

وفي عام ١٥٤٢-١٥٤٣ كانت ليون وانفرس مدينتين لتجارة الفضة بشكل رئيسي، وذهب حاكم ليون ده نورنون يستعمل الطرق والأساليب التي اتفق فيها مع صيارفة إيطاليين لتكوين اتحاد المتمولين، وتولى إدارته هانز كليبرجر، واستدان بفائدة١٠-١٦% من فرنسا وألمانيا وإيطاليا، ثم عاد نورنون هذه المرة باسم حزب ليون الكبير، وحصل من الخدم على مبالغ صغيرة ومن النساء، وانتشرت الديون بفائدة بين التجار السويسريين والألمان والأتراك وعامة الناس أيضاً.

وشهدت المدن التجارية الرئيسية أشكالاً من

المضاربات، مثل انفرس وجنوة وليون من خلال

المراهنات والاتفاقات والعقود مع بعض التأمين أو الضمان، ويسلم البائع أو المشتري عقداً موقعاً منه، يتعهد له فيه بتسليمه كمية معينة من صنف معين من التوابل في مدة يجري تحديدها بين الطرفين المتعاقدين، وهكذا وجد التجار أنفسهم أمام معاملات، وصفقات، وتعهدات طويلة، وسندات من التعهدات، وجُنبوا أعباء هم في غنى عنها، مثل

الاهتمام بالبضاعة وتسويقها، وخُففت عنهم الأعباء أيضاً من الانشغال بها.

ومن هذا الحين جرى التعامل بهذه الصكوك والسندات بين الناس لقيمتها المالية وسهولة نقلها وتداولها، واصبح التعامل سهلاً بين التجار في نقل البضائع من انفرس إلى ليون مثلاً مع صكوك بدلاً من مبالغ كبيرة تعرض صاحبها للمخاطر، وانتشر استعمال السندات والصكوك الورقية بعد ان أصبحت نوعاً من العملات لها قيمتها تتأرجح صعوداً وهبوطاً حسب قيمتها، ومضاربات الأسواق، والبورصات، والصفقات المالية، والرهانات، وحسب الأحداث والحروب السياسية والعسكرية والتقلبات داخل الدول والمدن الأوروبية، فضلاً عن الشائعات التي تؤثر على قيمة هذه السندات هبوطاً وصعوداً، فيقوم الناس ببيعها عند الأزمات، ثم يقبلون عليها عند الاستقرار والأمن والسلام وغياب الشائعات التي تزعج الناس وتدفعهم إلى عدم تداول العملات والصفقات والأعمال التجارية.

وقيمة السندات والعملات تتضارب صعوداً أو هبوطاً من مدينة إلى أخرى حسب حسب الظروف، فيشتري المتضاربون عند الاستقرار والظروف المناسبة سواء في أسواق ليون - مثلاً - ليبيعوا في أسواق انفرس بأرباح كبيرة، وتتناول هذه السندات حتى المالية، مثلما فعل شارل الخامس بإصدارها، وحصل التلاعب بهذه السندات والأسهم والمضاربات، وخاصة في مدينة انفرس بين (١٥٤٢-١٥٥١) التي قام بها العميل غسباردوتشي الذي يقوم بجمع التمويل الدولي وتسليف الملك فرانسوا الأول ما يحتاجه من الأموال.

وكانت المراهنات قد ساعدت على تأمين الأخطار الملاحية والبحرية، وتهديد الشحن، والبضائع في البحار وعلى متن السفن من أخطار القراصنة وقطّاع الطرق، أو مصادرتها من أمير أو ملك، أو سرقة أو غرق، والتي تواجه السفرات، ونقل وشحن البضائع، وذهب البعض إلى التأمين على السفن التي تنقل بضاعته من كل هذه الأخطار، وكان التجار لديهم الدفاتر المالية والمحاسبية والتي تقوم على الجرد والدفتر اليومي، والتي ابتدعتها لوقافتشيولي، ونقلت إلى فرنسا وإنكلترا ودول البلطيق بعد ذلك، وهي طريقة قديمة وتقليدية في جرودات المحاسبية أو دفاتر صغيرة أو كبيرة.

٦- طرق المواصلات التجارية:

ازدهرت حركة النقل والتجارة الدولية والأمن والاستقرار في المدن الكبيرة خاصة، ورغم ذلك سافر التجار ومعهم الأموال والبضائع والأسلحة ورجال مسلحين يساعدونهم على توفير الأمن، ونظم حركة التجار طريق بريدي خاص نقل الأخبار والرسائل بين المدن التجارية الأوروبية بروكسل، روما، باريس، ليون. وكان هناك البريد الملكي الفرنسي أو الإيطالي الذي يستخدمه بعض الأحيان التجار لنقل الأخبار والرسائل وبسرعة أكبر، حيث تستغرق المدة بين بروكسل ومدريد مروراً بفرنسا(١٥) يوماً.

وتنقل البضائع المشحونة براً بعربات عبر الطرق البرية ومحاذاة مجاري الأنهر، واستخدمت البلديات الطرق الفنية لإصلاح المسالك والطرق والمعابر والجسور بمساعدة الشركات التجارية والبلاطات الملكية، وألغيت كل الرسوم والمبالغ التي كان يفرضها الأمراء على مرور التجارة بأراضيهم ومدنهم بسبب هذه الإجراءات الجديدة.

أما في البحار فكانت السفن عرضة للرياح والتقلبات الجوية، وتحمل السفن المجاديف الكبيرة أو الصغيرة حسب سيرها بالأنهر أو المحيطات، وبعضها سفن سريعة السير، وهي أنواع سفن مفلطحة، فطساء، ثقيلة، وبعضها يسير في الشتاء،

وآخر في الصيف وتحسن المناخ، حسب قدرتها على مقاومة التقلبات المناخية وحمولتها، وبعضها يحمل أعداداً كبيرة من الركاب وأخرى أقل حجماً وقدرة، وتحمل عدداً أقل من الركاب.

وقد بقيت حركة المواصلات في القرنين السادس عشر والسابع عشر بطيئة، وتحيط بها الأخطار لقلة الخرائط الدقيقة والرسومات، أو الملاحة البحرية والمعلومات التقنية الدقيقة، وأصحاب الخبرة من الربابنة الذين لديهم معرفة في الأساليب الحديثة، وطالت بذلك أيام الرحلات بين المدن من ٢٩-٧٢ يوماً بين البندقية والقسطنطينية.

٧- الصناعة:

كان انتعاش التجارة والمحاصيل الزراعية والمنتوجات الصناعية وظهور الحرف والنقابات الحرفية والمهنية في بروكسل وكنت وبروج وغيرها، وهي مدن قديمة، وقيام التجار بنقل بضائع ومواد الريف والقرى والمدن الصغيرة لغرض الاستفادة منها في الصناعات الجديدة، أدى إلى دخول مواد وأدوات صناعية لم تكن معروفة من قبل، كأصناف ومحاصيل وآلات جديدة ومكائن، وظهور المعلم والعامل، والمراكز الصناعية الصغيرة في شتى أنحاء المدن والمقاطعات.

ونشأت معامل النسيج والأجواخ الخفيفة الإنكليزية في الفلاندز مثلاً وبروكسل وليل وهندشوث، وتوافد العمال والعاطلون عن العمل على هذه المعامل، وتحولت القرى إلى مدن، وانتشرت المنسوجات الصغيرة والخفيفة بدل الأجواخ الإنكليزية الصنع، وانتشرت وتوزعت النقابات في المدن الجديدة لتمويل المعامل ودعم العمال والحرفيين والمعلمين، وتفنن العمال في صناعاتهم وإنتاجهم بحكم التعدد والمنافسة بين المهنيين والحرفيين، ونمت المدن بشكل سريع وكبير، وهي ظاهرة مرافقة للنظام الرأسمالي وحركة الصناعة الناشئة[٣٠].

وقام التجار بالتحول إلى آفاق أوسع للعمل في الإنشاءات والمشاريع الصناعية الكبرى، مع ازدياد الطلبات على السلع، والذي اقتضى التصنيع كالطباعة والتعدين وصناعة المدافع وغيرها، ودعمهم الملوك والأمراء الذين تنازلوا لهم عن احتكاراتها، وبلغت عام ١٥٤٠ في إنكلترا حدود ثورة صناعية من خلال التوسع في المناجم، والبحث عن المعادن ولأعماق كبيرة، واحتاجت الأموال لشراء المعدات من حديد وأخشاب ومواد حفر الخنادق تحت الأرض، وضخ المياه وسلاسل حديدية، ومضخات جاذبة، وأحواض تركيبية، وأجهزة للتهوية، وعربات على سكك لنقل العمال، ومراوح للتهوية، وبكرات لرفع الأثقال الكبيرة، وأسطوانات، ومسندات خشبية، وكسارات للحجر ضخمة، ومصاهر للفحم والحديد، ومنافخ من جلد، ودولاب يعمل بالماء، ومطارق ضخمة تتحرك على عجلات يعمل عليها عشرات العمال، وتبخير ماء البحر لتوفير الملح، واشتد الطلب على العمال ومعلمي الحرف والصناع المهرة الذين وفدوا من الفلاندرز لصناعة الأجواخ، ومن ألمانيا أيضاً للعمل في استخراج المعادن وشغل الحديد.

٨- الزراعة والحياة الريفية:

تغلغل النظام الرأسمالي في حياة الريف من خلال الأسواق التجارية الدولية، وعصر الصناعة في أوروبا، وزيادة أعداد السكان في المدن، ودخول أسباب التحديث والحضارة إليها ولو بشكل نسبي، وزيادة الإنفاق والاستهلاك، ففي إنكلترا اندمجت الأراضي الزراعية مع البلدية، وتحولت مراعي الأغنام إلى صناعة الصوف والنسيج الإنكليزي، وصُدّر بعضه إلى الخارج، وأحيطت السياجات على الأراضي الزراعية، وكانت ثورة في القرن الثامن عشر، وبروز برجوازية ناشئة تشتري وتستثمر الأراضي الزراعية، والاستفادة من إنتاجها في العمليات التجارية.

أما في فرنسا ونتيجة حرب المائة عام وجدب الأراضي وقلة الغلات، فقد هجر المزارعون الريف، واخذ البرجوازون في المدن المجاورة يتعهدون الأراضي الزراعية بعد توسيعها، ويؤجرونها إلى ضامن من الفلاحين يدفع عنها رسوم وعوائد عينية ونقدية وفقاً لعقود بين الطرفين.

أما البرجوازيون فكان بعضهم يؤجر أراضيه الحرة لسيد الأرض أو شُرَّاء الأراضي، ويؤجرون بعضها لمرابحين يستغلونها وفقاً لشروط محددة، وسار على نفس النهج عدد كبير من الملاك في استثمار الأراضي ومراقبة العمال فيها بقسوة وجهد أعلى وأجر أقل، وكثيراً ما يشتري هؤلاء من المزارع - بعد ان يرهقه الدين – منتوجه، ويسوقونه إلى المدينة والأسواق أو المعامل الصناعية ليستفيدوا بأرباح كبيرة، ويستغلوا الوقت ليبيعوا الغلال، بحيث يستفيدوا مالياً مع صعود الأسواق، واهتموا كثيراً بالصنوف التي فيها مضاربات مالية كالقمح والخمر وشجر الزيتون ومواد الصباغة وشجرة التوت.

وهكذا فقد تغيرت حياة الفلاح والريف من حياة بسيطة وفقيرة إلى قرى واسعة، ومزارع مسيجة، ومدن صغيرة اكتظت بالسكان والعمال والصناع وأيدي عاملة متنوعة من صباغين، ودباغين، وزجاجين، وجبّالين، وعمال صب الحديد، ونحّاسين، وصانعي الرميد، وبنائين، وغيرهم من شتى الصفوف الصناعية والحرفية، وساعدت المعامل في رفاهية المنطقة والنشاط الصناعي في الفلاندرز وألمانيا الغربية والجنوبية وإيطاليا.

أما في ألمانيا في جهة الشرق وبولندا، فقد اشتد الطلب على القمح من قبل التجار في الاتحاد الهلنزي والبلاد المنخفضة؛ لشحنه إلى دول البحر المتوسط وأصحاب الأراضي وملاكيها فكانوا يقومون - وبالقوة - بإجبار الفلاحين والمرابحين على استثمارها لتتحول إلى مزارع استثمارية مقابل خدمات مجانية يقدمها الفلاحون، فاتسعت هذه المزارع، ونمت، وحقق فيها هؤلاء أرباحاً كبيرة، وأصبحو يتعاملون مع الحبوب لأغراض التجارة، مما ساعد على دمج نظام الرقيق في النظام الرأسمالي في المناطق الواقعة على حافات الحضارة الأوروبية.

٩- الانعكاسات الاجتماعية:

ان تطور النظام الرأسمالي وارتفاع الأسعار ساعد على

تقريب البرجوازية وطبقة ملاك الأراضي، وإظهار مكانة

ونفوذ وثروة هاتين الطبقتين ومقارنتها بحالة الطبقات

الفقيرة والفلاحية الشعبية. فقد عاش السادة والأشراف

حياة البذخ والإسراف، حيث دفع تغيير الأوضاع الاقتصادية

وارتفاع الأسعار إلى

ان يبيعوا أراضيهم إلى التجار الذين شيدوا لهم مزارع وقصوراً فخمة فيها، وتمرسوا في الوظائف العامة، وشكلوا طبقة النبلاء، وهي طبقة جديدة من الأشراف الذين مزجوا طباع وحياة المدينة مع حياة الريف، ولمع بعضهم كرجال دين، وقادة جيش، وكبار موظفين في البلاطات الملكية رغم ان

أما الطبقة الثانية التي تليهم، فهي البرجوازية أصحاب الحرف والمهن من الحرفيين الكبار أصحاب المعامل والحركة التجارية والأراضي الزراعية التي تستخدم في التجارة والصناعة، ومعهم يقف من ساعدتهم المدنية على الازدهار والاعمار

ونمو عدد السكان، أصحاب المهن الحرة العليا

والوظائف العليا، ويليهم درجة أدنى هم معلمو الحرف

والمهن الصغيرة كالإسكافي وتاجر السمك وبائع الثياب

القديمة ممن يعملون في صنائع عادية أو دكاكين وبقالات.

أما أسفل السلم الاجتماعي في عصر النهضة في

أوروبا فهم (الطبقة العاملة) الذين يعيشون على قوتهم

اليومي بالعمل اليدوي كأُجراء في المدن، والعمال الأحرار الذين يعملون في الورش والمعامل الصغيرة تحت إشراف رجال المال والصناعيين، ويعيشون يومهم نحو الرزق والحالة المعيشية الصعبة، وتنتقل المهن من الأب إلى الابن يتوارثونها، في أجور بسيطة لا ترتفع ولا تهبط كثيراً بسبب الطبقة البرجوازية التي لا تعطيهم المتنفس للمطالبة بتحسين أجورهم وأوضاعهم

المعيشية، ويؤلف أبناء المهنة الواحدة عادة جمعيات خاصة واتحادات عامة، لها رئيسها الأعلى، وصندوق مشترك، ويقومون بإضرابات واحتجاجات تمرد وعصيان في بعض الأحيان، مثل ما حصل في مدينة ارفوت عام ١٥٠٩، وأولم وكونيا عام ١٥١٣، وليون وباريس عام ١٥٣٩،١٥٢٩.

أما في الريف فنشأت بطبيعة الحال طبقة (الفلاحين)

والمزارعين والكادحين في الأرض، يعملون فيها لتحسين

أحوالهم والعيش من خيراتها، لا مال لديهم ولا استثمار، في

أوضاع مزرية وصعبة، وساءت أحوالهم مع تدهور الأسعار

وضعف المحاصيل، ونمو المدن وارتفاع أسعار السلع

والبضائع، مما دفعهم للثورة ومحاولة إيصال أصواتهم

للسادة

البرجوازيين في ظل توسع رأسمالية المدن والحقوق

الإقطاعية التي اكتسبها هؤلاء.

وقد خلقت هذه الفوارق الاجتماعية والمالية الكثير

من المشكلات في المجتمع الأوروبي نظراً لتباعد الثروات

والمصالح، ونشوء الصراعات الطبقية العنيفة والثورات

والتمردات في الريف

والمدينة، وكانت لها نتائج سياسية ودينية واجتماعية ستتولد لتنفجر في القرن الثامن عشر.

١٠- البرجوازية الرأسمالية:

ظهرت الرأسمالية كنتيجة منطقية لتطور الإنسانية مع النزعة البرجوازية الفردية، والرغبة في السلطان والتسلط والمال وكسب الثروة والجاه

والحياة المترفة، والحصول على الأرباح، والمشاريع الإنشائية، والمزارع، والمعامل الصناعية.

كان البرجوازي محباً للمال، ولروح المغامرة، والشهوة في الكسب، وجمع الأموال، والعمل الإداري، والفعالية والطاقة والقدرة على الإنتاج والبناء، مع روح الفروسية التي انتقلت إليه ونضبت في إيطاليا وإنكلترا بفعل جمع الثروات وروح المغامرة

وزيادة الأموال والمدخرات، وفتح الشركات التجارية والمعامل الصناعية وركوب المغامرة والجرأة.

امتاز البرجوازي الرأسمالي بروح التنظيم وروح الاقتصاد، وروح المنافسة والتصميم، فابتعد عن البذخ والإسراف على عكس النبلاء، وينفق قدر المطلوب، والاقتصاد لديه أولى الفضائل،

والهروب من البطالة، وتحسين توزيع الأوقات، وتفادي

العطل أو الأعياء، والابتعاد قدر الإمكان عن الصيد

والملاهي والقنص والولائم، ومضيعة الوقت واستغلال

ساعات النهار بالعمل الناجح، وتنظيم الأوقات بشكل

صحيح ومنطقي لتأمين التجارة، والحفاظ على العهود

والاتفاقات المعقودة والمظاهر الخارجية، والعيش في

حياة منظمة بعيداً

على الخمر والسُكر والميسر والمقامرة، وحضور القداس والاستماع إلى الوعظ والإرشاد والحفاظ على الوقار والاتزان.

أما عقلية البرجوازي الرأسمالي، فكانت منظمة وكل شيء بحساب ودقة عبارة عن أرقام للنشاط البشري، وتضبطها الأرقام والمدخولات

والمصروفات والسجلات التجارية والدفاتر اليومية، فهي ذات طبيعة كمية وذهنية رياضية خالصة. إلا أن هذا البرجوازي الرأسمالي وقع تحت تأثير الحياة الإنسانية بالاعتماد على مأثور القول، وحكم الفلاسفة، ومثالية وأخلاقية العلماء والفقهاء، وربط نفسه بأفكار المفكرين الواعين لدعم الرأسمالية والحركة الصناعية الذين دافعوا

وشجعوا التطور في البناء والعمران، القصور والبلاطات،
المعارض والرسوم، الأنسجة والأقمشة الباهرة،
والمجوهرات والحلي والآثار القيمة، والتي أوصى بها كبار
الفنانين والرسامين والأدباء في نصرة وتشجيع الحركة
الإنسانية.

وقد نظر هؤلاء البرجوازيون والأثرياء دوماً إلى الفن
على أنه وسيلة للعيش الرغيد والرفاهية في

الحياة، فكانوا يلطفون أوقاتهم بالاستجمام والراحة والهدوء، فانتمى عدد كبير منهم تحت لواء الإنسانية، فكانوا يخرجون من أعمالهم إلى أملاكهم وهم ينعمون بها بالملذات وأوقات الراحة وأنماط الفنون والغنى والثروة الهائلة[٣١].

ثانياً: الأزمة الاقتصادية في أوروبا

لقد خلفت النهضة الاقتصادية ونمو التجارة وارتفاع الأسعار بروز مساوئ على الحياة الاجتماعية والزراعية والمعيشية للسكان في أغلب مناطق ومقاطعات أوروبا.

فظل الاقتصاد يعتمد على الزراعة، وعدد السكان المتزايد يعاني من الفاقة وسوء المعيشة، والمجاعات والأمراض وارتفاع نسبة الوفيات، وكان المفترض ان الزراعة تقوم بدورها في الوفرة الغذائية وتحسين الحالة الغذائية والمعيشية من الحبوب

والحنطة والشعير والذرة والحنطة السوداء، إذ ان الحبوب هي النتاج الأساسي لتوفير الحياة، والمحصول الذي يزرعه بكثرة الفلاحون على نطاق زراعي واسع، ومعه تقوم التغذية على الحساء والخبز.

إلا ان إرهاق الأرض بزراعة الحبوب حتّم إراحتها سنة بعد سنة لتقويتها من قبل الفلاح، ثم عدم وجود الأسمدة وقلة الماشية وضيق المروج والمراعي قد أفقر الحياة الزراعية، وأضعف الحيوانات، وحاول الفلاح تعويض ذلك بالإكثار من البذار بدل الأسمدة، فخسر الحبوب والموسم، وضعفت الأعواد، ولم تستطع ان تقاوم، ومع قلة الأيدي العاملة في الحصاد، واستخدام المنجل والجهد والوقت الكبيرين في هذه الطريقة، كل هذا جعل هناك بوادر حقيقية لأزمة اقتصادية في الريف.

فضلاً على سوء التغذية، وكثرة الوفيات، وانتشار الأمراض والمجاعات، وضعف الصحة العامة، والموت في سن مبكر (٢٠-٢٥ سنة) كمعدل عام، وكان هناك وفيات بين الأطفال بكثرة، وأبرز ظاهرة كانت الطواعين مثل الجدري والكوليرا والتيفوئيد، فتدنت الولادات، وكثرت الوفيات، وقد تصل إلى ٣٠% من السكان في بعض السنوات، ويصيب الموت الريف أكثر من المدن، هذا فضلاً عن المجاعات الواسعة في أوروبا، وخاصة فرنسا (١٦٢٩-١٦٤٨-١٦٦٠-١٦٩٣) مع صعوبة التغلب عليها أو حل مشكلتها في ظل سوء الأرض وقلة المحاصيل، وارتفاع الأسعار وقلة الأموال، فتحول الناس إلى التشرد والتسول والبؤس والويلات والفوضى.

أما في المدن فكانت الأوضاع أفضل من الريف إلى حد ما، مع نمو الصناعات اليدوية، وإنشاء المعامل، والصناعات الريفية، وزيادة الأموال، وتحسين الأوضاع المعيشية، وزيادة المواليد، وقلة الوفيات، فكان للنمو الصناعي الرأسمالي أثره في المجتمعات الأوروبية بوضوح، ولكن انتشار الأزمات الصحية والمعيشية بشدة في الريف كان ينعكس على المدن، من حيث ارتفاع أسعار المواد الزراعية، وتقليل البرجوازيين من نفقاتهم ومشاريعهم التجارية والصناعية، وانتشار البطالة في المدن، وشل حركة البيع والشراء في الدكاكين والحوانيت، وقلة الكسب والأرباح وتوظيف الأموال، وتجمد الحياة الاقتصادية.

ان التقلب الدائم في الأسعار زاد من خطورة الأوضاع في القرن السابع عشر، مع الارتفاع البطيء عام (١٦٥٢-١٦٦٠)، لحقه ارتفاع (١٦٨٠-١٧٠٠)، ثم انخفاض (١٧٠٠-١٧١٥)، وذلك على أساس المعدن الثمين وكمياته في المقابل مع العملة، وانعكس على تضخم عملات ألمانيا وإسبانيا وفرنسا، فالمبلغ نفسه من النقد يقابله مبالغ نقدية من عملات أخرى أقل وزناً وثمناً وقدرة شرائية، ونتيجة لذلك تنكمش الحركة من البيع والشراء، أو النشاط الاقتصادي، والأسواق وحركة التجارة، وتقلص كميات المعادن الثمينة في أوروبا أدى أو قلّص من الأسعار وزادها في أحيان كثيرة.

لقد نتج عن هذه في النظام المالي والاقتصادي وبالانطلاقة الرأسمالية، وارتفاع الأسعار أدى إلى قلة الكسب والأرباح، وتوقف روح المستقبل لدى الرأسمالي، أو حركة الإنشاء والبناء والمشاريع، وتقلص الإنتاج، وتسريح العمال، وإيقاف المعامل عن العمل والإنتاج أو حتى إقفال أبوابها.

والسؤال المطروح: لماذا ظهرت الأزمة الاقتصادية في القرن السابع عشر؟ ولماذا هذا التقلب بالأسعار ارتفاعاً وانخفاضاً؟

يمكن تعليل هذه الظاهرة بعدة أسباب سياسية وعسكرية واقتصادية، وهي:

١- الحروب والمصادمات العسكرية في هذا الإقليم أو ذاك يوقف عجلة النمو الاقتصادي نتيجة تخريب المزارع، وقلة المنتوجات، وموت السكان، وارتفاع الأسعار.

٢- الظروف الجوية الرديئة والتقلبات المناخية تؤدي إلى إلحاق الضرر بالمحاصيل والمنتوجات وحركة السفن والنقل والشحن.

٣- زيادة السكان يحتاج إلى كميات كبيرة من المواد الغذائية التي لا يقوى المزارع على توفيرها أو المقاطعات الفلاحية، مما يؤدي إلى ارتفاع أسعارها وقلة معروضها في الأسواق.

٤- التضخم في بعد الدول الأوروبية بسبب الأعمال في النقود، ولعدم وجود الموارد الضرورية لسك النقود من المعادن الثمينة، لجأت إلى سياسة التضخم المالي، وأعطت قيمة اسمية للنقود دون ان يقابلها أسعار المعادن الثمينة؛ لكي تسد الدول الديون الكبيرة عليها من تجار وموظفين وجنود، وأدى التضخم إلى ارتفاع الأسعار وفرض الضرائب

ولحق الضرر بهذه الطبقات نفسها، وقد أرغمت الحكومات بسبب حدة ارتفاع الأسعار إلى تخفيف التضخم، وقيمة النقود الاسمية وانهيار الأسعار الخاصة في إسبانيا أعوام ١٦٢٦-١٦٢٨-١٦٤١-١٦٤٢.

هكذا فإن القرن السابع عشر كان كارثة في أوروبا مع ارتفاع الأسعار والبطالة، وقلة الإنتاج، ووقف النمو الاقتصادي، والصفقات المالية والتجارية الخاسرة، والديون الكبيرة، وقلة المشاريع الصناعية، وطرد وتسريح العمال، وإقفال المعامل والورش الصغيرة في الريف والمدينة. فهذا القرن يعد مرحلة أزمة حقيقية مختلفة عن القرن السابق والقرن التالي [٣٢].

ثالثاً: التقنية العسكرية

اهتم الأوروبيون المعاصرون للنهضة بالتقنية العسكرية دون غيرها من التقنيات الأخرى، وكان الأشراف ينظرون إلى العسكرية بأنها حرفة نبيلة، وأن الدولة لا تقوم بدون جيش قوي، وان التقنية العسكرية المتطورة وحدها هي القادرة على تحقيق الاستقرار والأمن.

١- سلاح البندقية:

ان تاريخ التقنية العسكرية في القرن الثامن عشر هو تاريخ التقدم في حقل الحربية في سبيل مدفعية وبندقية حديثة، وقد اخترعت البندقية في القرن السابق، واستخدمت في ألمانيا منذ عام ١٦٨٩، وفرض استخدامها في فرنسا منذ عام ١٦٩٩، وحلت نهائياً محل البندقية القديمة ذات الفتيلة في عام ١٧١٥، وأغنت عن حاملي الحراب بفضل الحربة ذات (الماسورة الوصل) المكلمة لها، وابعد ما تصله البندقية القديمة ٣٠٠ خطوة كحد أقصى، و ١٨٠ خطوة كحد أدنى، ولكنها كانت أخف وأسهل استعمالاً، وأتاحت للجنود إطلاق النار مقتربين الواحد من الآخر، وكانت أسرع حشوة، وتم عام ١٧٤٠ استخدام القضيب الحديدي بدل الخشبي القديم، وحشو البندقية بالبارود والرصاص، وتنقل طلقتين أو ثلاث طلقات في الدقيقة، ثم عام ١٧٤٤ تمكن الجندي بواسطة الخرطوشة ان يطلق ثلاث طلقات في الدقيقة.

٢- المدفعية:

كانت المدفعية مؤلفة من مدافع برونزية صقيلة من الداخل، وتُحشى فوهتها بعيارات للإطلاق بخط مستقيم، ومن مدافع قصيرة للإطلاق المنحني الضروري ضد الجيش المتمركز في الخنادق، وكانت تقذف ثلاث مرات في الدقيقة للمدافع من عيار ٤ لبرات، ومن مرة إلى مرتين في مدافع أخرى قذائف حديدية كروية أو مستطيلة مليئة أو فارغة، أو علباً من التنك تتمزق في الهواء، وتمطر على العدو القطع الحديدية المحشوة بها.

اما مدى القذيفة فهو ٦٠٠-١٨٠٠ متر، والقطع الحديدية بين ١٥٠-٦٠٠ متر، وزاد المدفعيون فعالية القذيفة، وتثب على المشاه لتحدث الخسائر بين صفوفهم.

كانت المدفعية بصورة خاصة ثقيلة جداً، فالمدفع من عيار ٤ لبرات كان يزن ٦٥٠ كغم، والمدفع من عيار ٣٣ لبرة كان ٣٠٨٥ كغم، وكانت تجره الحيوانات بقوة، وتوزع على مراكزه المدافع الخفيفة والمتوسطة صفاً واحداً في الجبهة، والمدفعية الثقيلة مجموعة لتشبيك النيران أمام الجبهة، ولا تتحرك إلا عند الضرورة وبصورة استثنائية، في حين تتوقف عندما يتراجع الجيش؛ لأنها ثقيلة ولا تستطيع الانسحاب.

٣- فن الحرب ١٧١٥:

أصبح جندي المشاة سيد الساحة والمعركة، يتمتع بسرعة الحركة التي لا تتوفر لمدفعية تتجمد لثقل وزنها على الأرض، والخيالة والمدفعية لا يعملون أساساً الا لأجل المشاة، وفرق المشاة تعد سيدة المعارك، وأصبح لسلاح البندقية منذ عام ١٧١٥ ان يقلب المعادلة السابقة.

كان الجيش في هذا التاريخ ينظم صفوفاً لمعارك الجبهة باستخدام الأسلحة النارية، مع سرعة إطلاق النار من البندقية التي لفتت انتباه القادة العسكريين، وأقاموا قوة نارية أمام المشاة لإيقاف العدو في حالة الدفاع وإيقاع الاختلال في نيرانه ووقف تقدمه، وكان المشاة عندما يتلقون الأوامر بذلك يطلقون النار بسرعة في صف واحد، ونظم المشاة في المعارك على أساس صفوف طويلة متوازية في وجه العدو، ونظموا الجنود ستة صفوف على أربع أو خمس خطوات بين جندي وآخر وصف وآخر، حتى

يستطيع كل صف إعادة حشو سلاحه، بينما تطلق الصفوف الأخرى نيرانها الواحد بعد الآخر، وأرادوا بذلك جيشاً منتظماً في صفوفه.

وكان يوضع في الصفوف الأولى رجال أقوياء لاختراق صفوف الأعداء، ونجم عنه بطء حركة الجيش للقتال وتنظيم الجيش وصفوفه وفقاً للمسافات المطلوبة، وحاجة إلى الانتظام بعيداً عن العدو، والانتقال إلى أرض المعركة عبر الأرياف، مع سير بطيء، والتوقف مراراً مع صعوبة المناورة في ساحة المعركة أو مطاردته وسحقه، واستخدام أساليب ملاحقة العدو عبر مصانعه ومستودعاته وطرق مواصلاته، والمدن المحصنة حتى يعجز العدو عن المتابعة أو المواجهة في التموين والأعداد والانتقال، فتكون الحرب بطيئة لا نهاية لها، وان الصفوف الطويلة في أوائل القرن الثامن عشر كانت أقل مقدرة على المناورة منها في الجيوش السابقة.

٤- نموذج الجيش البروسي:

يعد البروسيون أول من أدخلوا التعديلات والتحسينات على سلاح الجيش، وكانت الحرب صناعة بروسية، وتدعمها النخبة البروسية العسكرية، وتقدمت معظم التحسينات الرئيسية في عهد فردريك الأول (١٧١٣-١٧٤٠) على يد خبراء حروب لويس الرابع عشر، وأبرزهم الأمير دانهالت دشو منذ عام ١٧٢٠، واعتمد الجيش البروسي التدابير العسكرية التي يعتمدها الضباط والجنود في السنوات الأخيرة من حرب الوراثة الإسبانية.

كان المشاة البروسيون يصلون إلى ساحة المعركة في صفوف طويلة ضيقة، ومتوازية في وجه العدو، وتفصل بين الفرقة والأخرى مسافات معروفة منظمة مسبقاً، وتصبح كل فرقة أمام العدو، ويحتل أفرادها مراكزهم في الصفوف بحركة تحويلية ذات مدار ثابت يدور فيها أحد الجناحين، بينما يبقى طرف الجناح الآخر في مكانه، ويتسلم كل كولونيل فرقة لمراقبة ما يدور، فتحتفظ الأعلام والفرق بصف مستقيم دقيق، وكان الهجوم يُشن مشياً لا ركضاً رغبة في المحافظة على ضبط الصفوف، وتطلق فيه النيران على دفعات منتظمة مع اسناد مؤخرة البندقية إلى الخاصرة للحفاظ على توازنها، فهذا أفضل من وضعها على الكتف ثم إطلاق الرشاشة، ثم يهجمون المشاة

على العدو بالحراب إذا لم يتراجع بعد ضربة البندقية مع استخدام المدفعية الخفيفة أو المدافع اليدوية التي كانت تستخدم من المشاة في مسافات فاصلة بين الفرق، وأهملت المدافع الثقيلة من عيار ٣٣ لبرة.

واستعملت المدفعية البروسية الناهضة ذات خرطوشة المدفع، واشتملت على نسبة كبيرة من المدافع القصيرة، وكان الفرسان البروسيون توزعوا على صفين، وكانوا يندفعون نحو جانبي العدو بعد ان يكون قد أُضعف بنيران البنادق والمدفعية، وباستخدام نيران ثابتة، ومهاجمتهم بنيران متحركة إلى الأمام.

أما فردريك الثاني (١٧٤٠-١٧٨٦) الذي استخدم جيش أبيه فقد استخدم السلاح الأبيض دون غيره، وأصدر الأوامر للجيوش بالهجوم دون إطلاق النار رغبة منه في كسب سرعة تقدمها، لكن جيوشه أُوقفت بعد استخدام النيران ضدها، وقُتل العديد من الجنود والضباط، وسرعان ما تخلى عن خطة الهجوم بهذا السلاح. وقد كتب عام ١٧٦٨ في وصيته العسكرية ان المعارك تكسب بتفوق النيران، وسيّر مع جيوشه مجموعات كبيرة من المدفعية الثقيلة عيار ١٦و٢٤ لبرة، ولم تتوقف هذه القوى أمام القرى المحصنة التي كان باستطاعتها قهرها بالمدفعية، وأهم ما أدخله في فن الحرب هو الاستعاضة عن الاصطفاف المتوازي، وتسيير فرقة على طريق الإدراج، أي ان العدو يعجز بسبب الصفوف المرصوصة عن التمييز في الإبعاد، وينتظر الجيش البروسي كالمعتاد على جبهة موازية لجبهته.

كان تأثير الجيش البروسي كبيراً في جيوش الأعداء بفعل انتظام نيرانهم وسرعة حركاتهم، فكانت صفوفهم الطويلة تحتل مراكزها على الجبهة، وترد بسرعة مدهشة ودقة على الحركات أمامها، وقد درج فردريك الثاني على مقارنة حركات الجيش البروسي بحركة مجموعة دواليب ساعة متقنة الصنع، وهكذا تمكن البروسيون من التغلب على أعدائهم بسرعة حركتهم، والمحافظة على نظام تام في أشد الظروف صعوبة، فاستفاد فردريك الثاني خير استفادة من هذه الأداة.

وقد اقتبس النمساويون والألمان والهانوفريون والهولنديون والإنكليز من البروسيين الصفوف الدقيقة والمرصوصة وإطلاق النيران دفعة واحدة. أما الفرنسيون

فقد استخدموا الصفوف المرصوصة في وقت مبكر نسبياً، ولكنهم لم يعتمدوها رسمياً إلا عام ١٧٥٠.

إلا ان الجيش البروسي لم يدخل تحسينات على المدفعية، وقد أصر فردريك الثاني على ان يجعل الفرسان في صفوف متراصة عند إطلاق النار، وفقد الصف في أحيان كثيرة القدرة على الوقوف كصف والاصطدام.

٥- التحديث النمساوي – الفرنسي:

تحقق التقدم على يد النمساويين والفرنسيين بشكل عدّوه أفضل من الجيش البروسي، وان آليات الحركة فيه تقليدية، وبحثوا عن ميادين أخرى للاستعاضة عنها بالتحسينات والتكتيكات التجديدية، وكانت للدولتين حرب عام (١٧٤٠-١٧٤٨)، وحرب السنوات السبع (١٧٥٦-١٧٦٣)، وحاولوا ان يستفيدوا من تجارب هذه الحروب رغم ان القادة العسكريين الفرنسيين من خلال التجديد، واستخدام طرق جديدة، وتأليف كتب وبحوث جديدة عن هذه الحروب، ومن خلال الملاحظة والاختبار استطاعوا البرهنة على صحة وجودة هذه الحروب، ومن هؤلاء الكونت دي غيبير ابن معاون المارشال دي برويل، وألف كتاب محاولة عامة في فن الحرب، نشرت عام ١٧٧٢، وتأثر بها نابليون نفسه، ثم فاليير وغريبوفال والفارس دي تيل، وكان غيبير اول من عين بدقة الوقت الذي يستغرقه إطلاق النيران، ودراسة الحركات وتعاقبها كي يختار منها ما يعطي خير نتيجة.

لاحظ الخبراء صعوبة انتشار الجيوش والمهاجمة بصفوف منظمة، وفكروا بمفاجأة العدو بكرّة قوية قبل ان ينظم صفوفه للمعركة بغية تجنب الانتشار والسير بسرعة، ووضع فولار كتاباً هو (مكتشفات جديدة في فن الحرب) عام ١٧٢٤، وهو يؤكد على إهمال النار، أي إقامة صفوف طويلة من الجنود المسلحين بالحراب لشق صفوف العدو بالاصطدام، ثم تبعه المركيز دي سيلفا لتقدير القوة الحية التي ينطوي عليها صدام الصف الطويل، وعاد مسنيل ديران عام ١٧٥٥ إلى رأي سابق في كتابه (مشروع تنظيم فرنسي في فن الحرب)، ورأى آخرون ان رأي فولار في عد الكرّة

بالسلاح الأبيض تنطبق وحدها على الفن العسكري والطبيعة المزاجية للفرنسيين، واتهموا غيبير باحتذاء الخلق الأجنبي والبروسي.

وقد نبه الجميع إلى فاعلية النيران في معركة دتنجن التي قاتل الفرنسيون فيها ملك إنكلترا جورج الثاني على رأس مجندين ألمان وإنكليز عام ١٧٤٣، وكانت الخسائر الفرنسية فادحة جداً، وزالت فكرة استخدام السلاح الأبيض، ثم جاءت معركة فونتنوا عام ١٧٤٥ لتؤيد هذا الواقع، فإن وحدة الحرس الفرنسية التي واجهت نيران الإنكليز قد هربت، والتي قاومت فقدت نصف جنودها، وكانت النتيجة ان النيران هي الأساس في الحركة، وان النيران المطلقة دفعة واحدة من مسافة قصيرة فعالة جداً، ولكن هذه المعارك أوحت بما أثبته غيرها فيما بعد، حين كان المشاة الإنكليز والهانوفريون والبروسيون يرون العدو قد بات قريباً جداً، وأصبح الضباط غير قادرين على جنودهم، وفقدت النيران قوتها وأصبحت اختيارية في الإطلاق، وبرهن ان الإطلاق المفرد أقوى من الجماعي والموحد؛ لأن الجندي ينشغل حينذاك بالتسديد ودقته بدل العشوائية في الإطلاق الجماعي ومنع العدو من إدراكهم، وهم لا يطلقون النار إلا للقتل، فأخذ الفرنسيون يعتمدون تلقائياً على النيران الاختيارية، وأوصى بها غيبير، وأقر عام ١٧٧٦ قانون رسمي لإطلاق النيران الاختيارية بعد النار الموحدة.

في هذه الحروب لاحظ المحاربون فاعلية نيران الجنود المسلمين بسلاح خفيف حول جبهة الجيوش، أي الجنود الذين في المقدمة من الجبهة، وقد استخدمهم النمساويون في ساحات المعارك وكانوا من الجنود الطليعة الكرواتين، وكانوا موزعين وراء الاسيجة والسواقي والأشجار والأدغال والجبال ويطلقون النار على صفوف المشاة، وينشرون الفوضى في الصفوف، ويزعزعون معنويات المهاجمين، بينما هم يستخدمون الأرض للدفاع عن أنفسهم، ولا تلحق بهم الإضرار، ثم ينسحبون وراء صفوف المشاة، حيث يبلغ العدو مرمى بنادق هؤلاء، وكانوا يطلقون النيران على المدافعين الأعداء، ويشوشون نيران المدفعية، ويفتكون بفرسان العدو المهاجمين على الفرسان من مواطنيهم، وساد الاعتقاد حينذاك باستحالته على غير وحدة محاربة بفضل النيران الموحدة، وقد أكثر الجيش الفرنسي منذ ذاك الوقت استخدام جنود الطليعة

(القناصين) من قبل الجيش الفرنسي، وخاصة في حرب السبع سنوات في الهجوم بالأسلحة البيض، وتجنب طغيان العدو على جناحي العدو، وتغطية انتشار الجيش والدفاع عن الغابات والقرى والحدائق والبيوت المعزولة.

وقد نجح برويل في مواجهة مقاومة الوزراء الفرنسيين، واستحصل في عام ١٧٦٦ على نص رسمي بإحداث فوج قناصين في كل سرية، واستخدام قرابة ٦٠ جندي طليعة في كل فوج، ونص آخر عام ١٧٨٤ بإحداث أفواج من القناصين المشاة بلغ عددها ١٢ فوجاً في عام ١٧٨٨، وفي هذا العام جاءت حرب أمريكا وقضاء المزارعين الأمريكيين على وحدة إنكليزية في لكسنغتون، واستسلام صف من الجنود الإنكليز في ساراتوغا لتثبت قيمة قتال جنود الطليعة مقارنة باستخدام البندقية.

وقد اعتمد المارشال دي برويل ومعاونه غيبير تكراراً خلال حرب السنوات السبع على هذه الصفوف، وعرفت هذه الصفوف منذ عام ١٧٦٦ باسم الصفوف على طريقة غيبير، وأكدت ان الأراضي المكشوفة بالهجوم تعد عدواً مجهولاً وبصفوف متوازية دون اهتمام باستقامة الصفوف وسير الجنود ببطء من أجل كسب الوقت والتقدم باتجاه العدو، وصدر قانون عام ١٧٦٩ باعتماد الصفوف على طريقة غيبير، ثم بعد جدال طويل اعتُمدت آراء غيبير في تعليمات مؤقتة صادرة في ٢٠ أيار ١٧٨٨.

كان من المتوقع للطرائق هذه إتاحة تطورات سريعة وسهلة، إلا ان القادة فكّروا في الوقت نفسه بوسائل أخرى للتوصل إلى توزيع الجيش المقاتل بسرعة في وجه العدو، وحقق البروسيون ذلك بفضل تدريبهم، وسارت جيوشهم صفاً بعد صف، وسعى الفرنسيون إلى تنظيم صفوف طويلة أكثر عدداً تسير في طرق متوازية وبسرعة، وفضلوا تقسيم الجيش إلى عدة فرق، واعتمد برويل الطريقة نفسها في حملة عام ١٧٦٠، ووصل الجيش إلى ١٦ فوجاً من المشاة، وهكذا أصبحت الفرقة جيشاً مصغراً كاملاً يضم المشاة والمدفعية والفرسان أي كل الوسائل الكفيلة بقهر العدو والتغلب عليه، لتسهيل انتشار الجيوش في الجبهة، ولكن الفرنسيين في القرن الثامن عشر لم يكونوا يعرفون بعد كيف يستخدمونها خير استخدام.

وهكذا ظهر قسم جديد وهام من أقسام تطور الحربية باستخدام البندقية من قلة استخدام جنود الطليعة، ونقص تدريب المتطوعين، والهجوم بالحراب، وتقسيم الجيش فرقاً، وتنظيمات ووسائل قتال أحدثها الجيش الملكي من خلال القرن الثامن عشر بسبب أداة جديدة هي البندقية.

ولا بد من الإشارة إلى ان الفرسان الفرنسيين حققوا تقدماً كبيراً على خط البروسيين والنمساويين، وأقرت قوانين السنتين ١٧٧٦-١٧٧٧ في كواكب الخيالة الكبرى والقيام بهجوم قصير وعنيف، على ان تتخللها مسافات لا أن تكون كوكباً واحداً، واعتماد الصف الطويل لمهاجمة المشاة لاختراق صفوفهم.

٦- تحديث المدفعية الفرنسية:

قام الفرنسيون بتحديث سلاح المدفعية، فقد فرض قانونٌ عام ١٧٣٢ في فرنسا مذهبَ فالير الذي عمل به حتى عام ١٧٦٥، حيث قام فالير بعمل تنظيمي، أراد للمدفعية الواحدة أن تتوزع مدافعها على خمسة عيارات، من ٤ إلى ٢٤ ليرة، واذا قضت الحاجة ان تقدم المواقع العون للجيوش والمواقع التي فيها الجيوش.

ورغم ان مدافع فالير صغيرة وخفيفة الوزن لكنها تعد من المدافع الثقيلة جداً بالنسبة للمعركة حنيذاك، بعد ان صرف النظر عن المدفعية القصيرة.

وحاول فالير تلافي الزيادة في الوزن بأن اعتمد عام ١٧٤٠ - على غرار معظم الدول في أوروبا الوسطى - المدفع الخفيف، وهو قصير جداً من عيار ٤ لبرات، يبلغ وزنه ٣٠٠ كغم يمكن سحبه بالأيدي، ويستطيع المشاة استخدامه، إلا انه رفض تخفيف المدافع الأخرى، وبرهن بيليدور عالم الطبيعيات والاستاذ في مدرسة لافير للمدفعية في عام ١٧٣٩ على ان المرمى ليس نسبياً لحشوة البارود، وان حشوة توازي ثلث وزن القذيفة تعيض عن حشوة توازي ثلثي وزنها، فما لبث كافة المدافعين ان خفضوا وزن حشوة البارود، وبات والحالة هذه أنه لا بد من إنقاص سماكة القطع ووزنها، ولكن فالير قاوم هذا الإنقاص بعناد، لا بل عزل بيليدور عن منصبه.

إلا ان الحروب أظهرت ضرورة تخفيف المدفعية، وخلال حرب السنوات السبع استخدم النمساويون قطعة خفيفة من عيار ٣ لبرات لمواكبة المشاة، وفي عام

١٧٥٦ أمر برويل بإعادة المدافع عيار ١٢،٨ لبرة، وتحولها إلى عيار ١٦،١٢ لبرة بإنقاص سمكها من الجوانب، وجعلها أخف وزنها وأسهل تحريكاً.

وقد أجريت التطورات الحاسمة على يد غريبوفال، وهو ضابط مدفعية في الجيش الفرنسي، جمع ملاحظات واسعة خلال حرب السنوات السبع، وأثناء خدمته في الجيش النمساوي، وأثناء أسره في بروسيا عام ١٧٦٢، واستدعاه الوزير شوازول إلى فرنسا، وعرف كيف يستفيد من النتائج مما شاهده، وزوّد الجيش الفرنسي بعتاد استخدم في كافة حروب الثورة والإمبراطورية.

أدرك غريبوفال الحاجة الماسة إلى تخصيص المدافع، وإدخال تقسيم العمل إلى المدفعية، وميز مدافع الحصار ومدافع القتال في الأرياف، وأصبحت المدفعية سهلة التحريك وان تواكب المشاة منذ هذا التاريخ، وتساند هجماتهم، وتسير وراءهم أثناء الانسحاب، وتحمي مؤخرتهم، وزاد غريبوفال من فعالية هذه المدفعية باعتماد المدفع القصير وبعدد المدافع: ٤ لكل ألف جندي بدلاً من واحد، وكل فوج خصص له مدفعين، وحسن غريبوفال من مرمى القذيفة واختراقها، واصبحت المدفعية أكثر وأفضل تسديداً، وبات إطلاق النار أسرع تنفيذاً، وفرض غريبوفال على العمال طاولة متقنة الصنع محددة القياسات، وقوالب وعيارات، ومساطر حديدية، ومثاقب من أجل سهولة الإعداد والصنع، وفي عام ١٧٧٦ عُين غريبوفال مفتشاً عاماً للمدفعية، واعتمدت طريقته بشكل نهائي.

وبفعل تطورات الأسلحة المختلفة هذه تبدلت كل ظروف الحرب، وبات في استطاعة القائد ان يرغم العدو على القتال، ويقطع عليه الطريق، ويستخدم جنود الطليعة، ومدفعية مختلفة الأحجام والأوزان والسرعة والقوة، وقيام صف طويل بالهجوم بواسطة الحراب، ولن يستطيع العدو الهروب بعد الآن، وبات في استطاعة القائد أيضاً ان يقوم بالالتفاف حول العدو ويهدد مؤخرته، ويعد صفوفه للمعركة، وجميع الأسلحة المختلفة في الفرقة الواحدة، ويتمكن من اختراق جبهة العدو، إما بصف طويل من الخيالة أو مجموعة كبيرة من المدافع تؤمن الاختراق، وبإحداث الاختراق أو الفجوة يدخل المشاة للانتشار في المؤخرة والارتداد إلى جناح العدو الأكثر تصدعاً

والقضاء عليه قضاءً تاماً، وسيتمكن القائد بفضل صفوف غيبير الطويلة من تبديل مراكز جيشه بسرعة في قلب المعركة ومفاجأة العدو، وأتاحت التطورات إمكان التخلي عن استراتيجية اللواحق في سبيل الحرب الحقيقة التي تستهدف تدمير جيوش العدو بحرب قصيرة وسريعة.

لقد أحرز الأوروبيون تفوقاً عظيماً على كافة الشعوب ليس بالاعتدة والمناورات فحسب، بل بالنظام والإعداد اللذين جعلا من الأوروبيين مثالاً يتميز بالجرأة والعزيمة والعناد والبسالة المشهورة، وإن هذا التفوق لم يوفر النصر للأوروبيين والرعايا فحسب، بل للحلفاء وللأصدقاء أيضاً، فقد كان إحدى أهم وسائل دخولهم شتى أنحاء العالم وسيرهم نحو السيطرة الشاملة[٣٣].

رابعاً: الثورة الملاحية

استمرت أكاديميات العلوم البحرية خلال القرن الثامن عشر في تقديم المعطيات العلمية لتصميم السفن الحربية، وبرع العديد من المهندسين والفنيين والمتخصصين بالعلوم الرياضية والآلية والطبيعية - برعوا في تطبيقها، وبرعوا في عهد لويس الرابع عشر في تطبيق تلك العلوم، وحل المهندسون محل الممتهنين لهذه الحِرف، وتعاون المهندسون والعلماء الرياضيون والطبيعيون المتخصصون، وتكرس هذا في القوانين التي صدرت بشكل رسمي عام ١٧٦٥ في قانون على السفانين باسم (مهندسو البحرية)، وتلقوا علومهم في معهد بناء السفن في باريس، وشجع الحركة العلمية دي بوردا مفتش بناء السفن الحربية منذ عام ١٧٨٤ والذي استحدث الأساليب الجديدة.

١- الهندسة وبناء السفن الحديثة:

ازدادت سرعة السفن وقدرتها على المناورة بحرية وبطول للسفينة بلغ ٤٠ متراً للسفن الحربية، وبعرض ثلث الطول أو ربعه، وفيها مجموعة مدافع سفلى وأشرعة عليا، واستقرت أكثر مما سبق، واكتسبت المزيد من الدقة، وزادت فيها النقوش والزخرفة، وفي عام ١٧٧٨ كانت البارجة ايفيجني أولى السفن الفرنسية المبطنة بالنحاس، ولكن البطانة كانت مرتفعة الكلفة، ويجب تبديلها مرة بعد أخرى.

وقويت أجهزة السفينة، وثبتت الصواري والدواقل، وزيدت مساحة الأشرعة، وباتت معروفة النسبة بين مساحتها وقوة الريح، وأتاحت شبكة من الحبال مناروات سهلة ودقيقة، ودارت السفينة حول نفسها، وسارت كما يريد قبطانها بكل أمان، وتمكنت من بلوغ الهدف بأقرب نقطة ممكنة من الريح المعاكسة، ولقد أصبح شكل هذه السفن عصرياً، وهي من هذا القبيل أكثر شبهاً بالسفن الشراعية في القرن التاسع عشر منها بالسفن الشراعية في القرن السابع عشر.

واستطاع الملاحون بمرور الزمن الوصول إلى المكان المقصود بكل أمان مع استحداث الحكومات مستودعات خرائط ورسوم وصحف وبيانات في قضايا الملاحة في فرنسا عام ١٧٢٠، وإنكلترا وهولندا عام ١٧٤٠، وتم تحسين مقياس سرعة السفن بأن أضيف له ثقل يجنبه الرياح العاتية البحرية، وأتاحت بعض الأجهزة الانعكاسية كالثماني والسداسي التي تتبع حركات البحر وتقدير ارتفاع الشمس وحساب خط العرض حساباً أكثر تدقيقاً.

وكانت أهم مسألة تمكنوا من حلها هي مسألة خطوط الطول، واستطاع الملاحون تحديدها ومراقبة حدوث ظاهرة فلكية، وحساب مراقبتها والاستناد لكسوف الشمس وخسوف القمر، وفحص أقمار المشتري على الرغم من صعوبته، ومسافة النجوم إلى القمر التي تتطلب معرفة معرفة بالحساب. لكن الصعوبات نجمت عن ان الساعات لا تحافظ على ساعة الانطلاق من النقطة المعينة، فهي تتعطل أثناء سير السفينة بسبب الانتقال من خط عرض إلى خط عرض آخر، وبسبب حركات البحر، ونادراً ما جاء الملاحون بأخطاء كبيرة في تحديد خطوط العرض، وقد ارتكبوا أخطاء جسيمة في تحديد خطوط الطول، ففي عام ١٧٥٠ عينت الخرائط الإنكليزية والهولندية مكان الشاطئ الشرقي للأراضي الجديدة على مسافة ٩ درجات من مكانه الحقيقي.

وفي عام ١٧٦٥ بلغت الأخطاء عدة درجات في تحديد مكان رأس الرجاء الصالح ورأس هورن على طرق بحرية سالكة، فكانت هناك ثلاث باسم غالاباغوس وعدة جزر باسم القديسة هيلانة، واضطروا أخيراً إلى بلوغ خط عرض المكان المقصود والسير شرقاً أو غرباً إلى ان تظهر أمامهم اليابسة.

وقد سبق للبرلمان الإنكليزي في عام ١٧١٤ ان خصص ٢٠ ألف جنيه استرليني لمن يحدد طريقة لاكتشاف خط الطول في البحر بفارق نصف درجة قوسية، وبعد عمل لمدة ٤٠ عاماً صنع النجار الإنكليزي هارسون مقياساً للزمن، وفي عام ١٧٦١ شحن هذا المقياس في سفينة متجهة نحو جزيرة جامايكا، وأعيد إلى إنكلترا بعد مرور ١٤٧ يوماً، ووجد بعد الفحص ان الفارق الزمني فيه لم يبلغ سوى دقيقة وأربع وخمسين ثانية، ولكن تركيب جهاز هارسون كان على درجة من التعقيد، وأمر البرلمان بإعطائه ١٠ آلاف جنيه استرليني، وأرجأ المبلغ الباقي إلى اليوم الذي يتوفق فيه هارسون إلى جعل تطبيق جهازه من البساطة بحيث يمكن النسج على منواله بسهولة، وتكامل هذا المقياس بفضل الفرنسي (له روا) الذي اكتشف عام ١٧٦٦ الزنبرك اللولبي المتساوي الدوام والمنفذ والرقاص والمعدل، ثم برتوا الذي صنع بين ١٧٦٧-١٧٧١ مقاييس زمان كثيرة، وبين السنة ١٧٦٧ والسنة ١٧٧٢ زودت عدة سفن فرنسية بمقاييس أعطت نتائج طيبة، وهي مقياس هارسون مما أتاح لكوك القيام برحلته الثانية، إلا ان هذا الاختراع لم ينتشر إلا تدريجياً.

زادت الأساطيل الحربية شيئاً فشيئاً من قوتها، وخفضت في الوقت نفسه عدد نماذج السفن بإلغاء النماذج الضعيفة، فلن تتجاوز السفن الشراعية بعد اليوم القياسات التي بلغت السفن الحربية الكبرى، وكانت هناك البوارج المعدة للقتال والمراكب الحربية المعدة للاستكشافات وحرب المطاردة، والحراقات المعدة لنقل الأوامر، وكانت البوارج ذات شرعة واحدة أو شرعتين أو ثلاث، وزودت البارجة ذات الشرعة الواحدة بـ ٥٠ مدفعاً وبـ٣٠٠ بحار، والسفينة ذات الشرعتين بـ ٦٤ مدفعاً وبحارة بين ٥٠٠-٨٠٠ رجل، والسفينة ذات الثلاث أشرعة بين ٩٠-١٢٠ مدفع، ومراكب الاستكشاف والمطاردة بـ ٢٠ مدفعاً أو ٣٠ مدفعاً أو ٤٠ مدفعاً، اما الحراقات فقد ضمت بين ٧٠-٨٠ بحاراً، وسلحت للمرة الأولى بـ١٢ مدفعاً، واستطاعت الاشتراك في المعارك البحرية.

وكانت السفينة دول بورغونيا الذي شرع ببنائها عام ١٧٨٥ مزودة بـ ١١٨ مدفعاً، و ١٠٩٢ بحاراً، وطولها ٦٣ متراً، وعرضها ١٦,٩٦متراً، وعمقها ٨,٠٨ متراً.

وأشرعتها ٣١٦٢م٢، وقادرة على تموين أغذية تكفي لـ١٨٠ يوماً وماء يكفي لـ ١٢٠ يوماً، وكان يمكن إطلاق نيران المدافع مرة كل خمس دقائق، ومرمى القذيفة ٤٠٠٠ متر، والمرمى الفعال ٥٠٠-٦٠٠م، وفي عام ١٧٧٤ صبت مصانع كارون في إسكتلندا مدفعاً جديداً هو (الكاروني) القصير والمركب على سند ثابت، ونيرانه أقل تسديداً ومرماه أقرب مسافة، ولا يستلزم العدد عينه من المدفعيين، ولكنه أتاح تسليح السفن الصغرى ومقدمات الشرعات ومؤخراتها بمدافع يفوق عيارها ما سمحت به المدافع الأخرى، واستخدمته الإنكليز بسرعة وعلى نطاق واسع، لكنه لم يعمم إلى الأسطول الفرنسي إلا في عهد الثورة الفرنسية.

٢- الفنون البحرية والحربية:

طرأ على الفن الحربي بعض التدهور منذ أواسط القرن السابع عشر، وكانت قوة المدفعية جلبت الانتباه إلى استخدام المدافع بشكل أفضل، وقدرة السفينة على المناورة أتاحت الحركات العلمية بشكل منظم، وان الإنكليز وسواهم قد نظموا سفنهم صفاً مستقيماً تفصل بين المقدمة والمؤخرة مسافة قصيرة، ولم يجز لأية سفينة ان تخرج من الصف لمطاردة سفينة عدوة إلا بأمر من قائد الأسطول، واستحالة كل مناورة ممكنة، واقتصرت المعركة على إطلاق نيران المدفعية دون نتيجة حاسمة.

وكان القضاء على أسطول العدو عملية مستحيلة، ثم ان السفن بالغة التكاليف والقباطنة من ثم يتحاشون ان تصاب أو تعرف سفنهم، ولذلك تحايدت الأساطيل المتعادية بعضها عن بعض قدر المستطاع، واعتمد البحارة على استراتيجية أخرى هي مهاجمة تجارة العدو بسفن المطاردة، والاستيلاء على المستعمرات والغارات المفاجئة على شواطئ العدو، ومفاجأة شواطئ العدو لتدمير تجهيزاته، وخاصة الحروب التجارية بين الإنكليز والفرنسيين على جزيرة سانت لوسي في الانتيل، وكانت صيحة الكونت دي برويل في أوائل الحرب الأمريكية بضرورة قيام حرب تدميرية لانزال الجيوش في إنكلترا نفسها والقضاء عليها مرة واحدة، ولكنها لم تلق أذاناً صاغية.

ان الذين قاموا بانقلاب ثوري في الحروب البحرية هم الأميرال الإنكليزي المعروف (رودني) بطل معركة سانت، و(دي سوفرين) الفرنسي، وهو من بروفنسيا،

وورث تقليد القتال الذي استهوى ضباط السفن الحربية القديمة، وحرّكته روح هجومية نادرة، وأسند إليه عام ١٧٨١ أمر الدفاع عن مدينة (الرأس)، فقام بهذه المهمة بشكل مثير للإعجاب، ثم طلب إليه تعزيز أسطول جزيرة فرنسية في المحيط الهندي، فأصبح قائداً لهذا الأسطول بعد وفاة اميراله، وتولى في عامي ١٧٨٢-١٧٨٣ قيادة حملة الهند الشهيرة التي هزم فيها الأسطول الإنكليزي خمس مرات، ومهد لانتصار الجيوش البرية، وأطلق عليه الهنود لقب الاميرال – الشيطان، ونظر إليه العديد منهم كأنه إله، وطبق في هذه الحملة المبادئ التي أوحت بها إليه حياة طويلة في المعارك البحرية.

كان تدمير أسطول الأعداء هو تنفيذاً لكافة المهمات، لذلك كان سوفرين يبحث عن أسطول العدو، وينقضّ عليه حتى في المرافئ الكبرى دون اهتمام بمدافع الساحل التي لا يمكن ان تطلق نيراناً فعّالة في اشتباك قد يصيب حليفاً أو عدواً على حد سواء. وامر سوفرين ان تقف السفن بشكل طبيعي أثناء القتال، وليس كصف واحد خوفاً من ان تصاب بنيران الأعداء بسهولة، وهكذا استطاع بسفن أقل من العدو إثبات قدرته وتفوقه وإحراز النصر الحاسم.

إن هذه المبادئ كانت بمثابة انقلاب في الآراء في ذلك الوقت، كان سوفرين غريباً عنها، بحيث ان مرؤوسيه لم يفهموا شيئاً منها، ولم تنفذ أوامره بشكل حرفي، ولكنه جدد الفن الحربي واستراتيجيته البحرية، وقام في البحر بثورة كتلك التي سيقوم بها نابليون بعد سنوات عدة في قيادة الجيوش، وبعمله هذا احتل سوفرين مركزه بين كبار عباقرة الحرب، وبعد هذا الإنجاز كان أسطول أوروبا الوحيد الذي عبر البحار في كل أنحاء العالم دون سواهم من القوى البحرية.

وفي عام ١٧٥٣ خصصت أكاديمية العلوم في باريس جائزة لمن يتوفق في توفير وسائل تسد فعل الريح، وبحث المركيز الفرنسي دي جوفروا دابان عن الحلول، وخطر له في السنة ١٧٧٥ بعد ان شاهد مطفأة شايو في باريس ان يطبق على السفن الآلة ذات المفعول البسيط التي ابتكرها جايمس وات، وتمكن من حساب المقاومة المطلوبة وطريقة نقل الحركة، وألف جمعية صغيرة مع بعض الأشراف، وانزل إلى نهر دو زورقاً بخارياً مزوداً بالمجاديف لم تعمل كما ينبغي، وابتكر العجلة ذات

اللوحات التي اعتُمدت من بعده، وفي عام ١٧٨٣ صعد نهر السون إلى ليون أمام ١٠ آلاف مشاهد، وأراد جوفروا دابان استثمار اختراعه، ولكن المتمولين طالبوا كضمان لأموالهم امتيازاً لمدة ٣٠ عاماً، وأوعز الوزير كالون إلى أكاديمية العلوم بتأليف لجنة لم تسلّم بالأمر بسبب عدم قناعتها بأن الآلة ذات المفعول البسيط لا تفي بالحاجة لتأمين حركة الدوران المتواصل المطلوب، وفرضت اللجنة على جوفروا إعادة اختباراته واستهزأت به الجماهير، فأقلع عن كل شيء.

إن الآلة ذات المفعول المزدوج التي ابتكرها وات والتي نقلت حركة دوران منتظمة جداً قد دخلت أمريكا عام ١٧٨١، وأصبحت الحاجة ماسة إلى المركب البخاري، وعرض الأمريكي فيتش عام ١٧٨٤ مركباً بخارياً اختبره في عام ١٧٨٧ على نهر ديلاوار بحضور واشنطن وفرانكلين، وثار الحماس، وتأسست في فيلادلفيا شركة برئاسة فرانكلين، وتدفقت الاكتتابات ومُنحت الحكومة امتيازاً، وواصل فيتش تجاربه، ولكن الجهاز الذي ابتكره وهو عوارض خشبية أفقية يحركه البخار ثُبّتت فيها مجاديف عادية كان مضيعة للوقت لكثير من العطلات التي تعرض لها، لانه استعان في صنع آلته بحدادين عاديين، فتميزت بالكثير من العيوب والنواقص، ونُعت فيتش بالجنون، وتخلى عنه الجميع، وقد انتحر عام ١٧٩٣، إلا ان الحل سيكون على يدي مواطنه فولتون أوائل القرن التاسع عشر الذي سيقلب ظروف الملاحة والنقل رأساً على عقب[٣٤].

خامساً: الثورة المالية والصناعية

اتسعت في أوروبا خلال القرن الثامن عشر الثورة المالية التي كانت قد بدأت تدريجياً في القرنين السابقين، وتصاعدت وحدثت بعد عام ١٧٦٠ ثورة صناعية حقيقية استهلت عهد فن اختراع الآلات واستعمالها، واتجه الاهتمام بالقواميس، واشهرها (دائرة المعارف) الخاص بالحرف والفنون في ١٧ مجلداً، والعديد من اللوحات والمعلومات ذات الفائدة الكبيرة حول القضايا الصناعية والميكانيكية رغم ان هذا العمل أثار دهشة الكثير؛ نظراً للاحتقار الذي يُنظر إليه نحو الفنون الميكانيكية ومخترعوها وعدها أموراً ثانوية في ذلك الوقت أمام اهتمامات أخرى.

وكان لرأس المال دوره في تقدم الصناعات ووسائل الدفع المالية الأخرى، وتكدست هذه الأموال في القرن الثامن عشر من الأسعار والأرباح والأجور الاسمية التي ارتفعت أيضاً، وزداد حجم المعادن الثمينة، وانتشرت تقنيات مالية أخرى.

١- تدفق المعادن المالية:

ان التجارة البحرية والاستعمارية الكبرى قد جمعت رؤوس الأموال في أوروبا الغربية حيث تكدس طوال القرن معظم إنتاج الذهب والفضة في العالم بشكل كبير ومتزايد، وكان أكبر إنتاج هو مستعمرة المكسيك الإسبانية، حيث استثمرت مناجم جديدة، ولكن هناك مستعمرات أخرى كثيرة أنتجت هذا أيضاً، وأفاد تدفق المعادن الثمينة في دول أوروبا الغربية في الدرجة الأولى، ودخل إلى إنكلترا ذهب وفير من البرازيل بعد معاهدة (ميتوين) عام ١٧٠٣ بينها وبين البرتغال، ومعاهدة باريس عام ١٧٦٣ التي وضعت يدها على تجارة هندستان في باب الشرق الأقصى، واستأثرت بمعادنها الثمينة، وتلقت فرنسا معدناً وافراً ثميناً من الإمبراطورية الإسبانية بفضل التجارة الكبرى، التي نشطت بينها وبين إسبانيا، وبينها وبين الإمبراطورية مباشرة بالاتفاق مع بعض التجار الأسبان، واستفادت هولندا من هذا التيار بنسبة أقل، لان صناعتها تأخرت، وانخفض حجم صادراتها تدريجياً، أما دول أوروبا الأخرى فلم تستفد منه إلا استفادة محدودة؛ لأن بعضها كإسبانيا والبرتغال كان شبه خال من المعادن الثمينة لاضطراره إلى استيراد الكثير من البضائع، والبعض الآخر كالنمسا وبروسيا وروسيا كان بعيداً عن البحار دون مستعمرات ودون تجارة كبرى على بعض الأهمية.

ولكن المعادن ما كانت لتكفي للمدفوعات، لان سرعة تداولها محدودة، وقد جعلت الناس يشعرون شعوراً أعظم بنقص حجمها، وان نقلها كان باهظ التكاليف وفيه أخطار كبيرة من حيث السرقة واللصوص وقطّاع الطرق، فكان باستطاعة الفرنسيين حتى في عام ١٧٨٢ ان يشاهدوا في المدن التجارية الكبيرة حمّالين يسيرون بسرعة في كل الاتجاهات، ينقلون أكياساً من الفضة بين ١٠،٢٠،٣٠ من أيام كل شهر، وكانت وكالات الشحن تنقل بين مدينة وأخرى أكياساً تتسع إلى ٢٠٠ دينار يساوي الواحد ٦ لِيرات، وتصر في صناديق مسطحة مغطاة بالتبن ومشدودة بالحبال.

٢- النقود الورقية:

اتصف القرن الثامن عشر بالتقنية المصرفية، في كبريات المدن الأوروبية كالبندقية وجنوة وجنيف وانفرس واوغسبورغ، وتحسنت كثيراً على أيدي الهولنديين في القرن السابع عشر الذين صدروها إلى الإنكليز، وتقدمت بفضلهم تقدماً كبيراً من خلال البيع والشراء بالدين التي فرضتها حرب وراثة عرش إسبانيا، وتكاملت في القرن الثامن عشر، وانتشرت في الدول الأوروبية الكبرى عن طريق فرنسا، وبلغت شرقي أوروبا.

تعاطى عمليات الصيرفة في لندن وامستردام المصارف الحكومية منها والخاصة وكتّاب العدول، وسماسرة التجارة من تحويل وإيداع وورق نقدي، واسفتجة وحسم وشركة وتوصية وقروض لقاء رهونات عقارية، وأوراق مالية، أو قروض قصيرة الأجل، ودخول دائمة مدى الحياة، والأسهم والسندات، ومورست صفقات بواسطة الدلالين وتجار الأوراق المالية، والصفقات المؤجلة، والتسليف على الأوراق المالية والبيع الآجل القصير المدى.

وشهدت الأسواق مضاربات مالية ومنافسات ومساومات بين الارتفاع والانخفاض، واستغلت الأخبار السياسية في هذه المضاربات، وجرى النقد مجرى السياسة، وغالباً ما أثر فيه، واستخدمت كافة الأمور الهامة والأساليب لتحقيق ذلك.

واعتمدت هولندا منذ زمن بعيد في تجارتها العالمية على العمولة ولدورها في التجوال عبر البحار وحركة الكشوفات الهولندية، واستخدمت كل الأساليب في مصرف امستردام في اسفتجات أوروبا كلها، وصفقاتها المالية وابتكر الهولنديون في القرن الثامن عشر القرض لقاء رهونات لفلاحي سورنيان، ولم تتح قروض هولندا استثمار أملاكها فحسب، بل استثمار الممتلكات الزراعية في الهند الغربية والفرنسية والإنكليزية والدنماركية أيضاً، وقدّمت هولندا أكثر من ثلث رؤوس الأموال الموظفة في المشاريع الصناعية المؤسسة في مختلف الدول الألمانية، وبلغت عام ١٧٨٧ دخول هولندا في الخارج ١٢٣ مليوناً، وهو مبلغ ضخم في ذلك الوقت.

إلا ان النسبة بدأت بالتراجع مع المنافسة الأوروبية، وتأخر الصناعة الهولندية؛ لأن الدول التجارية الأخرى حددت من صادرات الخامات الهولندية، ثم أرغم هذا الهولنديين على شراء قسم كبير من المصنوعات التي سيقايضونها، وباعوها بأسعار تفوق أسعار منتجيها، وتقهقرت تجارتهم، وتأخر تدفق رؤوس الأموال على امستردام.

أما إنكلترا، فقد تفوقت بفضل تجارتها الزاهرة البحرية، وصناعتها المتطورة، وبعد معاهدة أوترخت عام ١٧١٣ التي حدت من المزاحمة الفرنسية، ولا سيما بعد معاهدة باريس عام ١٧٦٣ التي فتحت ابواب الهند أمام الإنكليز، وتدفقت رؤوس الأموال، ووزع مصرف اسكتلندا أرباحاً تعادل ٢٠%، وسارت بفضلها لندن قدماً في التقدم والتفوق على حساب امستردام، ولجأت الدولة الإنكليزية في ظل الديون الثقيلة بسبب حرب وراثة عرش إسبانيا إلى قروض كثيرة، ولكنها اقترضت بحالات استثنائية، وسددت المتأخرات حسب سياسة حذرة ودقيقة بإحداث ضرائب مقابلة، ووفرت كافة التسهيلات للأفراد لبيع الدخول.

وارتفع عدد الشركات المساهمة ارتفاعاً كبيراً من شركات التأمين ضد الحريق، وعلى الحياة والزواج وغيرها، وبلغ العدد في إنكلترا أوائل القرن الثامن عشر ١٤٠ شركة مساهمة، وأصدر عام ٧١٤ جون فريك في لندن أول بيان أسبوعي بالأسعار، وتأسست عام ١٧٢٠ شركات غربية في مجالات تكرير مياه البحر وشركات مساهمة أخرى، وأدت المضاربات الكبيرة في إنكلترا وفرنسا إلى تضخم مفرط في الأسهم، ثم اختلال وانهيار، ولكن فقدان الثقة بهذه الشركات سرعان ما عاد إلى حالة من الاستقرار والازدهار.

وكانت جنيف مركزاً مالياً عظيماً، وعُرف تجارها كتجار ماليين بارزين ونابغين، أما فرنسا فقد تأخرت عن ركب هذه الدول؛ لأن التجارة فيها كانت أقل تقدماً، ولأن الكاثوليكية قيدتها بحكم انها مذهب الدولة، وان الحق المدني والحق القانوني يحرمان الفائدة التي تؤمن الكسب والأرباح، ولا يجيزانها إلا عندما يتعرض المال لخطر أكيد، كما في الشركات البحرية مثلاً، وفي عام ١٧٤٥ تقدم بعض صيارفة

انغوليم الذين عجزوا عن استرداد مالهم من مدينيهم بدعوى إلى القضاء، ولكنهم فوجئوا بالحكم عليهم، لعدم صحة الدعوى وخالفوا القانون بالإدانة والفائدة وخسارتهم بعد ذلك.

إلا أن فرنسا عرفت الشركات المساهمة والسند لأمر حامله والصفقة المؤجلة، وخلال هذا القرن أدخل بعض الاسكتلنديين أمثال لو والسويسريين أمثال نكر ونبشو وكلافير إلى فرنسا كل التقنيات المعروفة في البلدان الأخرى.

ان الحاجة هي التي دفعت إلى ذلك؛ لأن فرنسا في أعقاب حروب لويس الرابع عشر كانت على وشك الإفلاس المالي، وظهرت الحاجة إلى طرق مالية جديدة والإسراع في ترويج النقد لمضاعفة الشراء والبيع باطراد ومضاعفة الإنتاج، وأفلح (لو) في ان يقنع الحكومة بالحلول محلها أمام دائنيها ووفاء الدين تدريجياً، واستحصل من الوصي على العرش، وذلك في عام ١١٨٦، وعلى إجازة تأسيس مصرف خاص كان ٣/٤ رأسماله ديوناً على الدولة. وأسس في عام ١٧١٧ شركة الغرب التي كان من المفروض ان تستخدم أوراقاً نقدية يصدرها المصرف والتي قبضت ثمن أسهمها سندات ملكية، ثم أشرك في جمعية باسم (النظام) مصرفه الذي أعطي صفة ملكية في عام ١٧١٨، وشركة الغرب التي تحولت في عام ١٧١٩ إلى شركة الهند لاستثمار المسيسبي وكندا والانيتل وغينيا والمحيط الهندي والشرق الأقصى، وضم إليها التزام التبغ، وسك النقود، وجباية الضرائب ورفعت الامال الأسهم من ٥٠٠ ليرة إلى ١٨٠٠ ليرة.

أما في عام ١٧١٩ فقد فقدت الثقة بهذه الأرباح، وانخفضت قيمة الأسهم والأوراق المصرفية النقدية، وطالب الناس ان تدفع حقوقهم من العملة المعدنية، واضطر المصرف لإقفال أمواله نتيجة إصدار كميات ورقية كبيرة لديه، وأفلس (لو) واختفى عن الأنظار، وأصبح الورق غير مرغوب فيه، وكره الفرنسيون المصرف، وتأخرت الثقة به في المعاملات الحياتية، ومعها المعاملات الصناعية والتجارية.

وفي عام ١٧٢٤ افتتح في باريس البورصة من جديد، ولكن تسليم الأوراق المالية حدد بـ ٢٤ ساعة، وحرمت الصفقة المؤجلة، وقد وافق على فتحه في عام ١٧٨٠، واستفاد الوزير كالون منه لمحاولة رفع سعر أسهم شركة الهند بوسائل الأب

دسبانياك، ولكن القضية انتهت بغير ما يشتهيه أهلها، وحلت أمام القضاء في عهد الثورة، وفي عام ١٧٧٦ أسس سويسري واسكتلندي (صندوق الحسم)، بدلاً من كلمة مصرف التي باتت تخيف الناس، وحسم الصندوق السندات التجارية، وتقبل الودائع، وأصدر سندات لم تعرف رواجاً خارج باريس، وتأسس يانصيب باريس في هذا العام، وهو ملكي، وأصدر في عام ١٧٨٣ سندات تعيين فائدة لحاملها، وتسدد خلال ثماني سنوات، وهي مماثلة لسندات طويلة الأجل على الخزانة، وفي عام ١٧٧٧ تأسس مصرف المحبة لمحاربة الربا، وأقرض التجار لقاء رهونات.

وانتشرت عام ١٧٨٠ الشركات المساهمة على نطاق واسع في معادن الفحم الحجري، والتعدين والعزل، والمصارف والتأمينات البحرية، وتولت صحيفة باريس وفرنسا نشر لائحة الأسعار، وتأسست شركات مساهمة: شركة (افزين) عام ١٧٥٧، وشركة (انيش) عام ١٧٧٣ لاستخراج الفحم المعدني، وشركة القطن في نوفيل لارشفيك قرب ليون عام ١٧٨٢، وساعد على تزويد المصانع بالآلات ومصانع فولاذ امبوي عام ١٧٨٤، وشركة تأمين ضد الحريق أسسها السويسري كلافيير عام ١٧٨٨، وشركات أخرى للسفن، أو الفحم الحجري، أو التراب العضوي القابل للحرق، واستُخدم السند لحامله لتأسيس مصنع (له كروز) عام ١٧٨٢ كي ينصهر فيه، وفي عام ١٧٨٥ معمل الملكة للبلور، ومعمل صب المعادن الملكي في أندريه ومونسينس برأسمال ١٠ ملايين على ٤٠٠٠ سهم، وبات الملك مساهماً، وهذا يشير إلى أن الصناعة الكبرى قد استندت على الدين أساساً.

أما في الدول الأوروبية الأخرى فقد عرفت المحلات التجارية الكبرى الدين منذ زمن بعيد، منذ عام ١٧٢٠ قامت في همبورغ شركات تأمين بحري، ولكن الدول الكبرى كانت متأخرة جداً، ففي النمسا أراد شارل السادس - متأثراً بـ(لو) - تأسيس شركة أوستند معولاً على المؤسسات التجارية والمصارف في أوستند وانفرس، وفي عام ١٧٥٠ أصدرت النمسا نقداً ورقياً، وحذت حذوها كل من أسوج وروسيا وإسبانيا، وكانت هناك بورصات سوداء، وليست رسمية في برلين وفينا، وأسس فردريك الثاني

مصرفاً بروسيا عام ١٧٦٣ حين عجز عن مواجهة واجباته في أعقاب حرب السنوات السبع[٣٥].

٣- الثورة الصناعية في إنكلترا:

انتقل الاقتصاد في إنكلترا إلى المرحلة الجديدة من الزراعة إلى الفحم والحديد، وظل الخشب يستخدم كوقود، مع توفير الصناعات للمنسوجات والزجاج والقار للسفن، ودباغة الجلود، فكان اقتصاد ينتقل من المحاصيل النباتية إلى الحيوانية واقتصاد للاستثمارات المعدنية، وفي عام ١٧١٤ لم يكن في إنكلترا مثل أيّ بلد آخر مع أن فيها نمواً كبيراً، وكان أكثر أشكال الصناعة انتشاراً هو الصناعة المنزلية التي ازدهرت في صناعة الصوف الهامة، وتوزع العمال بين الصناعة والفلاحة، وكانوا يشترون المادة الخام ويحولونها في منازلهم بمساعدة زوجاتهم وأولادهم وبعض العمال أحياناً، ويحملون مصنوعاتهم على عرباتهم التي يجرها الحصان إلى السوق، ويزرعون الأراضي، ويربون بعض الماشية لتأمين كفافهم من الموارد، وكانوا ينتجون الأقمشة والأسلحة والأدوات المعدنية، وصدروا قسماً منه إلى الخارج خاصة إلى أمريكا.

وتركزت التجارة تركزاً صناعياً وبالعكس، وحاول التجار في الاجواخ والأدوات المعدنية فرض طرائق صناعية على المنتجين وفرض كسب محدود، وتوصلوا إلى ما أرادوا من تزويد فلاحي المناطق من الصناعة، والاستفادة من حالات جذب الأراضي وحاجات العمال ليستولوا على أدواتهم تسديداً لأموال يسلفونهم إياها، وكان هذا أول تقسيم للعمل جعلهم أسياد السوق، ومن ثم أسياد المصنوعات وصناعتها، وقدّم التاجر للصناعي وصاحب المصنع المواد الخام أي الصوف والقطن والقنب والحديد والأدوات والنماذج، ثم العامل فينفذ العمل، ثم يعود الصناعي فيطلب الأشياء المصنعة ويبيعها، وأصبح العامل اليدوي عاملاً مأجوراً بعد أن كان صناعياً مستقلاً.

وهذه هي المصنع أي مرحلة المصنع، أي مجموعة من المصانع الفردية التي تعمل لأجل تأجر هو متعهد رأسمالي، وضم المصنع أحياناً ومعه مشغل كبير تجمع فيه المصنوعات لأعمال الصقل النهائية، وأدخلت هذه تحسينات كبرى على تقنية الصناعة، وتوزيع العمل، والصناعة بالجملة قبل اختراع الآلات واستعمالها، مثل مصنع الدبابيس

الصغير الذي وصفه آدم سميث في عام ١٧٧٦، وتوصلوا بعمل أيديهم إلى إنتاج ٤٨ ألف دبوس يومياً.

وكانت هناك أخيراً في الصناعات التي استلزمت آلات معقدة التركيب وباهظة التكاليف بعض معامل تجمع فيها الأجهزة والعمال، صناعة الحرير مثلاً، فقد جهزت بعض الشركات المساهمة بعض مناجم النحاس، وامتلك بعض أرباب معامل الحديد من النبلاء مصهراً أو مصهرين، ومعمل حدادة، وانتجوا ٦٥ طناً أسبوعياً.

وتحققت تحسينات جديدة بفضل نمو التجارة، حيث دول عدة إلى ما وراء البحار، ومنافسون جدد، فاستوردت إنكلترا - وخاصة ليفربول من الشرق - منسوجات قطنية، وأدى النجاح الذي عرفته إلى قيام صناعة مماثلة في مانجستير، واستوردت ليفبول القطن الخام، وتتطلب ذلك مجاراة عمال آسيا القانعين بمستوى معيشة أدنى لا نظير له عند الأوروبيين، وكان هذا أحد أسباب اختراع الآلات الجديدة، والجدير بالذكر ان تجارة الهند الشرقية قد وفرت مصنوعات بسعر أقل من مصنوعاتها، وأدى إلى اختراع الآلات وطرائق إتاحة الإنتاج بيد عاملة قليلة وأقل كلفة، ومن ثم انخفض سعر المصنوعات. وكل الآلات والاختراعات ولدت من فقدان التوازن الاقتصادي، ومن الحاجة إلى تخفيض أسعار الكلفة، وولدت امكان الحصول على رؤوس أموال بفائدة ضئيلة وتحقيق أرباح كثيرة.

وكانت صناعة القطن من أحدث الصناعات وأهمها، فانتشرت الصناعة القطنية واستخدام عمال فيها، والمكوك والآلات، وارتفعت الأرباح، وقلّت الكلفة، وهذا ما حذا بجون كاي إلى البحث عن مكوك متحرك وابتكاره عام ١٧٣٣، وأتاح إنتاج أثواب بالعرض المطلوب، وانتشر استعماله حوالي عام ١٧٦٠.

أما في صناعة استخراج المعادن وتنقيتها، فقد كانت الأخشاب في الغابات تقطع لتوسيع المراعي، وتوجب استيراد الحديد من السويد لصناعات برمنغهام وشيفلد، ولكنه كان باهظ الثمن ورفع سعر الكلفة رفعاً مفرطاً، وتعرض أرباب المصاهر من الإنكليز للإفلاس، ودفع ذلك ببعض آل داربي في عام ١٧٣٥ إلى ابتكار الحديد المصبوب بالفحم الحجري المقطر. أما الآلة البخارية فقد ولدت من عجز الأنهار عن

تحريك عجلات الآلات، وعن صعوبة إحداث الخزانات الباهظة التكاليف على أية حال. واستحدثت الآلة التي سيرها ينوكومن عام ١٧٠٥ بالبخار الجوي لرفع الماء الذي يسقط بعد ذلك على العجلات ذات اللوحات، ولتحريك المضخات لرفع الماء من المناجم.

لم تكن هذه الاكتشافات عمل العلماء في البدء، بل عمل محترفين مهرة متمكنين من الطرائق التقنية المستعملة وواقفين بالممارسة على موضوع أبحاثهم، فان جون كاي قد كان حائكاً في البدء، ثم صانع مافش للأنوال، وأما آلات الغزل فقد كان هارغريفز الذي ابتكر عام ١٧٦٥ آلة لغزل خيوط عدة دفعة واحدة - كان حائكاً، ثم نجاراً، وكان توماس هويز الذي ابتكر المغزل المائي عام ١٧٦٧ عاملاً نقاشاً بسيطاً، وكان كرومبتون الذي ابتكر آلة تجمع بين الآلتين عام ١٧٧٩ غزلاً وحائكاً. وكان كارتريت مبتكر آلة الحياكة راعياً محباً للبشر، وكان آل داربي أربابَ مصاهر وتحويل حديد الصب إلى حديد في عام ١٧٨٣ على يد بيتر اونيونز رئيس العمال في احد المصاهر، وهنري كورت أحد أرباب المصاهر.

وإن الآلة البخارية التي اكتشفت في القرن السابع عشر جعلت صالحة للعمل على يد نيوكومن الحدّاد والقفال، وأصبحت عملية حقاً على يد جايمس وات صانع الآلات المختبرية، وانضم العلم إلى التقنية، وبعد تحقيق هذه الطرائق كلها درسها العلماء واكتشفوا قوانينها وتوافقوا بواسطتها في القرن التالي إلى اكتشافات عملية وتقنية جديدة.

ولم تكن هذه الاختراعات هي الأولى، فقد سبقتها محاولات من السعي والبحث والاخفاق، فقبل هارغر يفزوهايز اكتشف جون ويات ولويس بول آلة غازلة (للغزل) جديدة عام ١٧٣٣-١٧٣٩)، وإن دادلي قد توصل منذ عهد جاك الأول إلى اكتشاف مبدأ الحديد المصبوب بالفحم الحجري المقطر، إلا أن المخترعين الأُوّل قد أخفقوا في البدء بسبب عدم كفاءتهم العملية وافتقارهم إلى الروح التجارية، وأتقنوا التفكير والإدراك والاكتشاف دون النقاش والحساب والبيع والشراء، واصطدموا على الأخص

بمقاومات الصناعيين الحذرين أبداً؛ بسبب خوفهم من خسارة المال، ومقاومة العمال المعادين للآلة الذين يخشون فقدان مرتزقهم، فيحطمون ويحرقون الآلات.

أحدثت الاختراعات خللاً اقتصادياً جديداً، وأوجب البحث عن الآلات جديدة، وارتفعت نسبة انتاج المنسوجات ارتفاعاً كبيراً بفضل المكوك المتحرك، بينما بقي الخيط يغزل بالدولاب، وأدت عملية الافتقار إلى الخيط إلى تسريح عمال بعض المعامل، وخسروا زبائنهم، واشتدت الأزمة حوالي عام ١٧٦٠ بسبب الانتصارات الإنكليزية في الهند التي أفضت إلى ازدياد الطلب، وهذا أوحى إلى هارغريفز باختراع آلته الغازلة عام ١٧٦٧، وأنتجت هذه الآلة خيطاً دقيقاً، ولكن هذا الخيط كان واهياً، أما آلة هايز الغازلة عام ١٧٦٨ فقد أنتجت خيطاً متيناً، ولم يتم البلوغ لدقة الأقمشة الشرقية، وأما آلة كرومبتون عام ١٧٧٩ فقد أنتجت خيطاً متيناً غاية في الدقة، وصالحاً لصناعة الأقمشة، وأخذ الغزالون يصدرون بعضها إلى البر الأوروبي، وظهر خطر المنافسة للأقمشة الإنكليزية، ونجح كارتريت عام ١٧٨٥ في سبيل ابتكار نوال آلي الذي نجح نجاحاً تاماً منذ عام ١٨٠٠.

اما الحديد المصبوب بالفحم الحجري المقطر، والذي ابتكره آل داربي، فقد قام اونيوتز وكورت بتجارب كثيرة وتوفقوا في تحويل حديد الصب إلى حديد (١٧٨٣-١٧٨٤)، حيث يمحص الحديد الصب بنار الفحم المعدني المقطر إلى ان يصل عبر مراحل من الإذابة والتمحيص والتسخين إلى تجميع المعدن وإلى مرحلة التصفيح بين الأساطين.

واكتشفت آلة نيوكومن الجوية البخارية، واخترع بلاك في عام ١٧٦٥ المخثر المنعزل، وأمكن منذ عام ١٧٨٤ استخدام قوة البخار في الآلات على أنواعها، انواع غزل القطن ونسجه، وآلات تصفيح المعادن، والمطارق، ومطاحن الحبوب والصوان وقصب السكر، وقد تعاونت كل هذه الاختراعات تعاوناً متبادلاً من دواليب متشابكة، والآلات تصفيح ومخارط المعادن والمطارق البخارية والمثاقب والأنوال، وحل الحديد محل الخشب شيئاً فشيئاً؛ لانه يوفر المزيد من الدقة، وأتاحت تحسينات صناعة المعادن الحصول على كميات كبيرة وأصناف جديدة، ووفرت الآلة البخارية أكبر قوة وأسهلها

استعمالاً وأعظمها مرونة دون خسارة، ولكن الآلة البخارية لم يعم استخدامها إلا في عام ١٨٠٢، وأوجدت أنوال الصناعات النسيجية والمعدنية وآلاتها بدورها أسواقاً للحديد وآلات صنعها وات رغم ان الآلات الغازلة البخارية الأولى ترتقي إلى عام ١٧٨٥، فلم يعمم استخدام الآلات البخارية إلا في وقت متأخر [٣٦].

وقد قام التجار الصناعيون بتجميع الآلات والبخار في أبنية متقاربة، وشيدوا مصانع جديدة ذات طوابق خمسة أو أربعة للغزل، تضم بين ١٥٠-٦٠٠ عامل، وكان أصحاب هذه المعامل صناعيين حقاً، واستُخدم في صناعة المعدن مع استخدام الفحم الحجري المقطر، وكاد ان يضم كل مشروع عدة مصاهر ومعامل، بل ظهر التجمع العمودي عام ١٧٨٧ امتلك ولكتسون مناجم حديد وفحم معدني ومصاهر وأرصفة في التايمز.

كما رافق هذا التجمع الداخلي تجمع جغرافي، ففي أماكن شلالات الماء الضرورية لتحريك الآلات تجمعت الصناعات، وفي إنكلترا على منحدرات جبال بنين الثلاثة، القطن في جنوبي كونتية لانكستر (مانجستير) وشمالي كونتية دربي منذ عام ١٧٧٥، والصوف في مقاطعة يوركشاير في ليدز وبرادفورد، وفي اسكتلندا في وادي كلايد، ثم عام ١٧٨٥ حين عم استخدام البخار تبدل تجمع الصناعات بعض الشيء، فإن المناطق الشمالية الخاصة في استخراج الفحم الحجري بقيت مناطق صناعية، ونظراً لأن طرق المواصلات المائية أتاحت نقل الفحم الحجري بسهولة فقد قامت المعامل اما على مقربة من أسواق الخامات، أو من أسواق بيع المصنوعات، أو المراكز السكنية التي توفر العمال، وهكذا برز التخصص في المناطق.

وربط التجمع المالي بين المشاريع، وكان تجمعاً أفقياً أحياناً، ومن مجموعة معامل وشركات بمشاركة أشخاص معينين، وإن اختراع الآلات والطرائق التقنية قد أعطى المملكة المتحدة تفوقاً عظيماً على الأمم الأخرى في أواخر القرن الثامن عشر وزادت الكميات المصنوعة، وفي عام ١٧٨٠ صدّرت المملكة المتحدة أقمشة قطنية بقيمة ٣٦٠ ألف جنيه إسترليني، وفي عام ١٧٩٢ صدّرت بقيمة مليونين، وفي عام ١٧١٧ أنتج آل داربي بين ٥٠٠-٦٠٠ طن من الحديد المصبوب سنوياً، ثم أنتجوا عام

١٧٩٠ حوالي ١٣ ألفاً و ١٤ ألفَ طن سنوياً، ثم تحسنت الكمية والقيمة التجارية، وأتاحت آلة كرومبتون انتاج أنسجة قطنية وموصلة أخف وزناً من التي تنتج في الهند، ثم آلة هايز الغازلة، وارتفعت قيمة المادة الخام بنسبة ٥٠٠٠% أثناء مراحل الصناعة، وتوصل الإنكليز منذ عام ١٧٨٣ إلى توشية الأقمشة بواسطة الأسطوانات النحاسية، وطبق تايلور عام ١٧٨٦ أسلوباً لإنتاج الأقمشة من الأحمر التركي، واكتسبت شهرة واسعة مثل الأقمشة الهندية، وأعطت عملية تحويل الحديد المصبوب إلى حديد قضبان حديدية أفضل من الحديد السويدي أو الروسي.

وكثر الطلب على الفولاذ الذائب الذي أنتجه هنتمسن في كافة أنحاء أوروبا، وتدنت الأسعار، وقد أذهلت التحقيقات الإنكليزية الأجانب، فإن ولكنسون قد بنى في عام ١٧٧٩ فوق السفران أول جسر من الحديد المصبوب، ووُفِّق عام ١٧٩٧ الى ان يبني في سندرلند فوق ل (وير) جسراً من الحديد المصبوب مر تحته سفينة بحرية، وانزل في البحر عام ١٧٨٧ أول سفينة حديدية، وفي عام ١٧٨٨ سلم مصلحة مياه مدينة باريس ٦٤ كم من الأنابيب المصنوعة من الحديد المصبوب.

ومنذ ذلك الحين برزت نتائج الصناعات الكبرى مع أزمة زيادة الإنتاج، وارتفاع الأسعار للسلع والمصنوعات، والانهيار المالي في عام ١٧٩٣، وارتفاع أعداد السكان، ونمو المدن، وتحول الريف إلى مدينة، وقيام طبقة من الرأسماليين الصناعيين هدفهم صهر طبقة النبلاء، وتوسعت طبقة العمال في المصانع التي لا يمتلكون أي وسيلة فيها سوى العمل هم وأولادهم من بعدهم، وهم الطبقة البروليتارية الكادحة، ورغم هذا فقد أدى النمو الاقتصادي وارتفاع الإنتاج إلى زيادة أجور العمال الحقيقية، وتحسن الغذاء والصحة، ولكن الكثير من عمال الصناعة مثل المتدربين الصغار وصانعي المسامير والحاكة ما زالوا يتقاضون أجوراً ضئيلة، ويتغذون تغذية سيئة، ويسكنون في مساكن حقيرة، فتفتك بهم حمى المصانع وداء السل وأمراض سوء التغذية، وقد تجمع هؤلاء العمال في عام ١٧٨٥، وقاموا بإضرابات وأعمال عنف ضد الأشخاص وبعض الآلات والمصانع، وطالبوا البرلمان بتشريع يحميهم، وكان هذا منطق الصراع الطبقي.

٤- الصناعات الأخرى:

على الرغم من التطورات الصناعية التي شهدتها أوروبا خلال القرن الثامن عشر، فقد بقيت الصناعات الصغرى أكثر وأوسع انتشاراً من الصناعات الكبرى، وانتشرت آلة هارغريفز الغازلة التي يصلح استخدامها في المنزل، وانتشرت في كل مكان بين عام (١٧٧٥-١٧٨٥)، وارتفع من ثم عدد المنتجين الفرديين، واستمروا في عملهم هذا حتى بعد استخدام النول الآلي راضين بتخفيضات في أجورهم بنسبة كبيرة، مع البؤس والفاقة.

وفي صناعات الصوف والآلات المعدنية والسكاكين دافع الصناع اليدويون عن أنفسهم لمدة طويلة، وفي أوائل القرن التاسع عشر مازال مجموع انتاجهم يفوق مجموع إنتاج المصانع.

لا بد من الإشارة إلى ان ما ينتجه النوال يحتاج إلى تنظيف وتخصيب قبل تسليمه إلى التجارة والتبييض الضروري جداً لتقصير القماش؛ لأن من شأن الشحم ان يؤدي دوراً يثبت الألوان، ويؤلف من الأصباغ مركبات كيميائية قد تلون القماش، حيث يوجد الشحم بألوان داكنة واكثر لمعاناً، وأخضع القماش إلى عملية الغلي في الماء مع رماد الحطب الغني بالاشنان، ونشرة بعد أيام فوق العشب، ثم ينقع في مصالة حامضة، ثم تنتهي عملية التبييض بغسله في الصابون، إلا ان هذه العملية واجهت مشكلات كقلة الخشب للوقود، وحرمان الزراعة من مساحات واسعة، وتربية المواشي بكثرة للحصول على المصالة، فقامت عقبات في وجهها.

هكذا أصبحت الحاجة ماسة إلى الحامض الكبريتي والأشنان، وتم بالفعل إنتاج الحامض الكبريتي، وعالج الناس الأملاح بهذا الحامض لإنتاج الأشنان، ولكن المشكلة كانت في انتاج كميات كبيرة بأسعار منخفضة، وقد أحرز الحامض الكبريتي النجاح في أول الأمر بفعل حاجة صناعية جديدة ومختلفة، مثل القبعات والجلود والأزرار والقصدير والنحاس، وأحرق الفرنسي (الفيفر) الكبريت، وعالجه بملح البارود، وحصل من ثم على زمن أقل في إنتاج الحامض الكبريتي وبكلفة أقل أيضاً، وأدخل هذه الطريقة

إلى إنكلترا الإنكليزي (يشوع وورد) عام ١٧٣٦، ولكنها ظلت كميات قليلة وبأسعار مرتفعة.

وهكذا استطاعوا بواسطة الحامض الكبريتي من خلال انتاجه بالرصاص من معالجة الحامض، ونقله للوصول إلى زيادة حجم السفن، وتخفيض سعر النقل، وإنتاج كمية كبيرة، والبيع بأسعار قليلة، وتصدير الحامض منذ عام ١٧٥٠ إلى كافة أنحاء أوروبا الشمالية الغربية، فأخذ الحامض الكبريتي يحل محل المصالة في عملية التبييض، وأعطى في خمس ساعات نتيجة يعطيها المصالة في خمسة أيام.

في عام ١٧٨٤ خطر في بال الكيميائي الفرنسي (برتوليه) ان يستخدم في التبييض خصائص إزالة الألوان التي ينطوي عليها الكلور، ونزولاً عند رأيه طبق جيمس وات هذه الطريقة في عام ١٧٨٨ في تبيض إنتاج مصنع حميه، ثم ما لبث ان اخترع (ماء جافيل)، وهو كلور مضاف إلى محلول أشنان الذي زاد بسرعة التبييض.

وكان (كيروكوليسون) قد حلّ منذ عام ١٧٦٩ مسألة الانتقال من الملح إلى الأشنان، واستطاع (موسبرات) بفضل تجاربه ان يؤسس في عام ١٨٢٣ معملاً شهيراً يعد منطلق صناعة الأشنان الكبرى في إنكلترا وخارجها، وهكذا حُلّت نهائياً مسألة التبييض، وازدهرت صناعة النسيج.

واتجهت الرغبة الكبيرة إلى صناعات الأقمشة الزاهية، واحتاجت إلى ألوان جديدة لتثبيتها، أي الأصباغ، واكتشف (البرليني) عام ١٧٠٤ الأزرق البروسي، ونشر صيغته عام ١٧٢٤، وجعلها الكيميائي (ماكر) صناعية في عام ١٧٥٠، وبهذا تحقق لون أزرق بشكله ورونقه، ويصبغ جميع أجزاء القماش، وحصل (جورج غوردن) في عام ١٧٥٨ على أحمر بنفسجي بنقع أشنة الصباغين في محلول النشادر، وأنقذ الفرنسيان (بوريل وبابيون) تجارة الأقمشة الإنكليزية في أفريقيا عام ١٧٨٦ حينما اكتشفا أن الأحمر التركي هو أحمر زاره.

اما الزراعة الصناعية فقد حظيت هي أيضاً بالتقدم والتطور في حقل الصناعات، وجددت الزراعة نفسها لدى الإنكليز من خلال طريقة (نورفولك) التي

اعتُمدت منذ أواخر القرن السابع عشر، وطريقة (جتروتول) الذي أعلن في كتاب نشر عام ١٧٣١ ان الأسمدة مضرة وسموم، والنباتات تتغذى بأشياء صغيرة ملتصقة

بمساحة تجاويف التربة الداخلية، ويجب تقسيم الأرض حتى تتمكن الجذور من اختراق التربة بسهولة لتغذية النباتات والإكثار من الحراثة، اما جماعة (نورفولك) فقد استخدموا بشكل واسع وبصورة منتظمة الزراعات الدورية ونباتات أخرى، مع الإكثار من الحراثة باستخدام الأسمدة السجيل والكلس بشكل واسع، ونجحت الاختبارات التي قام بها (هوم ودوكسون) بتفضيل طريقة (نورفولك) التي أتاحت توفير كميات كبيرة من الغذاء الضروري للسكان، وتخفيض نسبة الوفيات، وسهلت التصنيع(٣٧).

وفي سبيل تطبيق التقنيات الجديدة عزل كبار الملاكين مزارعيهم، وضمّوا أراضيهم بمساعدة البرلمان الذي كان تحت سيطرتهم، ولكنهم لم يفعلوا ذلك بداعي التقنية، بل من أجل تحقيق مكاسب جديدة، وقد ناسبت طريقة نورفولك الأراضي المكشوفة والجماعية وصيانة المراعي، وقدمت الشيء الكثير للقرى.

إلا أن النجاحات في الدول الأوروبية الأخرى كانت أقل وأبطأ لعدم توفر رؤوس الأموال، وضعف التجارة البحرية التي كانت المصدر الرئيس للموارد المالية، رغم ان المال توفر لهولندا، ولكن صناعتها مالت للتأخر، بسبب عدم توفر الخامات في أراضيها والقيود التي فرضتها الدول الأخرى الساعية وراء التصنيع على خروج الخامات من أراضيها، ووظف الهولنديون أموالهم في إنكلترا وفرنسا والدول الألمانية المختلفة، وأسهموا في تصنيع هذه البلدان، وخارج إنكلترا والأقاليم المتحدة نمت الصناعة بفضل تدخل الدولة لدوافع عسكرية، كالتحرر من الأجنبي، وإنتاج الاقمشة للملابس العسكرية، والأسلحة والبارود والتصدير لأجل تأمين النقد الضروري للسياسة الكبرى لإضعاف العدو بالمنافسة، وقد تدخلت الدولة بالاكتتاب والمكافآت والاحتكارات والتعريفات الكمركية والمشاريع، ولكن بصعوبة بالغة لتوسيع تصنيعية الأسواق، تدفع ثمناً لها في سلسلة من الافلاسات والتراجع المالي والنقدي.

أما فرنسا، فكانت قد اجتازت هذه المرحلة حينذاك، واتسمت صناعتها بتلقائية واضحة، وكانت البلاد بحيرة تجارية استعمارية كبرى، وفيها رؤوس أموال كثيرة،

ولكنها أقل من إنكلترا قوة من الناحية البحرية وتقنيتها المالية أقل أيضاً، ومن جهة أخرى فإن الدولة قد استنزفت - بسبب سوء تنظيم ماليتها - قسماً كبيراً من رؤوس الأموال المتوفرة، لذلك لم تتمكن الصناعة الفرنسية من الاستغناء عن إسهام الدولة المباشر، فكانت النجاحات أبطأ في فرنسا من إنكلترا، وقد احتلت الصناعة المنزلية المركز الأول، وتزايد التجمع التجاري في مناطق معينة، ففي صناعة الجوارب في ليون على سبيل المثال استُخدم ٤٨ تاجراً، و٨١٩ عاملاً متخصصاً، واشتغل لآل فان روبيه في ابفيل حوالي عشرة آلاف عامل، كلّ يعمل في منزله لأجلهم، وكانت المصانع الملكية الاثني عشر تنجز الأعمال التحضيرية من حياكة وغيرها عن طريق العمال الموزعين في عدة معامل، ولكن الغزل كان ينجز بواسطة عمال الجوار وفي منازلهم.

ونشاهد تجمعاً مصنعياً قبل استخدام الآلات في الصناعات التي احتاجت إلى أصناف مختلفة وأجهزة معقدة التركيب وباهظة الثمن، ، وتجمع عمال أنوال الصوف، وصناعة القطن، وعمال التبييض في مخازن الأقمشة والمواد الملونة، وعملية توزيع العمل بين العمال في سقف واحد، وكان في عام ١٧٨٩ حوالي ١٠٠ صناعي ينتجون ١٢ مليون لبرة من الأقمشة المصبوغة وشركات مساهمة عدة لها ثروات كبيرة، فقد أسس (أوبركامف) في عام ١٧٨٩ شركة برأسمال قدره ٩ ملايين، أما المناجم فمنذ عام ١٧٤٤ احتفظت الدولة لنفسها بما تحت سطح الأرض، وأعطت امتياز استثماره لشركات كبرى، فلدى شركة (أنزين) التي تأسست عام ١٧٥٦ ٤ آلاف عامل، وشركة أو شركات أخرى في آلية وكارمو وأماكن أخرى. وأنتجت شركة أنزين عام ١٧٨٩ حوالي ٣٧٥ ألف طن من الفحم الحجري.

وأدخلت الآلات منذ عام ١٧٣٢ - مثل آلة نيوكومن - في المناجم، وفي حقل غزل الحرير ميكانيكياً أتاحت اكتشافات فوكنسون قيام مؤسسات كبرى، وظل الغزل صناعة ريفية، وفي صناعة القطن استحضر الفرنسيون عمالاً وآلات من إنكلترا، وكان هناك في عام ١٧٨٩ معامل في بريف وأميان وأورليان ومونتارجيس ولوفييه، وظهر الحديد المصبوب بالفحم المعدني المقطر، وأدى تأسيس مصانع كبرى مثل آل كروزو

عام ١٧٧٩، ولكن استعمال الآلة لم ينتشر بسرعة، ففي عام ١٧٨٩ لم يكن عدد المضخات النارية مرتفعاً في فرنسا، ولم يكن إلا لدى شركة انزين اثنتي عشرة مضخة كانت مثار الدهشة في ذلك الوقت.

أما في الدول الأوروبية الأخرى، فعلى الرغم من جهود الأمراء الكبيرة والنجاحات التقنية، إلا أنها كانت بطيئة مقارنة بإنكلترا وفرنسا، وقد مست الحاجة أوروبا الوسطى والشرقية في رؤوس الأموال، لأن الدولة فيها لم تسهم اسهاماً كبيراً في التجارة العالمية، وافتقرت إلى المستعمرات، ولذلك نجد في كل من بافاريا ورتمبرغ وهس والنمسا وبروسيا وروسيا مميزات مشتركة مختلفة الدرجات، والدولة تتدخل في كل مكان، فالأمير يثير نحو المشاريع، ويتخلى عنها الأفراد، أو يفرض تأسيسها على النبلاء والأديرة والمدن والتجار واليهود، وتستفيد هذه المشاريع من مساعدات مالية وإعفاءات من الضريبة والرسوم والاحتكارات ومن المدربين الأجانب واليد العاملة والمسخرة (أيتام، جنود، بنات، داعرات، متسولون، مشردون).

أما تقسيم العمل فهو يشبه ما في المصانع، معامل مركزية يُستكمل فيها العمل، ولكن معظم العمل يُنجزه في المنازل أجراء عمال بالآلاف، ففي أحد مصانع برلين عام ١٧٤٠ لصنع الأجواخ الممتازة أنتج ١٤٠٠ عامل في منازلهم بعد أن وزعت الخامات عليهم ليعملوا في منازلهم، وفي روسيا استخدمت مصانع الأجواخ والحرير خُمس عمالها في المعامل، والباقي في منازلهم، وهكذا في مصانع اشرعة المراكب والساعات والزجاجيات والمرايا. اما المصانع المجموعة في مكان واحد فهي قليلة جداً أو نادرة مثل صناعة الأواني الصينية والتبغ والأثاث الفاخر وتحضير الجعة والتقطير ونشر الأخشاب، أما الآلات فكان استخدامها متأخراً وبطيئاً، فآلة وات الأولى ظهرت في ألمانيا عام ١٧٨٥,

٥- اختراعات صناعية جديدة:

انتج القرن الثامن عشر اختراعات حديثة لم تكن معروفة من قبل، مثل مانعة الصواعق نتيجة لأبحاث فرانكلين الذين أوقف المانعة الأولى فوق بيته في أيلول/ سبتمبر ١٧٥٢، ثم انتشرت بعد عامين، ووصلت إلى ٤٠٠ بيت في فيلادلفيا عام

١٧٨٢، اما في لندن فانتصبت أول واحدة منها عام ١٧٦٢، ثم انتقلت إلى الدول الأوروبية الأخرى: إيطاليا عام ١٧٧٦، جنوب فرنسا وباريس عام ١٧٨٢.

وقد اعترض بعض اللاهوتيين على استعمالها بعَدِّ الرعد والبرق دلائل الغضب الإلهي، ومن الكفر مقاومته في الطاقة التدميرية، وقال آخرون من الفلاسفة اللاهوتيين إن على البشر اتقاء الصاعقة، مثل المطر والثلج والريح بالوسائل التي وضعها اللـه بين أيدي البشر، وفي عام ١٧٨٣ أوقف أحد أشراف (سانتومير) الريفيين فوق بيته مانعة للصواعق، وتنتهي بحربة تتحدى السماء، فهاجت الجماهير، وأصدرت البلدية إليه أمراً بإنزال المانعة، وتقدم بدعوى إلى محكمة (آراس) التي ألغت القرار البلدي تحت مرافعة أحد المحامين الشباب، وهو (مكسمليان دي دوبسبير) الذي اشتهر بعد ذلك، ثم فرضت مانعة الصواعق بخدماتها المهمة، حيث لم تصب بأذى الأبنية التي صعقت، مثل كنيسة القديس مرقص في البندقية، وكاتدرائية سينا أيضاً، فضلاً عن السفن التي بقيت أمينة بفضل مانعة الصواعق التي رُفعت عليها.

وقد حاول المهندس الفرنسي (جوزف كونيو) استخدام طاقة البخار لتحريك المدفعية، وبنى عجلة البخار لنقل الأثقال وعرضها على محك امتحان غريبوفال، وأمر الوزير شوازول تجربتها تكراراً في عامي (١٧٦٩-١٧٧٠). وجربت في السنة الأخيرة آلة كونيو وهي السيارة الأولى في دار الصناعة، وسحبت مدفعاً ثقيلاً من عيار ٤٨ مع سنده الثقيل لمسافة ٥ كم في ساعة واحدة، وتسلقت أشد المرتفعات وعورة وخشونة، وكانت تعتمد على كمية كبيرة من الماء من أجل التبخير، وغالباً ما جمحت عن طريقها باتجاه جدار ما وهدمته، وكان من الضروري توقيفها كل ربع ساعة، فلم يكن استعمالها عملياً، وتقدم الأمريكي (أولفر أيفانس) عام ١٧٨٦ إلى مجلس ولاية بنسلفانيا يطلب امتياز صناعة سيارة بخارية تتحرك بآلة ذات ضغط عالي لا تحتاج إلى كمية كبيرة من الماء، ولكنه لم يحصل على امتياز إلا في عام ١٧٩٧، وفي النهاية كان الفشل حليفه، إلا ان الإنكليز استخدموا في مناجم الفحم المعدني خطوطاً حديدية لتسهيل جر عجلات نقل الفحم بواسطة الأحصنة، وهو استخدام هذه الخطوط التي أضعفت

تأثير الاحتكاك واستخدام الآلة ذات الضغط العالي التي فشل في معرفتها كونيو، مما أتاح الحل في القاطرة والخط الحديدي.

أما الهاتف، فقد جرت أول تجربة له عام ١٧٨٢، وأوضح (دون غوتاي) أحد رهبان دير سيتو أمام أكاديمية العلوم وسيلة تتيح الاتصال بالأماكن البعيدة، وهي ان تقام بين مراكز متعاقبة أنابيب معدنية يسري فيها الصوت دون ان يفقد قوته فقداناً محسوساً، واعتقد ان بإمكانه ان ينقل أمراً خلال ساعة إلى مسافة ٢٠٠ فرسخ. والتمس المركيز (دي كوندورسيه) إجراء اختبار، فأذن الملك لويس السادس عشر له بذلك، واستخدمت في الاختبار الأنابيب التي تنقل السائل إلى مضخة شايو على مسافة ٨٠٠ متر فجاء النجاح كاملاً، والتمس غوتاي امتحاناً من ١٥٠ فرسخاً، ولكن الإدارة الملكية اعتبرته باهظ التكاليف، ولم تنجح جهود غوتاي نهائياً رغم محاولاته العديدة.

وبذل الكاهن الفرنسي (كلود شاب) جهوداً في الثلث الأخير من القرن الثامن عشر للوصول إلى صناعة واكتشاف التلغراف الكهربائي، إلا انها انتهت بالفشل لأن الذين بذلوا الجهود لم يعرفوا سوى الكهرباء الساكنة التي تنبثق عن الاحتكاك أو تنتجها الآلات الكهربائية، وان هذه الكهرباء لا توجد إلا على سطح الأجسام، وتميل باستمرار إلى الابتعاد عنها، ولذلك فإن ثلاثة عقود من التجارب لم تنجح، وقُدّر لـ(كلود شاب) ان يصل إلى الحل في عهد الثورة الفرنسية فيما بعد.

وقد ظهرت الملاحة الجوية في فرنسا، فقد قام الأخوان (ايتان وجوزيف مونغو لفييه) من ابناء صناعيي الورق في أنوناي الذي اشتُهر في كل أنحاء أوروبا بجودة مصنوعاته ووقفا على كتاب وصف فيه بريستلي عدة غارات جديدة، وفكرا بالارتفاع إلى الجو، وان يحصرا في غلاف خفيف الوزن غازاً أخف وزناً من الهواء، فيرتفع الجهاز إلى ان يصادف على علو معين طبقات يبقيه ثقلها النوعي في حالة توازن، وقاما باختبارهما الاول في أنوناي في الرابع من حزيران/ يونيو ١٧٨٣ أمام مندوبي ولاية نيفاريه، وقد ارتفع المنطاد المعروف باسميهما والبالغ قطره ١٢م،

والمصنوع غلافه من نسيج مبطن بالورق، والذي سُخّن هواؤه بالهيدروجين المشعل، وارتفع حتى ٥٠٠م.

وقد طالبت أكاديمية العلوم إعادة الاختبار في ساحة مارس في السابع والعشرين من آب/أغسطس ١٧٨٣، حيث ملأ البروفسور المنطاد بالهيدروجين الذي يزن ١٤ مرة أقل من الهواء، وحصل عليه للمرة الأولى بكميات كبيرة بعد ان كان يحصل عليه في المختبرات فقط، وأمام ٣٠٠ ألف شخص يبكون ويتعانقون؛ لأن أحلام البشر بدأت تتحقق، وارتفع المنطاد حتى علو ١٠٠٠م، ولكنه كان قد ملئ تماماً عند الانطلاق، وتمزق وسقط على مسافة ٢٠ كم من باريس، وذعر الفلاحون اعتقاداً منهم ان القمر قد سقط من السماء، وقطعوا المنطاد انتقاماً إلى عدة أوصال، واضطرت الإدارة الملكية إلى إشعار الفلاحين رسمياً بان ليس هناك ما يثير مخاوفهم، وبان لا يمزقوا شيئاً من الآن فصاعداً، وبعد اختبار بحضور الملك شخصياً في التاسع عشر من أيلول/سبتمبر ١٧٨٣ كان (بيلاتردي روزييه) والمركيز (دارلند) الإنسانين الأولين اللذين طارا في الجو، وحلقا فوق باريس في التاسع عشر من تشرين الثاني/ نوفمبر عام ١٧٨٣، أما البروفيسور شارل الذي ابتكر السلة والشبكة والصمام، فقد اصطحب روبير وبلغ معه ٤ آلاف متر علواً، ثم نزل إلى الأرض على مسافة ٣٦ كم من باريس مسجلاً الأرقام القياسية الأولى في المسافة والارتفاع، وانطلق (بلانشار) والدكتور (جفري) من شاطئ دوفر في السابع من كانون الأول/ ديسمبر ١٧٨٣، واجتاز المانش عن طريق الجو، وكان (بيلاتردي روزييه) الذي لقي حتفه في الخامس عشر من حزيران/ يونيو على إثر تمزق منطاده أول شهيد من شهداء الجو.

وقد تأسست في كل مكان من فرنسا جمعيات من الهواة، وارتفعت المناطيد في كل مكان وجو، وعم هذا التيار أوروبا بعد ذلك، فارتفع في إنكلترا منطاد هيدروجيني في الثاني والعشرين من شباط/فبراير ١٧٨٤، وفي إيطاليا ارتفع المنطاد الأول في ميلانو في الخامس والعشرين من الشهر نفسه من السنة نفسها.

وأصبح بإمكان الجيش الفرنسي ان يستخدم المناطيد في الحقل العسكري منذ عام ١٧٩٤ ليؤمن لفرنسا السيطرة الجوية الأولى في أوروبا.

هكذا، فإن الثورة التقنية الكبرى قد وفرت لأوروبا تفوقاً مادياً عظيماً على كافة شعوب العالم، وأتاحت لها شهرة حضارية وتقنية، وأداة لتواصل الروح العلمية مع شعوب ما وراء البحار، ونستطيع ان نقول ان القوة المالية والصناعية كانت مظهراً من مظاهر اتصال أوروبا بالعالم[٣٨].

سادساً: الخدمات الإنسانية الحديثة

١- الطب:

حقق العلماء في الطب تقدماً علمياً ملحوظاً ومتزايداً، واتجه الأساتذة والعلماء والطلاب نحو النظريات وقراءة الكتب، ودرس الطلاب في كلية باريس الطبية، بعد انتهاء دروسهم الكلاسيكية، وتلقوا الدرس لسنتين للحصول على درجة البكالوريا في الطب، وفي دروس التشريح والطب والكيمياء وعلم النبات والصيدلة والجراحة والتوليد. ثم تلقي دروسٍ نظرية أخرى للحصول على الإجازة بالبكالوريا، وحضور المناقشات العامة التي تعتمد على المناقشة والمجادلة المنطقية، وأخيراً كان عليهم لنيل الدكتوراة مرافقة أطباء الكلية في زياراتهم لمرضى المستشفى البلدي، وهو الجزء العملي من الدراسة.

وتأسست العيادة الجامعية الأولى في فينا عام ١٧٥٤ ثم عيادة أخرى في باريس عام ١٧٧٠ في التوليد، وهو فن تفوّق فيه الفرنسيون، وكان معظم الأطباء هم علماء الطبيعة، مثل هالر، سبالنزوني، فيك دازير، والى جانب هذا التعليم نشأ آخر هو تعليم حديث عام ١٧٧١ في كلية فرنسا، وجذبت له باريس ومونبلييه وكافة أنحاء أوروبا، وأتاحت هذه بعض المنشورات الدورية الخاصة للأطباء مقارنة ملاحظاتهم، كالمكتبة الوطنية في أرفورت عام ١٧٥١، وفيها صحيفة الطب والجراحة العامة في باريس منذ عام ١٧٥٤ حتى عام ١٧٩٢، وصحيفة الطب في البندقية (١٧٦٣-١٧٧٧).

وكان الجراحون لهم أثرهم في إجراء العمليات وفقاً لأوامر الأطباء من رؤسائهم، وكانوا مهرة في أعمالهم، ومارس بعضهم العمل في حوانيت الحجّامين التي كانت عبارة عن جراحة صغرى وطب أسنان، وواصلوا التعليم بالممارسة والخبرة

والفن، وأمنوا له الاستقلال والكمال، وتوصلوا إلى إقرار تعليم جراحي خاص، وتأسست عام ١٧٣١ في فرنسا الأكاديمية الملكية للجراحة. وفي إنكلترا أقر البرلمان عام ١٧٤٥ منح الجراحين امتيازاً، فبنوا المدرسة والمسرح والمدرج، وفي عام ١٧٨٢ أسس جوزيف الثاني في فينا مدرسة للجراحة، وحذا حذوه كريسيتان الرابع في كوبنهاكن في عام ١٧٨٥، وانطوى التعليم قبل كل شيء آخر في هذه المدارس على دروس عملية تدوم ثلاث سنوات تخضع لامتحانات عملية في الدرجة الأولى تشريح وعمليات وتضميد.

وقد مَثّل الفرنسي جان سيناك دلائل على أمراض القلب: خفقان القلب وتورم الأرجل والربو وصعوبة التنفس ونفث الدم، ووصف الأطباء الإيطاليون حميات المستنقعات، ودرسوا الزحار والمغص وتضخم العين والذبحة والحمى القرمزية والنكاف والأمراض الجنسية، واكتشفوا أمراضاً مجهولة، فإن (دولو) الجرّاح العام للمدفعية الإنكليزية، قد اكتشف في أحد ضباط المدفعية الداء السكري مع مميزاته، واكتشف الحمى التيفوئيدية التي أطلق عليها اسم الحمى المخاطية، الحماق الخفيف، وسل العظم الذي أطلق على أهم ظواهره اسم الجراح الإنكليزي الذي اكتشف (داء بوت).

وأخذ الأطباء بنظر الاعتبار الحرارة والنبض وتقديره للمريض، والإنكليز هم الذين استعملوا المحرار خاصة، وأصبح الطب أكثر علمية، واكتشف عام ١٧٦٠ الطبيب اونبروجر في فينا القرع كوسيلة لتشخيص أمراض الصدر، ولكن اكتشافه لم يلفت الانتباه تقريباً.

كانت المذاهب الطبية كثيرة، مثل مذهب ستاهل (١٦٦٠-١٧٣٤) القائل بوجود الروح في كل الأجسام الحية، ومذهب بورهاف (١٦٦١-١٧٣٨) الاختياري، ومذهب هوفمن الآلي، ومذهب بارتز (١٧٣٤-١٨٠٦) القائل بوجود مبدأ حيوي متميز عن الروح والجسم معاً، خطوة على التوالي عند الجماهير، واختلف هؤلاء المؤلفون واتباعهم كل الاختلاف عن بعضهم، وإنما جمعت بينهم صفة مشتركة هي وقوفهم موقف الانتظار والترقب.

ان للطبيعة قوة علاجية وللداء فائدة في انه يزيل من الجسم عناصر مضرة، وان الحمى بنوع خاص إحدى وسائل التطهير والتقنية، ثم مقاومة الأعراض وتلاشي الحمى مثلاً، وان الطبيعة تقوم بتنقية الجسم من سلبياته وأخطائه. والى هذا التفكير يرد استعمال الوسائل السهلة، التليين، الحقن، الحمية، والطرائق المزيلة، والاحتقان والتمارين الخفيفة والمياه المعدنية، وزالت تدريجياً الأدوية المستهجنة كعين السرطان واللآلىء ولحم الثعبان.

ظهرت الحاجة إلى مواجهة المرض نفسه مباشرة في وقت واحد، وكان اهم واضعي النظريات في هذا الحقل هو عالم الأمراض العقلية الفرنسي (بينيل) (١٧٣٥-١٨٢٦) الذي يطري الطريقة التحليلية، ويؤكد ان كل داءٍ يُرَدُّ إلى خلل عضوي يجب اكتشافه ومعالجته، وظهر علاج إيطالي خاص لمعالجة الحميات، واستخدمت القمعية لتقوية القلب في حالة الاستسقاء، ولمعالجة فقر الدم فولر أشار بالزرنيخ السائل، وخطر للإنكليزي برنغل في عام ١٧٥٠ ان يضع الحراقة على مركز الألم الشديد في الصدر لمعالجة التهاب الرئة.

وحاول فولتا شفاء الأمراض الخاصة بالأذن بالصدمة الكهربائية، وعالج كراتزنستاين الدانمركي بالكهرباء أمراض الشلل والنقرس والرئة المزمنة، وأحرز موزكروا عام ١٧٩٠ نتائج لحالات الربو واليرقان وداء الخيزران والكسح، ولكنه لم يحصل على نتائج تذكر بتنشيق الأوكسجين ومرض السل.

واهتم الأطباء باتقاء الأمراض الوبائية التي تفتك بسكان العالم فتكاً، وعاث الطاعون فساداً في أوكرانيا عام ١٧٣٧، ومسينا عام ١٧٤٣، وفي موسكو عام ١٧٨٩، واقتفت الحمى التيفوئدية آثار الجيوش، واجتاح عام ١٧٦١ أوروبا وأمريكا وباء صدام فتاك، والسعال الديكي الذي قتل في السويد وحدها ٤٠ ألف طفل بين (١٧٤٩-١٧٦٤)، والوباء الجدري قتل ١٤ ألف شخص في باريس وحدها في عام ١٧١٩، ثم انتشر في العالم وباء الجدري عام ١٧٧٠، وفتك بسكان كافة المناطق الكبرى.

واتخذت التدابير الأمنية، وأحيطت الاماكن المصابة بجنود يؤلفون حولها نطاقاً صحياً يحظر الخروج منه، حتى للمسافرين ما لم يبرزوا شهادة صحية، ثم يوضع المشتبه به تحت المراقبة والحجر الصحي، وبدأ النمساوي فرانك في عام ١٧٧٩ ينشر (قواعد السياسة الطبية)، وأكد أن مراقبة الصحة العامة أحد واجبات الدولة، وطالب بتشريع خاص وفي البندقية كان الاعلان عن حالات السل وتطهير أمتعة المسلولين أمرين الزامين، وجرت محاولات مماثلة في بلدان أخرى.

وشكّل الأطباء مجموعة من المؤلّفين على نطاق نظري من أجل نشر الوعي الصحي والطبي ومقاومة الأمراض مثل (آراء للشعب حول صحته) ثم (صحة أهل القلم) للسويسري (تيسو)، واطلعت حرم سفير إنكلترا في اسطنبول مونتيغ على طريقة مواجهة الجدري من نساء جركسيات هناك، فكان ان تبناها الطبيب السويسري ترونشين (١٧٠٩-١٧٨١) وجعل من نفسه بطل التلقيح.

ولاحظ الجراح الإنكليزي (جينر) (١٧٤٩-١٨٢٣) المكلّف بتلقيح سكان احدى الكونتيات الإنكليزية ان الذين أصيبوا فما سبق بجدري البقر لا يتأثرون بالجدري البشري، وبعد ملاحظات لمدة ٢٠ عاماً، طُعّم عام ١٧٩٦ أول ولد بقيح جدري البقر، ونشر عام ١٧٩٨ تحقيقه حول أسباب ونتائج جدري البقر الذي أحدث أثراً كبيراً، وأنقذ الناس من الجدري.

وأحرز فن التوليد تقدماً كبيراً الذي عد بأنه آلية طبيعية من نواميس الحركة الكونية، وأدخل بوزوس (١٦٨٦-١٧٥٣) ولفرويه (١٧٠٣-١٧٨٠) ملقط الجنين الذي كان مستقيماً حتى ذاك الوقت، ثم أدخلا عليه الانحناء اللازم، وبات استعماله شائعاً.

اما بلنك (١٧٣٨-١٨٠٧) الأستاذ في فينا وبودا فقد قاس الحوض قياسات دقيقة، وحدد لكل قياس العمليات الخاصة، ثم توصل فن التوليد إلى تفنن هندسي وبلغ كمالاً تقنياً.

وبلغت الجراحة الكثير من التقدم، فقد أدخل الفرنسي بتي (١٦٧٤-١٧٥٠) الاطمئنان إلى نفوس الجراحين بالملوي الضاغط ذي الوصائل الذي ابتكره وأتاح تجنب

نزيف الدم ومعالجة انفكاك العظم أيضاً، واستخراج الحصى من المرارة، وعملية استئصال الأعضاء المرضة والقروح والأورام والغدد وغيرها، وأحرز شوبار (١٧٤٣-١٧٩٥) تقدماً في جراحة المسالك البولية، واشتهر دافييل (١٦٩٦-١٧٦٢) مهارته في إزالة سادة العين (الماء الأزرق)، وأجرى العمليات في عدة بلاطات ملكية في أوروبا، وأجرى عام ١٧٥٢ عمليات لـ٢٠٦ مريض نجحت منها ١٨٢ عملية، وأحرز تقدم في علاج المثانة لاستخراج الحصى منها على يد الفرنسي كوم الذي ابتكر جهاز تفتيت الحصى، وكانت عمليات مؤلمة جداً لعدم توفر التخدير لدى الجراح، وتستخدم أحياناً للتنظيف والتطهير الحديد المحمى بالنار.

٢- التعليم:

واجه التعليم التقليدي هجوماً لاذعاً، وكان رأي القرن الثامن عشر هو تكملة للقرن الذي سبقه، فقد وجد العلميون الذين يرون ان التدريس لا يقدم الكثير من الاختراعات والاكتشافات في العلوم الجديدة، وهناك النفعيون الذين يرون ان البرامج يجب ان تتضمن الفنون والمعارف التي يمكن الإفادة منها في الحياة اليومية.

وهناك أخيراً الحاسيون الذي استوحوا من لوك من أمثال كونديلاك وروسو، والمقتنعون اقتناعاً تاماً ان كل أفكارنا مصدرها الحواس، والراغبون في التعليم بواسطة الكائنات والأشياء، وبواسطة ملاحظة الأشياء والوقائع والاختبار، لا بواسطة الكتابة والكلمة، وكان الجدال حاداً بين هذه الاتجاهات الثلاث، فغالى المصلحون في مساوئ التعليم، وأخذ المحافظون عليهم إهمال الاختبار والواقع، ونجح المصلحون بصورة عامة، لكن دون ان يحققوا ما يصبوا إليه، فأدخلت مواد جديدة على البرامج، واعتُمدت طرائق جديدة، ونما التعليم النفعي أو التقني، وجرت إصلاحات في فرنسا

وبلاد أخرى أوروبية خاضعة للجرمانيين، وبقيت إنكلترا تقليدية التعليم القديم.

ان التعليم الابتدائي كان من سن (٦-١١) سنة، وتَوَزَّع على العائلات الثرية والميسورين، أما العامة من الشعب فكان تعليمها خاصاً في الدول الكاثوليكية تولته جمعيات رهبانية، مثل أخوة العقيدة المسيحية مساعدة الأهالي، ولم يكن في إنكلترا سوى مدرسة رعوية تتعهدها احسانات خاصة، وفي الدول ذات المذاهب الكالفينية

واللوثرية أدى واجب قراءة الكتاب المقدس إلى قيام تعليم ابتدائي علمي، وفي النصف الثاني من القرن الثامن عشر سعى المستبدون المستنيرون إلى إيجاد تعليم رسمي يستهدف تربية أفراد الرعية الأكفاء والأمناء، وفي بروسيا جعل فردريك الثاني التعليم إلزامياً في عام ١٧٦٣، وفي النمسا أعادت ماري تريزا التعليم الابتدائي عام ١٧٧٤، وفي روسيا أصدرت كاترين الثانية عام ١٧٨٦ قانوناً للمدارس الخاصة قضى ان يكون التعليم وقفاً على الدولة[٣٩].

وشمل التعليم الدين والأخلاق أولاً، أي تلقين الجميع مفهوم الكون ومصير الإنسان ودوره في المجتمع والمعرفة كالقراءة والكتابة والحساب.

إلى جانب المؤسسات التي أفسحت المجال أمام التعليم التقني، فقد تأسست مدارس تقنية بحتة في ألمانيا وفرنسا بصورة خاصة، ففي باريس مدرسة الرسم الملكية عام ١٧٧٦، فيها ١٥٠٠ طالب تلقوا الدروس مجاناً، وأسس أفراد البلديات والولايات مدارس خاصة بالرسم والرياضيات، هدفها خدمة المصانع التي أقيمت بجوارها، ومنح الدوق دي لارو شفوكو- لنكور مدرسة مهنية للأيتام، وأقرها مرسوم ملكي عام ١٧٨٦ كان نموذجاً لمدرسة الفنون والحرف في عهد الثورة الفرنسية، وظهرت معاهد تعليم أخوة الابكار من الأشراف الفرنسيين التي تولت إعداد الضباط سواء في روسيا أو بروسيا منذ عام ١٧٣٢.

اما التعليم الثانوي فكان خاضعاً تحت رقابة الكنيسة والدولة، وأدارت الكليات تعاونيات تعليمية أو جامعات، مثل أوكسفورد وباريس أو جمعيات رهبانية كجمعية اليسوعيين، والبندكتيين ورهبان القديس فيليبس اليزري، وكان التعليم مجانياً للخارجيين في كليات اليسوعيين وجامعة باريس، وكان الداخليون يستفيدون من منح كثيرة، وطالب المستنيرون أكثر من هذا، لا سيما في فرنسا، فقد طالبوا بتربية وطنية. وأساتذة علمانيون يختارون بين الناجحين في مباراة لنيل شهادة التدريس، وبات لزاماً في فرنسا بعد عام ١٧٦٣ ان يدير كل كلية مكتب إدارة يضم أبرز القضاة، ولكن حل هيئة من الأساتذة الممتازين تَسَبّب في تقهقر وتراجع التعليم.

ارتكز تعليم الكليات على دروس الآداب القديمة، وكان تعليماً عملياً في القضاء والإدارة والكهنة والدعاة والضباط والأساتذة واستخدمت الكليات لهذه الغاية اللغة اللاتينية، والمفردات كأدوات للتفكير، وكان الدين ينطوي على فلسفة كاملة، وعلم بالطبيعة البشرية والمجتمعات.

وقسمت الدروس إلى دروس الصرف والنحو والأدب القديم خاصة الشعر، ودروس في البيان، ويتلقى آخرون معه الفلسفة لمدة سنتين، يدرسون المنطق الصوري وعلم ما وراء الطبيعة والأخلاق ومبادئ الرياضيات والطبيعة.

إلا أن بعض رجال الأعمال عدوا هذا التعليم غير ذي جدوى لا يفيد التجار والصناعيين والمزارعين في الأيام القادمة، وانه مضيعة للوقت لأبنائهم الذين جاءوا ليقضوا سنوات من التعلم وجرت محاولات لتجديد التعليم الكلاسيكي وتنمية التعليم التقني.

وأُدخلت في كل مكان مواد دراسية جديدة، في بروسيا أدخل فردريك الثاني في عام ١٧٦٣ تعليم اللغة الفرنسية، وأُحِل منطق وولف محل أرسطو. وفي النمسا أوجب برنامج الدروس عام ١٧٧٣ اعتماد الطريقة الاختبارية في الطبيعة والفلسفية والأخلاق، وفي فرنسا أقدمت بعض الكليات من رهبان التدريس فيلبوس النيري ثم الجامعة بعد عام ١٧٦٣ على تعليم الفرنسية بواسطة الصرف والنحو وتدريس البيان بواسطة مؤلفين فرنسيين. وعدلت مادة التاريخ الحديث من كونها سرداً زمنياً للحوادث إلى درس الحضارات والسياسة الخارجية. وتأسست منابر لتلقين علم الطبيعة الاختباري، ومختبرات لعلم الطبيعة في عدة كليات بعد عام ١٧٦٠. وظهرت اللغات الأجنبية، ودحض الفلاسفة الجدد آراء من سبق.

وظهرت مدارس خاصة بالتعليم التقني، ففي ألمانيا أسس (هكر) عام ١٧٤٧ المدرسة الواقعية الأولى، وبعد عام ١٧٦٣ أكثر فردريك الثاني من هذه المدارس في بروسيا، وتعددت مدارس التجارة في ألمانيا، ودخلت فرنسا عن طريق الألزاس، حيث أسس تجار ميلوز في عام ١٧٨١ المدرسة الأولى.

وظهرت مدارس زراعية، ودرّست المدارس جميعها الدين، واللغات الحية، والتاريخ، والجغرافيا، والرياضيات، وعلم الطبيعة، والرسم، والكيمياء، والمراسلات التجارية، ومسك الدفاتر، وحساب الأوزان والمقاييس، والعمليات التجارية، والزراعة، وأعمال الشغل، فاتجه التعليم إلى ان يكون عملياً يومياً، وظهرت مدارس عسكرية وبحرية خاصة، فلآل هبسبورغ مدارس عسكرية في بروكسل منذ عام ١٧٧١، وفي فينا منذ عام ١٧١٨.

وأحدث الفرنسيون مدارس لإعداد الضباط، وفُتحت المدارس العسكرية الملكية عام ١٧١٥ للطلاب بين سن (١٣-٢٠)، وأنشأ الكونت دي سان جيرمن عام ١٧٧٦ اثنتي عشرة مدرسة عسكرية إقليمية، أسندت إليها الإدارة لرجال الكنيسة، ويساعدهم الضباط، ويتعلم الطلاب فيها اللاتينية واللغات الحية، والتاريخ، والجغرافيا، والرياضيات، والرسم، وعلم الطبيعة، والرقص، والموسيقى، وضمت هذه المدارس تلاميذ يدفعون رسوماً مدرسية، وآخرين يستفيدون من المنح التي تدفعها الدولة.

وكان هناك للبحرية التجارية (٢٤) مدرسة خاصة لتلقين علم المياه السطحية في المرافئ الهامة، وعام ١٧٤٦ استخدمت مدارس رسمية في برست وروشفور وتولون.

أما في مجال التعليم العالي الذي يتعامل مع طلاب أكبر سناً لتحصيل معارف أرقى، فقد بقيت الجامعات على وجه العموم بعيدة عن العلوم العملية الجديدة، وأحدثت الجامعات الألمانية دروساً في الاستثمار الزراعي للشبان في إدارة الأملاك الملكية، أو المشاريع الزراعية الأخرى، واستحدثت جامعات هال وهيدلبرغ وغوتنجن دروساً في الكيمياء العملية وعلم الآليات، ولكن معارضة أساتذة اللاهوت والآداب القديمة كانت سبباً للتخلي عنها بعد سنوات قليلة، وأدخل آل هبسبورغ العلوم الاختبارية والتعاليم المفيدة إلى الجامعات في بلدانهم، مثل جامعة بافيا في شمال إيطاليا.

إلا ان الدروس الجديدة نظمت على العموم إلى جانب الجامعات على يد الأكاديميات والجمعيات الأدبية والعلمية ومؤسسات خاصة، واجتذبت الدروس في علوم النبات والكيمياء والتشريح والصيدلة التي القاها بعض العلماء طلاباً كثيرين، وأسست

مدارس لتعليم أعمال المناجم في ألمانيا في برونسويك عام ١٧٤٥، وفريبورغ عام ١٧٦٥، وكلوستال عام ١٧٧٥، وفي فرنسا عام ١٧٧٨، وأصبحت المدرسة الفرنسية للجسور والسدود عام ١٧٤٧ نموذجاً للمدارس العصرية العليا للهندسة المدنية.

واكتسبت الأكاديميات العسكرية النمساوية في فيينرنوستان عام ١٧٥٢ شهرة واسعة، وأعيد فتح المدرسة العسكرية في باريس عام ١٧٧٧ لتستقبل نخبة من طلاب المدارس العسكرية الإقليمية، وتلقى نابليون دروسه فيها بعد تخرجه من برين. وقامت في فرنسا أفضل مدارس المدفعية، مثل مدرسة لافير، ومدرسة هانوفر.

وتعد المدرسة الهندسية الفرنسية في ميزيير عام ١٧٤٨ خير تلقين للتعليم التقني على غرار أكاديمية المهندسين السكسونية، ولا يقبل بها الطلاب إلا بعد امتحان صعب، وعُدّ مهندسو الجيش الفرنسي خيرة المهندسين في أوروبا، وخرجت المدرسة طلاباً مهندسين باتوا مشهورين، مثل (لازار كارنو)، وبونسليه وكونيو وكولومب وروجيه دي ليل.

ومنذ عام ١٧٢٠ تلقى واضعو الخرائط البحرية من الفرنسيين علومهم في دار الخرائط والتصاميم الخاصة بالبحرية في باريس، وتخرج سنوياً من المدرسة في اللوفر (١٢) مصمماً للسفن، وكانت مدرسة المدفعيين المتمرنين المؤسسة عام ١٧٦٦ تستقبل شباناً بين (٢٥-١٨) عاماً، ليتخرجوا ضباطاً في المدفعية البحرية.

ووُجِّه التعليم في هذه المدارس نحو الجانب العلمي والعملي، فمثلاً طلاب هندسة المناجم درسوا المواد التالية: الكيمياء، وعلم المعادن، وعلم سير المياه، والتهوية، واستثمار المناجم، ويمارسون في القاعات الدراسية الرسم والتصميم والمختبر. وكُرّس نصف الوقت لأعمال مختلفة من بناء الجسور والحصون، وصنع البارود والمناورات، ورماية، ويقضون الصيف في ممارسة أعمال تمرينية في المصانع والورش والأشغال العامة ومراكز بناء السفن وإصلاحها(٤٠).

٣- الصحافة:

نمت الصحافة الدورية التي نشأت في القرن السابع عشر نمواً كبيراً خلال القرن الثامن عشر في هولندا وانكلترا بشكل خاص بفضل الحرية والنشاط السياسي والحياة الفكرية النشطة، ووسائل العمل السياسي التي وفرتها الصحافة.

فقد حافظت الصحيفتان الهولنديتان (اوترخت) و(ليدن) على شهرة أوروبية في أخبارها واعلان المعاهدات، والحرية التي فيها، وحرية المطابع، وكذلك بسبب تجارتها العالمية الكبرى وموقعها كمفترق طرق على بحار ضيقة هي أكثر البحار الأوروبية نشاطاً، وعند مصب الراين، وحررتا في معظم أيام السنة باللغة الفرنسية، فوُجِد لهما قراء في كل مكان، وكانت صحف الطبقة الشعبية والمتوسطة، وانتقدت الحكومات ومجالس الوزراء وحكام الأقاليم، وواجهت تهديدات من بعضها، وزاحمت الصحف الهولندية صحف أخرى تصدر بالفرنسية تأسست في بلدان صغرى تتمتع بحرية لم تعرفها الدول الكبرى، وضمنت لها النجاح والمصداقية مثل صحيفة هرف، وروح الصحف في لياج، وصحيفة برن، وصحيفة كولونيا.

وازدهرت الصحافة الإنكليزية العصرية من حيث الطابع، وتميزت بحريتها الكبرى نسبياً، وعدم الحاجة إلى تصريح مسبق، وباستطاعة أيُّ كان تأسيس صحيفة ولا رقابة عليها، والمقالة لا تُقتطع أو تحذف من الرقيب الرسمي، في ظل بلاد خاضعة لتمثيل برلماني، ولم تكن الصحافة لحاجة سياسية فحسب، بل نتيجة تفتح كافة أشكال الحياة الاجتماعية وتبادل الآراء والأخبار.

وتطورت هذه الصحافة من أسبوعية دورية في البدء، إلى ثلاث مرات أسبوعياً، ثم في عام ١٧٠٢ كانت أول صحيفة يومية في (دايلي كورانت)، وكانت هناك أربعة أنواع رئيسية من المنشورات الدورية، السياسية والأخلاقية، وأكثرها شهرة سبكتاتور لاديسون واكتسبت الشهرة، ثم مجلة (الجنتلمن) عام ١٧٣١ من ٤٢ صفحة والأكثر شهرة آنذاك.

وكانت الصحافة الإنكليزية صحافة الطبقة الميسورة، وأقصوا هؤلاء الفقراء بضريبة الطابع البريدي التي فرضت عام ١٧١٢، وزالت من الوجود الصحف

الصغيرة التي كانت تباع بفلس، وتنقل الناس من حياة الجهل، ولكن الصحف وبفضل المقاهي كانت بيد الصناعيين والحرفيين اليدويين أنفسهم.

وهذه الصحافة ناضلت من جهة الأحزاب والحكومات، فرؤساء الأحزاب أسسوا الصحف وعملوا مع الصحفيين اللامعين، وكبار الكتاب الإنكليز، مثل ديغو، وسويفت وفيلدنغ، وقد ظهر (بولنبروك) الصحفي في (١٧٢٨-١٧٣١)، والذي تفانى في سبيل صحافة حزبية، واستخدم رئيس الوزراء مالبول (١٧٢١-١٧٤٢) عدداً من المستكتبين، وأوصى بأفكار ومقالات للنشر، وقدم مساعدات مالية للمستقلين، ودفعت الدولة ٥٠ ألف جنيه إسترليني في السنة.

وحاول بعض الصحافيين الحريصين على واجبهم المهني ان يحققوا الاستقلال لهم، وقد بلغوا ذلك فيما يخص الأحزاب بفضل الإعلانات وضريبة الطابع البريدي، ونشر مديرو المجلات وقائع جلسات مجلس العموم، ونُقلت تفاصيل المناقشات الصريحة، وأوقف عام ١٧٧١ بعض الصحفيين لنشرهم تفاصيل المناقشات البرلمانية، فأخلى سبيلهم قضاة لندن، وكان من قوة تيار الرأي العام ان تخلى البرلمان عن المنع، وأخيراً ترك أمر معرفة ماهية المقالات إلى المحلفين والصحفيين منذ عام ١٧٩٢، وأصبحوا بمثل هذه الحماية يتمتعون بحرية تامة.

أما في بقية الدول الأوروبية، فإن الصحافة قامت في دول ملكية مطلقة خاضعة للترخيص المسبق، والاحتكار والرقابة المسبقة، وكان الصحافيون محتقرين في كل البلدان كجهلة وسطحيين، فبرزت الكتب والمؤلفات في الواجهة بدل الصحافة. أما في فرنسا فقد اندفعت فيها الصحيفة الدورية (فرنسا)، وهي خاصة بالأخبار السياسية، وصحيفة (مركور فرنسا) للأخبار الأدبية والعالمية، وصحيفة (العلماء)، وصدرت منشورات دورية كثيرة، وحصل (بنكوك) منذ عام ١٧٧٢ على شركة احتكارية حقيقية للصحف، وتوصل عام ١٧٨٧ للحصول على امتياز صحيفتي (فرنسا) و(مركور فرنسا)، وادخل في خدمته المحررين المشهورين والنضاليين الذين ينشدون الحرية والاستقلال الفكري والصحفي، إلا ان الصحافة في فرنسا تأخرت كثيراً عن إنكلترا، حيث ان أول صحيفة فرنسية كانت (باريس) لم تصدر إلا عام ١٧٧٧.

حاولت الحكومة ان تضمن لها خدمات الصحافيين الفرنسيين أو الذين يكتبون بالفرنسية في أوروبا، وأنفقت الأموال الضخمة، وفكرت ان يكون لها صحف، وألحق شوازول عام ١٧٦١ جريدة فرنسا بوزارة الشؤون الخارجية، ومنذ عام ١٧٧٥ أخذت جريدة فرنسا ومركور تُعَظُّم وتشد أزر الثائرين في الحرب الأمريكية، وأدارت منذ عام ١٧٧٦ وزارة الشؤون الخارجية سراً جريدةَ شؤون إنكلترا وأمريكا، وهاجمت إنكلترا، وانتهت بدعم إعلان الاستقلال.

أما الدول الأوروبية الأخرى، فأقل من إنكلترا وفرنسا في الترخيص والرقابة الصارمة، والدوريات في المدن الحرة هامبورغ، وفرانكفورت وكولونيا واوغسبورغ، والأولوية كانت للنشر الأدبي، وأوعز فردريك الثاني بأن تؤسس في كليف جريدة باللغة الفرنسية للتأثير على أوروبا، وهي (بريد الراين الأسفل)، وقدم لها المساعدات المالية، وهاجم الصحف المعادية، فعاقب مدير (جريدة كولونيا) المعادية بضربه بالعصي. وفي روسيا ادارت كاترين الثانية مجلة (شيء من كل شيء)، واعتمدت الأسلوب الجدلي فيها.

هكذا فإن الصحافة الأوروبية، كانت فرنسية وإنكليزية أساساً، ولكنها توجهت إلى الميسورين والنبلاء والمثقفين والبرجوازيين أكثر من الطبقات الشعبية [٤١].

الهوامش

١- عبد الحميد البطريق، وعبد العزيز نوار، التاريخ الأوروبي الحديث، ص ١١-٢٨.

٢- المرجع نفسه، ص ٤٥-٨٥.

٣- المرجع نفسه، ص ٥٩-٦٤.

٤- خليل علي مراد وآخرون، دراسات في التاريخ الأوروبي الحديث والمعاصر، ص ٤٨-٦٦.

٥- جان بيرنجيه، اوروبا منذ بداية القرن الرابع عشر وحتى نهاية القرن الثامن عشر، ص ٣٧٩-٣٨٥.

٦- المرجع نفسه، ص ٣٨٥-٤٠٣.

٧- عبد العظيم رمضان، تاريخ أوروبا والعالم الحديث، ج١، ص ١٥١-١٨٠.

٨- المرجع نفسه، ص ٤٩-٦٠.

٩- المرجع نفسه، ص ٦٠-٨٣.

١٠- المرجع نفسه، ص ٨٨-١٠٠.

١١- خليل علي مراد وآخرون، المرجع السابق، ص ١١٨-١٢٨.

١٢- المرجع نفسه، ص ١٢٨-١٣٣.

١٣- جان بيربنجيه، المرجع السابق، ص ٤٠٥-٤١٥.

١٤- المرجع نفسه، ص ٤١٥-٤٢٨.

١٥- نقولا قطان، تاريخ أوروبا السياسي والثقافي (١٥٠٠-١٩٤٥)، ص ٥٠-٥٤.

١٦- المرجع نفسه، ص ٥٤-٥٨.

١٧- المرجع نفسه، ص ٥٨-٦١.

١٨- المرجع نفسه، ص ٦١-٦٤.

١٩- خليل علي مراد وآخرون، المرجع السابق، ص ٧٨-٨٣.

٢٠- نقولا قطان، المرجع السابق، ص ٦٤-٧٠.

٢١- المرجع نفسه، ص ٧٤-٧٧.

٢٢- المرجع نفسه، ص ٧٧-٨١.

٢٣- المرجع نفسه، ص٨٢-٩٠.

٢٤- المرجع نفسه، ص٩٠-٩٥.

٢٥- المرجع نفسه، ص٩٥-١٠٢.

٢٦- المرجع نفسه، ص١٠٣-١٠٦.

٢٧- المرجع نفسه، ص١٠٦-١١٠.

٢٨- تاريخ الحضارات العام، بإشراف موريس كروزيه، مج ٤، ص ١١١-١١٨.

٢٩- المصدر نفسه، مج ٤، ص ١١٨-١٢٤.

٣٠- المصدر نفسه، مج ٤، ص ١٢٤-١٢٩.

٣١- المصدر نفسه، مج٤، ص ١٢٩-١٤١.

٣٢- المصدر نفسه، مج٤، ص ٢١١-٢١٧.

٣٣- المصدر نفسه، مج٥، ص ١٠٥-١١٩.

٣٤- المصدر نفسه، مج٥، ص ١٢٨-١٣٠.

٣٥- المصدر نفسه، مج٥، ص ١٣٠-١٣٥.

٣٦- المصدر نفسه، مج٥، ص ١٣٦-١٤٠.

٣٧- المصدر نفسه، مج٥، ص ١٤٠-١٤٥.

٣٨- المصدر نفسه، مج٥، ص ١٤٥-١٥٠.

٣٩- المصدر نفسه، مج٥، ص ١٥١-١٥٥.

٤٠- المصدر نفسه، مج٥، ص١٥٦-١٦٠.

٤١- المصدر نفسه، مج٥، ص ١٦١-١٦٦.

الملاحق

تعليقات وملاحظات علمية

حول رواد النهضة الأوروبية

١- كاثاي: هو الاسم الذي أطلقه الأوروبيون في العصور الوسطى على بلاد الصين، وكان ماركوبولو باستخدامه هذا الاسم هو الذي عمل على إشاعة استخدامه.

٢- فرانسز داسيزي (١١٨٢-١٢٢٦): مؤسسة جماعة رهبان الفرنسسكان، ولد بإيطاليا وبدأ حياته جندياً، ثم تحول إلى الوعظ الديني، وشهر بشدة تقواه وعطفه على المساكين، والتف حوله كثير من الرهبان والمريدين، وبرز شأنه على أيام الحملات الصليبية، زار بيت المقدس ومصر في أثناء حكم السلطان الملك الكامل الأيوبي.

٣- الهوسا: مدلول كلمة الهوسا لغوي يقصد به أولاً لغة الهوسا، ويقصد به ثانياً الإقليم الذي يتركز فيه الشطر الأكبر من الشعوب التي تتكلم هذه اللغة. ويمتد من زاريا إلى كتسينا وسكوتو في شمال نيجيرية، وقد غدت الهوسا في العصور الوسطى المتأخرة قوة سياسية كبرى. ويدين الهوسا بالإسلام منذ القرن الخامس عشر، وأحرز تقدماً كبيراً في القرن التاسع عشر.

٤- أسهم الجغرافيون والرحالة العرب في العصور الوسطى فيما بين القرنين التاسع عشر ـ الخامس عشر ـ أكثر من غيرهم في وصف بلاد الدول السوداء فيما بعد الصحراء الكبرى، ونخص بالذكر غانه، ومالي، وسنغاي، ويعتبر ما كتبوه من المراجع الفريدة والأصيلة. ولذلك فإننا ندين بالكثير لذلك الرعيل الأول من الجغرافيين والمؤرخين والرحالة العرب، من أمثال: ابن حوقل، البكري، والإدريسي، وابن بطوطة، وابن خلدون، والحسن بن محمد الوزان (ليون الأفريقي)، والقلقشندي، وغيرهم. وان أقدم جغرافي أندلسي وصلت إلينا مؤلفاته التي عني فيها بوصف السودان الإفريقي هو أبو عبيد الله بن البكري (المتوفي حوالي ١٠٩٤م)، ونذكر منها "المُغرب في ذكر أفريقيا والمغرب" نشره دي سلين في باريس عام ١٨٥٧.

٥- غاب عن بعض الأوروبيين ان فضل السبق في اختراق القارة المظلمة كان للعرب منذ القرن العاشر الميلادي، لا لفرنسا في أوائل القرن الخامس عشر، فقد زار ابن حوقل بلدة اودغشت (حوالي عام ٩٧٧م)، وقال ان لزعماء هذه البلدة صلات بملك غانة أغنى ممالك العالم بما كان في أرض بلاده من التبر، ومنذ ذلك الحين استمرت الصلات التجارية بين العرب والمغاربة في الشمال وبين السودان الغربي فيما وراء

الصحارى الكبرى، ولعل ما جاء في أسفار التاريخ العربية في هذا الشأن ما يكفي للرد على هذا الزعم الخاطئ.

٦- منجو بارك Mungo Park (١٧٧١-١٨٠٦): رحالة ومستكشف إسكتلندي، طوف في أنحاء غربي أفريقية، واستكشف مجرى نهر نيجر، مات غرقاً عندما هاجم جماعته بعض الإفريقيين، وقد ترك مذكرات ذات قيمة جغرافية هامة.

٧- جيمس بروس James Bruce (١٧٣٠-١٧٩٤): مستكشف اسكتلندي، قام برحلة استكشافية للبحث عن منابع النيل الأزرق (١٧٧٠) عن طريق مصر، وقد كتب مؤلفاً عن رحلته في خمسة مجلدات.

٨- بارثلميو دياز Bartholomew Diaz: ملاح برتغالي، أول أوروبي لف حول رأس الرجاء الصلاح (١٤٨٨)، ويسر بذلك الوصول إلى الهند، مات حول عام ١٥٠٠.

٩- فاسكو دي جاما Vasco de Gama (١٤٦٠-١٥٢٤): ملاح برتغالي، أول أوروبي وصل إلى الهند عن طريق البحر (١٤٩٧-١٤٩٩)، وفتح بذلك أبواب الثروة لعدد كبير من الدول الأوروبية، ولا سيما البرتغال، وفي أثناء رحلته الثانية (١٥٠٢) دعم السيادة البرتغالية في مياه المحيط الهندي وعلى ساحل إفريقية الشرقي بوسائل وحشية ضد العرب والهنود.

١٠- أبو الفداء، إسماعيل بن علي بن محمود (١٢٧٣-١٣٣١م): عالم جغرافي وفلكي ومؤرخ، ترجع شهرته إلى مؤلفاته النفيسة، وأهمها (المختصر في تاريخ البشر، وتقويم البلدان)، وقد كتب بمقدمته في الجغرافية الرياضية والبحور والأنهار والجبال الشهيرة، وقد ترجم هذا الكتاب إلى اللاتينية.

١١- ابن يونس، أبو سعيد عبد الرحمن بن أحمد المصري: من مشاهير الرياضيين والفلكيين، ويعده سرتون من فحول علماء القرن الحادي عشر للميلاد، وقد يكون أعظم فلكي ظهر في مصر، ولد فيها وتوفي بها حوالي عام ١٠٠٩م، ومن مؤلفاته (الزيج الحاكمي)، وبرع ابن يونس في المثلثات، وبحوثه فيها فاقت بحوث كثيرين من العلماء، وقد حل أعمالاً صعبة جداً في المثلثات الكروية.

١٢- إراستوثينيس Erastothener (حوالي ٢٧٥-١٩٥ ق.م): عالم يوناني اسكندري، كان رئيساً للمكتبة الإسكندرية القديمة، شهر بقياس محيط الحركة الأرضية ورسم خريطة للعالم القديم.

١٣- علي ابو الحسن بن علي المراكشي: من علماء المغرب الذين برزوا في مراكش في منتصف القرن الثالث عشر ـ للميلاد، وشهر في الفلك والرياضيات والجغرافية، وعمل الساعات الشمسية، ومن مؤلفاته كتاب الجامع، وله بحوث في علم المثلثات.

١٤- نصير الدين الطوسي (١٢٠١-١٢٧٤): ولد في طوس، أنجز معظم تآليفه في العلوم الرياضية بقلعة الموت، عهد إليه هولاكو مراقبة أوقاف جميع الممالك التي استولى عليها، وشيد مرصد مراغة، وأنشأ به مكتبة نادرة، اعتمد عليه رجيو مونتانوس عند وضعه كتاب المثلثات، كتب الطوسي كثيراً في المثلثات والهيئة والجبر وإنشاء الأسطرلابات وكيفية استعمالها، وله كتاب (التذكرة)، و(الأصول)، و(البديهية الخامسة)، و(ظاهرات الفلك)...الخ.

١٥- أولغ بك Ulu: نشأ في القرن الخامس عشر للميلاد، في بيت إمارة وسلطان، فقد كان والده يحكم بلاداً كثيرة، واتخذ (هراة) مركزاً له، ولد في ١٣٩٣م، ولما ظهرت عليه علامات النجابة نصبه والده أميراً على تركستان وبلاد ما وراء النهر، ثم جعل سمرقند مركزاً لإمارته، وبقيت كذلك زهاء ٣٩ سنة. وقد أسدى خدمات جلى للعلوم والفنون، وبنى مرصداً كبيراً زوده بجميع الأدوات المعروفة في زمانه. واستطاع أولغ بك في أثناء عمله مع كبار الفلكيين ان يستنبط آلات جديدة قوية، وقد اشتغل أولغ بك بالمثلثات وجداوله في الجيوب والظلال والهندسة ومعظم فروع الرياضيات - انظر دائرة المعارف الإسلامية، مجلد ٢ ص ٥١٣-٥١٧.

١٦- الإدريسي، أبو عبد الله محمد بن إدريس الحموي: (١١٠٠-١١٦٦) عالم جغرافي استقر زمناً طويلاً في بلاط روجر الثاني الملك النورماني، في بلرم (صقلية)، وألف له كتاب (نزهة المشتاق في اختراق الآفاق)، وأرفق به حوالي سبعين خريطة. جمعها أخيراً بعض علماء العراق في خريطة كبيرة واحدة.

١٧- إن رحلة التاجر سليمان السيرافي تعد من أهم الآثار العربية من الرحلات البحرية في المحيط الهندي وبحـر الصين في القرن التاسع عشر الميلادي، وربما كانت الأثر العربي الوحيد الذي يتحدث عن سواحل البحر الشرقي الكبير والطريق الملاحي إليها استناداً إلى الخبرة الشخصية، وقد دوّن أخبار رحلته (أبو زيد)، وزاد عليها ما نقله عن غيره وحدثه به الرحالة الذين احتلوا سواحل الصين. انظر: محمد بهجة الأثري- الجغرافيـة عنـد المسـلمين والشريف الإدريسي في مجلة المجمع العلمي العراقي - المجلد الثامن، عام ١٩٥٢، ص ٥٠-٦٨.

وكان يعتبر مؤلَّف أبي زيد السيرافي (أخبار الصين والهند) أهم ما صنف عن تلك البلاد إلى قبيل رحلة ماركوبولو، وقد طبعت هذه الرحلة سنة ١٨١١ على يد المستشرق لانجلي Langles، ثم نشرها المستشرق رينـو Renaud مع ترجمـة فرنسية في عـام ١٨٤٥. انظـر أيضاً .Ferrand: voyage du Marechand Arabe, etc remarks. Paris ١٩٣٢.

١٨- أبو دُلف مسعر بن مهلهل الخزرجي: رحالة وشاعر وأديب، عاش في بخارى في بـلاط نصـر بـن محمد الساماني الذي حكم فيما بين ٩١٣-٩٤٢م، وأوفده هذا الأمير إلى الصين حول عام ٩٤٣م مع بعثة كان أحد أمـراء الصين قد أرسلها إلى البلاط الساماني ليخطب ابنة أمير بخارى، وعاد من طريق كشمير وأفغانسـتان وسجسـتان، وألف كتابه (عجائب البلدان) وصف فيه رحلته. انظر أيضاً:

V. Minorsky: Abu –Dulaf Mis'ar ibn Muhalhil's Travels in

Iran (circa A.D. ٩٥٠) cairo ١٩٥٥.

١٩- ابن خرداذبه، أبو القاسم عبيد اللـه: من جغرافيي العرب أثناء القرن التاسع كان يشغل منصب صاحب البريد بناحية الجبال، كتب كثيراً في فنون العلم والأدب والجغرافية، ولم يبق منها إلا كتاب (المسالك والممالك)، وقد استعان به الجغرافيون: ابن الفقيه، وابن حوقل، والمقدسي، وغيرهم. توفي حوالي عام ٩١٣م.

٢٠- ابن حوقل: أبو القاسم أحمد البغدادي: جغرافي عربي عاش في القرن العاشر الميلادي، له مؤلف هام عنوانه (المسالك والممالك) (٩٧٧م) ألفه بعد ان جاب العالم.

الإسلامي من المشرق إلى المغرب ما يقرب من ثلاثين سنة، نشر كتابه في مطبوعات المكتبة الجغرافية بليدن ١٨٧٠-١٨٩٣ وأعيد طبعه مرتين.

٢١- المسعودي، علي بن الحسين بن علي أبو الحسن المسعودي: من أشهر جغرافيي العرب، ولد في بغداد، وتوفي بالفسطاط حول عام ٩٥٧م، وللمسعودي تراث طيب، نذكر منه (مروج الذهب ومعادن الجوهر)، وهو من المراجع الجغرافية في أحوال العالم الإسلامي، وله أيضاً (التنبيه والإشراف)، و(ذخائر العلوم وما كان في سالف الدهور)....الخ.

٢٢- مارتن بهيم، (١٤٥٩؟-١٥٠٧؟م): ملاح وجغرافي ألماني ولد في نورنبرج، طوف في أنحاء أوروبا تاجراً (١٤٧٦-١٤٨٤)، والبرتغال (١٤٨٤)، قيل إنه أدخل تحسينات كثيرة على أدوات الملاحة، وقد قام بعمل كرة أرضية لا تزال محفوظة في نورنبرج (ألمانيا).

٢٣- رجيومونتانوس Ragionontanus (١٤٣٦-١٤٧٦): رياضي ألماني وفلكي، ومن رجال اللاهوت، سافر كثيراً، ورحل إلى روما لحل المشاكل الفلكية والبحث في المخطوطات، وتعلم اللغة اليونانية. ألف في حساب المثلثات، واضطر إلى مغادرة روما عقب اختلافه مع سكرتير البابا في ترجمة المجسط، واستقر في نورنبرج (ألمانيا)، حيث شيد مرصداً وأسس مطبعة، استدعاه البابا سكستوس الرابع ليعاونه على إصلاح التقويم، ومات في روما.

٢٤- فرنشسكو بترارك Francesco Petrarca (١٣٠٤-١٣٧٤): شاعر إيطالي لا يسمو عليه إلا دانتي، يعتبر أول وأعظم الإنسانيين، جاهد في كتاباته في سبيل إحياء الروح القديم، توج في روما (١٣٤١) شاعر الشعراء.

٢٥- جيوفاني سيمابو Giovanni Cimabu (حوالي ١٢٤٠-١٣٠٢): رسام وموزاميكي إيطالي، أحيا أسلوباً رائعاً في الفسيفساء الفلورنسي، وخرج عن أساليب التقاليد البيزنطية، وقد خلّف أعمالاً فنية كثيرة.

٢٦- Genre: يطلق هذا المصطلح الفني على الصور التي تستمد موضوعاتها من الحياة الحقيقية والتاريخ العائلي domestic، أو من مجالات القصص الخيالي، ولا

يطلق هذا المصطلح على الصور التي توضح مناظر الأحداث التاريخية أو الدينية الهامة. ويتضمن هذا النوع من الصور تقليداً صادقاً للطبيعة، وتصويراً للنماذج على حقيقتها، ولقد مارس الفنانون هذا التصوير منذ العصور القديمة، ولعل أروع صور الـ Genre ما قام به الفنانون في هولندا (الدول المنخفضة)، كما قام فنانو مدرسة التصوير الإنجليزية بنصيب طيب في هذا المجال، ولا سيما منذ أيام الفنان هوجارث.

٢٧- دوناتو دوناتلو Donato Dontello (حوالي ١٣٨٦-١٤٦٦): نحات فلورنسي في بداية عصر النهضة، تخلى عن أساليب العمارة القوطية إلى الأسلوب الواقعي. من أهم آثاره تمثال داود ويوحنا المعمدان وجتمالاته (١٤٥٣).

٢٨- نيكولو مكيافيلي Niccolo Maciavelli (١٤٦٩-١٥٢٧): مؤلف وسياسي إيطالي، شخصيته بارزة في عصر النهضة، ولد بفلورنسا، ولعب دوراً هاماً في جمهورية فلورنسا (١٤٩٢-١٥١٢). أوفد في عدة سفارات إلى فرنسا والى البابا، ألف فرقة من المليشيا لمعاونة مجلس الجمهورية، ابتعد عن الحياة العامة إبان حكم أسرة مديتشي (١٥١٢) وألف في تلك الفترة أهم كتبه، في طليعتها (الأمير) حلل فيه أساليب الحكم كما يراها، وصفات الحاكم الناجح، نجح مؤرخاً في كتابه (تاريخ فلورنسا).

٢٩- بنفنوتو شليني Benvenuto Cellini (١٥٠٠-١٥٧١): نحات إيطالي وصانع حلي ممتاز، ولد في فلورنسا، تتلمذ على ميشيل أنجلو وباندنيلي وماركوني، نُفي من فلورنسا عقب مبارزة، وانصرف إلى روما، حيث عمل بها، وقد ترك عدة أعمال رائعة، ودون سيرة حياته في كتاب ممتع يعتبر مرجعاً في أحوال النهضة الإيطالية.

٣٠- فرا انجليكو Fra Angelico (١٣٨٧-١٤٥٥): هو جيوفاني دافيازولا، واسمه الأصلي جيودو دي بيترو، راهب دومنيكي إيطالي، ورسام موضوعات دينية، أهم مآثره الرسوم الجدارية (فرسكو) أو أورفيتو.

٣١- ساندرو بوتيشلى Sandro Botticelli (١٤٤٤-١٥١٠): رسام إيطالي، ولد في فلورنسا، كان يرعاه كثير من أسرات فلورنسية ثرية، ومن أهم آثاره (حياة موسى) وإغراء المسيح، قام برسوم كوميدية دانتي (محفوظة بمتحف برلين ومكتبة الفاتيكان).

إن ليوناردو دافينشي على ما كان ينقصه سيظل دوماً مثالاً شامخاً لكل العصور القادمة. كان عصر النهضة فترة تحلل، كما كان فترة إعداد وتجهيز، ويمكننا ان نقول نفس الشيء عن أي عصر آخر.. فتلك هي الحياة نفسها.

٣٢- جورج سارتون George Sarton (١٨٨٤-١٩٥٦): بلجيكي المولد، وأمريكي الجنسية، يعد في طليعة العلماء الذين ألفوا في تاريخ العلوم، قل ان تفرغ باحث لموضوع مثلما فعل، ففي سنة ١٩١١ تقدم إلى جامعة جنت البلجيكية برسالة للدكتوراة، موضوعها (ليوناردو الفنسي)، ومنذ ذلك اليوم أخذ يحاضر ويؤلف في العلم وتاريخه، رحل إلى الولايات المتحدة عام ١٩١٥، حيث امتد نشاطه إلى كبريات الجامعات، وأنشأ جيلاً من الباحثين، اعتزل التدريس عام ١٩٥١، وأهم مؤلفاته (مقدمة في تاريخ العلم) (١٩٢٩-٤٨).

٣٣- جون أدنجتون سيمنز John Addington Symonds (١٨٤٠-١٨٩٣): مؤلف انجليزي، ألف كتاب عصر النهضة في إيطاليا في سبعة مجلدات (١٨٧٥-٨٦)، ويعتبر من مأثورات تاريخ الحضارة.

٣٤- جيوفاني بوكاشيو Giovanni Boccaccio (١٣١٣-١٣٧٥): كاتب إيطالي، ولد في باريس، ورحل إلى نابلي، واتصل ببلاط روبرت دنجو، حيث التقى بملهمته ماريا دي كونتي داكوينو (فيا ميتا في قصصه المعروفة)، وانتقل بين فلورنسا وفورلي ورافنا، يعتبر أبا النثر الإيطالي المأثور، وذلك لتأليفه مائة قصة مشهورة باسم ديكامرون، استلهم كتاباته شوسر وشكسبير ودونانزيو.

٣٥- فيليبو برونلسشي Fillippo Brunelleschi (١٣٧٧؟-١٤٤٦؟م): معمار إيطالي، ولد بفلورنسا، شُهر بتأسيس أسلوب عمارة النهضة، ومن رواد واضعي النظريات العلمية في المنظور، من آثاره الهندسية قصر بتى Pitti، وكنيسة سان لورنزو وكابيلادى بازى ...الخ.

٣٦- ليوني بتستا ألبرتي Leone Battiste Alberti (١٤٠٤-١٤٧٢): معمار، ورسام، وعازف أرغن، وكاتب إيطالي، صمم كنيستي القديس أندريا بمانتو، وسان

فرنسسكو في رميني، وقصر ستروتسي، شُهر بأنه من أوائل مؤلفي قوانين الرسم المنظور العلمية.

٣٧- بيرو دلا فرنشسكا Piero Della Francesca (١٤١٠-١٤٩٢): مصور إيطالي من مدرسة أمبريا الفنية، نهض بعدة أعمال فنية في بروجوسان سبولكرو مسقط رأسه، عمل بفلورنسا واربينو واريزو وروما ألخ. يشبه الفنان مساشيو في أسلوبه، أكثر اعماله في الفرنسكو، له رسالة عن الرسم المنظور، من أهم روائعة قصة الصليب الحقيقي (١٤٥٢-١٤٦٦)، كنيسة سان فرنسسكو باريزو.

٣٨- كاستانيو، أندريا دل Andrea del Catagno (١٤٢٣-١٤٥٧): مصور فلورنسي من الواقعين، له رسوم زيتية لدانتي وبترارك وبوكاشيو وغيرهم.

٣٩- بولا يولو Pollaiuolo: أسرة من الفنانين الفلورنسيين، نبغ فيها جاكوبو بولا يولو، شهر صائغاً في القرن الخامس عشر، تتلمذ له ابنه انطونيو بولا يولو (١٤٢٩-١٤٩٨) الذي درس التشريح قبل إقدامه على ممارسة التصوير، لوحاته في متحف الأوفيزي (فلورنسا)، وشُهر أفراد آخرون في الأسرة بالتصوير.

٤٠- أندريا دل فيروكيو Andrea del Verrocchio (١٤٣٥-١٤٨٨): نحات ومصور فلورنسي في أوائل عصر النهضة - تتلمذ على يد دوناتلو- عمل ليوناردو دافنشي بمصنعه، قام بعمل تمثال بارتولوميو كوليوني في البندقية.

٤١- نيكولو ثارثاليا Nicolo Tartaglia (١٥٠٦-١٥٥٧): ولد بيرشيا، رياضي إيطالي ومن أشهر علماء القرن السادس عشر، ولا سيما لاستكشافه حل المعادلة التكعيبية (قانون ثارثاليا)، له مؤلف عن المدفعية وآخر في الأرقام أو المقاييس من جزئين.

٤٢- كرادفوس وجبروم، وجيرولامو Girolame Cardano (١٥٠١-١٥٧٦): رياضي وفيزيائي وعالم بالتنجيم، إيطالي تعلم الطب في بادوا، ودرس الجبر بميلانو (١٥٣٤) والطب في بافيا وبولونيا، وحوكم لاتهامه بالهرطقة والاستدانة، ولما انتهت مدة حبسه عاد إلى روما، له مؤلفات هامة في العلم والفلك والتنجيم والطب والبلاغة، ودوّن تاريخ حياته (١٥٧٦).

٤٣- لودوفيكو فراري Ludovdico Ferrari (١٥٢٢-١٥٦٠): رياضي إيطالي ولد ببولونيا، قام بحل عدة مشاكل رياضية متبعاً في ذلك جهازاً علمياً يطلق عليه اليوم طريقة فراري، لم يترك مؤلفات علمية، ولكن نتائج بحوثه نشرها كاردان في (١٥٤٥).

٤٤- باولا توسكانيلي Paola Toscanelli (١٣٩٧-١٤٨٢): إيطالي، عالم بالجغرافيا الرياضية والرياضيات، قيل ان خريطة العالم التي رسمها هي التي اهتدى بها كرستوفر كولمبس في أثناء رحلته لكشف العالم الجديد.

٤٥- كوبر نيكوس نيكولاوس Copernicus Nicolaus (١٤٧٣-١٥٤٣): مؤسس علم الفلك الحديث، ولد في بولنده، والتحق بجامعة كراكاو (١٤٩١)، ودرس القانون والطب، ألقى محاضرات في الفلك في روما (١٥٠٠)، وقضى معظم حياته في فرمبورك طبيباً، نشر رسالته في علم الفلك (١٥٤٣)، وقد خلد ذكراه العلمية.

٤٦- فيليبوس أورليوس باراسيلسوس Aureolus Paracelsus: واسمه الحقيقي ثيوفر استوس، بوماستوس فون هوهنيهم Bonbastus von Hohenheim (١٤٩٣-١٥٤١): فيزيائي سويسري وكيماوي، ابتكر عدة عقاقير، وألف فيها كتباً كثيرة.

٤٧- ليوناردو فوكس Leonardo Fuchs (١٥٠١-١٥٦٦): طبيب وعالم نبات ألماني، ولد في ممبدنجن ببافاريا، ومات في فينا، ترك مؤلفات جليلة.

٤٨- هيرونيموس بوش Hieronymus Bosch (١٣٥٠-١٥١٦): مصور هولندي، شُهر بصوره الخيالية ولوحاته في الموضوعات العادية، كما عني بالصور الدينية.

٤٩- جيورجيو فساري G. Vasari (١٥١١-١٥٧٤): ولد بفلورنسا، معماري إيطالي ومصور ومؤلف. تلقى أصول التصوير حتى عام ١٥٣١، ثم نصحه ميكل أنجلو بأن يتحول إلى دراسة العمارة، طلب إليه الكاردينال فرويس اني يجمع سير رجال الفن والنحت والعمارة في مؤلف كبير، فلبى الطلب، وانتهى منه عام ١٥٥٠، وترجع شهرة فساري إلى هذا المؤلف، وليس إلى أعماله المعمارية أو التصوير.

٥٠- جيوتو (١٢٦٦-١٣٣٧) Giotto: فنان فلورنسي، له أثر كبير في تطور التصوير الأوروبي خلال النهضة، ولا سيما في تصوير الطبيعة والوجوه المعبرة وتخيل الحركة، من أشهر روائعه الرسوم الجصية في كنيسة القديس فرانسيز الأسيزي، كان تشيمابو من تلامذته.

٥١- ألبرخت دورر A. Durer: ابن صائغ، عاش في نوربنرج عام ١٤٥٥، تتلمذ لأبيه أولاً، ثم لميشيل ولجموت المصور، قام برحلة طويلة زار في خلالها أمهات المدن الفنية، وفي عام ١٤١٤ سافر إلى البندقية، وعاد إليها ثانية، وقد التقى بجيوفاني بليني الذي أعجب به كثيراً، عمل على دراسة الرياضيات والهندسة واللاتينية والآداب الإنسانية، واختلط كثيراً بالعلماء، ولدورر نتاج فني ضخم يشتمل على المنقوشات، على الخشب والصور والمخططات، كما انه كتب عدة رسائل في الهندسة والتحصين والنظريات الفنية، وكان دورر بمثابة الحلقة الرئيسية التي انتقلت بوساطتها أفكار النهضة وقوالبها إلى الشمال، وهو في طليعة الفنانين الذين اشتهروا بروائع النقوش على الخشب والنحاس، وهي اليوم في متاحف الفنون العالمية: اوجسبرج، برلين، ولوستن، بودابست، كاسل وكولونيا ودرسدن وفلورنسا ولشبونة ولندن ومدريد.. الخ.

٥٢- جان فان أيك (حوالي ١٣٩٠-١٤٤١) J. van Eyck: أحد مؤسسي مدرسة التصوير الفلمنكية، ومن أوائل الذين استخدموا الزيت في تصوير اللوحات، استمرت أعماله الفنية طوال حياته، وقد امتاز بالمهارة الفذة وقوة الابداع، ولذلك يعتبر بحق الفنان الأول لمدرسة الفن الهولندية الأولى، تعرض إلى اليوم أعماله الفنية في متاحف أمستردام ونيويورك وانفرس وجنت .. الخ.

٥٣- مساتشيو (حوالي ١٤٠١-١٤٢٨) Masaccio: مصور فلورنسي من رواد عصر النهضة، اسمه الحقيقي توماسو جويدي، أنتج جصيات (فرسكو) نادرة، أهمها في محراب كنيسة القديسة ماريا دل كرميني بفلورنسا التي أعجب بها أنجلو ورفاييل، ويعتبر مساتشيو في طليعة الذين استعملوا المنظور العلمي في معالجة الصور الحية والمناظر البرية.

٥٤- كلوس سلوتر (حوالي ١٣٨٠-١٤٠٦) C. Sluter: أعظم نحات واقعي في أوائل القرن الخامس عشر۔ وقد أثرت مدرسته في اثنين من العباقرة هما جان فان أيك، ودوناتلو (القرن ١٥)، عمل كثيراً لبلاط فيليب الجسور دوق برجنديا، مع أنه كان هولندي الأصل، استقر فترة طويلة من حياته في ديجون يعمل مع نحات الدوق جان دي مارفيل، إلى ان تولى بنفسه هذا المنصب عام ١٤٩٨، نشر مجموعة من الرسوم المحفورة على الخشب توضح آخر سفر في الإنجيل.

٥٥- دوناتلو (حوالي ١٣٨٦-١٤٦٦) Donatello: نحات فلورنسي۔ في بداية عصر۔ النهضة، تحول عن أسلوب العمارة القوطي إلى الواقعية، من أهم روائعه تمثال داود ويوحنا المعمدان والفارس جتمالاته (١٤٥٣)، يعتبر أعظم نحاتي فلورنسا قبل ميكل انجلو، وقد انتقل أثره إلى البندقية، وكان صديقاً لبرونلسكي وجيرتي، وتمثال داود النحاس يعتبر أول عمل مستقلاً عار عن أي بناء من وقت سقوط الدولة الرومانية، ويمتاز بجماله ورشاقته وبساطته.

٥٦- أميروجيو لورنزتي (١٣١٩-١٣٤٨) Lorenzetti: شقيق بيترو، وهما مصوران من مسيينا، أدخلا تصوير الطبيعة في الفن السييني، وقد تأثرا بجيوفان بيسانو، ومعظم أعمالهما الفنية في كنائس مسيينا.

٥٧- فلاسكيز دييجو (١٥٧٧-١٦٦٠) Velasquez: من أشهر مصوري المدرسة الإسبانية، ولد بإشبيلية من أصل برتغالي، وتتلمذ لفرنسسكو دي هيريرا، وفرنسسكو باتشيكو نزح على مدريد ١٦٢٢، وأصبح مصوراً لبلاط فيليب الرابع، محتفظاً بهذا المنصب طوال حياته، تميز أسلوبه بتغلب القيم الفكرية على القيم العاطفية، روائعه في متاحف العالم الكبرى، كالبرادو بمدريد، والناشونال جاليري، ومجموعة فريك بنيويورك.

٥٨- أنتونيو بولايولو (١٤٣٢-١٤٩٨) A. Pallaiuolo، وشقيقه بيرو (١٤١١-٩٦) عملا مصورين ونحاتين ونقاشين..الخ في فلورنسا في النصف الثاني من القرن الخامس عشر، وقد عنى الاثنان بدراسة طائفة من المشاكل المتصلة بالفن، ولذلك يمكن ان يوضعا في مقدمة الفنانين قبل ليوناردو، وتنسب أروع الأعمال إلى انتونيو، وليس

إلى بيرو، ويلاحظ تأثرهما باثنين من مشاهير النحاتين، وهما دوناتلو وكستاينو، مـن أشـهر روائعهمـا: القـديس سبستيان، ومقابر عدد من بابوات روما.

٥٩- ميكل أنجلو (١٥٦٤-١٤٧٥) Michel Angelo: أعظم فنـان ظهـر في العـالم، أراد والـده ان يعـدّه للأعمـال التجارية، فلما لم يفلح ألحقه والده في سن الثالثة عشرة بمصنع المصور جرلندايو لمدة ثلاث سنوات، ظهـرت في أثنائها شدة ميله للنحت، ولفت ذلك نظر حاكم المدينة لورنزو دامديشي، فألحقه بمعهد النحت، ثم جعل لـه مرتباً شهرياً استمر يتناوله حتى مات هذا الأمـر، انتقـل مايكـل انجلـو مـن فلورنسـا إلى بولونيـا حيـث اتصـل بالأوساط الأدبية، وقرأ مؤلفات دانتي وبتراك، فأصبح شغوفاً بجمال الطبيعـة، ومعجبـاً بالمدينـة الكلاسـيكية، وفيما بين ١٥٠١-١٤٩٨ اشتغل في عمل مجموعة لم يُرَ لها من قبل نظير في عالم النحت، هي تمثـال عـذراء عـلى محياها حزن وحنان هما أجمل ما من الجمال، وفي حجرها جثة المسيح تتجسد في صورته السكينة والجمال والكمال، وهذه المجموعة موجودة بروما، ثم عمل تمثال (داوود) الذي يعتبر أيضاً من فرائد الفـن، أمـره البابـا بول الثالث بأن يعمل تصميماً لقبة كنيسة القديس بطرس بروما، فصدع للأمر وهـي اليوم وهـي مـن أعظم قبـاب العالم.

٦٠- تيتيان (حوالي ٤٨٧/٩٠-١٥٧٦) Titian: أعظم مصوري البندقية، وواضع اسس التصوير الحـديث، ويرفعـه بعض النقاد إلى مكانة رفائيل، وفي صوره تجتمع محاسـن فـن البندقيـة، وقـد صـور كثيراً مـن عظمـاء زمانـه، كالإمبراطور شارل الخامس وفرانسوا الأول، وفيليب الثاني، فكانت صوره مـن آيـات التصوير الشخصـي، صـوره الدينية كثيرة، وبعضها ضخم جداً، وهي من أفخر الصور، صوره الخمرية ليس في العالم ما يفوقها، كما ان تصويره للجمال عارياً كان أو مؤتزراً معجز لا يقلد، يرسم الأجسام في حال السكون وفي حـال الحركـة، سـواء أكانت خفيفة ام عنيفة بإتقان نادر المثال، معظم روائعه في مجموعات إيطاليا.

٦١- بيتربول روبنز (١٦٤٠-١٥٧٧) P. Rubens: من مشاهير المصورين الفلمنك، له حـوالي الألفـين مـن الصـور البديعة، مع ان الفن لم يكن إلا جزءاً من مشاغل هذا العبقري، إذ طالما قام بمهام سياسـية في إيطاليـا وإسـبانيا وإنجلترا في خدمة ملك

الإسبان، وغيره من الحكام، ولم ينصرف إلى التصوير انصرافاً كلياً إلا في أواخر أيامه، غير ان كثيراً من صوره كان لا يعمل فيها بنفسه إلا الرسم الأولي الإجمالي واللمسة الأخيرة السحرية، أما ما بين هذا وتلك يتركه لمساعديه وتلاميذه، ومن الأمثلة الجميلة على اشتراك تلاميذه معه (المسيح في بيت مرتا ومريم)، فالمناظر البرية فيها من تصوير بروجل، والمباني من تصوير فان ديلن، والجزئيات من تصوير جانج فان كيسل، ولروبنز تأثير كبير في تاريخ فن التصوير.

٦٢- هانس مملنج (١٤٩٤-١٤٣٠) Hans Memling: مصور فلمنكي شُهر بالموضوعات الدينية، وهو من تلامذة مدرسة جان فان أيك درويدن، أعماله موزعه بين متاحف الفنون في بروج وانفرس وبرلين وبوستن وشيكاجو وكوبنهاجن...الخ.

٦٣- ماتياس جرونفلد (١٥٣٠-١٤٨٠) Grunewald: مصور ألماني عالج التصوير الديني، وقد شُهر بلوحة في كلمار تمثل انفعالات المسيح، روائعه قليلة موزعة في متاحف بازل وفرنكفورت وكارلسروه وميونخ وواشنطن.

٦٤- بروجل الكبير (Elder) Breugelh: اسم لأفراد عدد كبير في أسرة بروجل الفلمنكية، اشتهروا مصورين، وقد عرف رئيسهم هذا بتصوير اللوحات التي تبين معيشة المزارعين والمناظر البرية وحوادث الكتاب المقدس.

٦٥- سيموني مرتيني (١٣٤٤-١٢٨٣) Simone Martini: زعيم إحدى مدارس التصوير في سيينا، وتأثر بجيوفني بيسانو النحات، وبالفن القوطي الفرنسي، وكان أول ما عمل جصية جدارية كبيرة في قاعة مدينة سيينا، أقام في أفينيون عدة أعوام، وكان البابا قد جعلها مقاماً له، روائعه موزعة بين أنفرس وبرلين وبوستون وكمبردج ولننجراد ولندن ونيويورك واللوفر والفاتيكان.

٦٦- فتوري كاربتشو (حوالي ١٥٢٦-١٤٦٠) Vittori Carpaccio: مصور بندقي، تأثر كثيراً بأعمال المصور الكبير بليني، وترك روائع ممتازة في متاحف الفنون العالمية.

٦٧- باولو أوتشلو (١٨٧٥-١٣٩٦) Paolo Uccello: مصور فلورنسي، كان في طليعة المصورين الذين استعملوا الخطوط الدقيقة لإيجاد البعد الثالث أو المنظور في

لوحاتهم، روائعه موضوعة في الناشونال جالري بلندن والأوفيزي بفلورنسا وباللوفر، ومن لوحاته (معركة سـان رومانو).

٦٨- شنينو شنيني (حوالي ١٣٧٠-١٤٤٠) Cennini: مصور إيطالي، كتب رسالة التصوير في القرن الرابع عشر ـ (١٤٣٧)، ونشرت عام ١٨٢١.

٦٩- جان فرمير (١٦٣٢-١٦٧٥) Vermeer: تأخر تقدير هذا المصور الهولندي سنين طويلة. لم يعرف إلا القليـل عن حياته، ولم يهتد إلى لوحاته حتى منتصف القرن التاسع عشر، تأثر كثيراً بتعاليم كارل فبريتيوس وربما تتلمذ له، وتميّز فنه بتوزيع الأضواء والظلال، وبرع في تصوير المشاهد داخل المساكن، وكان يميل إلى الهدوء، ويستغرق وقتاً طويلاً في إنتاجه، ولذلك ترك أقل من أربعين لوحـة تزين متـاحف هولنـدا والنمسا والولايـات المتحدة.

٧٠- فان رين رمبرانت (١٦٠٦-١٦٦٩) V. Rembrandt: مصور ونقاش هولندي، ومن أعظم فناني العالم، صور ثلاثمائة وخمسين صورة بفرجونة، ومثلها نقشاً بماء الفضة، تتجلى في تصاويره القوة وبهجة الحياة والجمال مـع التلاعب بين النور والظل.

٧١- جاكوبو تنتورتو (١٥١٨-١٥٩٤) Jacobo Tintoretto: من كبار فناني البندقية، وكان يشبه ميكـل أنجلـو في قدرته على الابتكار وفي سرعة خاطره وسرعة يده، وفي اندفاعه وحماسته في العمل، وفي كبر صوره، ومقدار عمله عظيم جداً، فقد غطى مساحات كبيرة من الجدران والسقوف بصور، بعض موضوعاتها مألوفة، ولكن ريشـته كانت تكسيها حدة لم تكن لها من قبل، وقد أجاد تنتورتو رسم المناظر البرية، وجمع إلى الخيال القـوي معرفـة بشؤون الحياة، مكنته دراسته الدقيقة لجسم الإنسان من رسم الجماعات بإتقان فائق.

٧٢- جيوفاني لونزو برنيني (١٥٩٨-١٦٨٠) G. Bernini: نحات ومعمار ومصور إيطالي، ولد في نابولي، وصار من رجال البابا أوربان الثامن، مؤسس الأسلوب البرنيني، وخلف مادونه في الإشراف على بناء كنيسة بطرس بروما، وقد أكمل تشييد قصر بربريني ومن مآثره بياتزا نافونا وتريفي وبربريني...الخ، وله عدة تماثيل رائعة.

٧٣- كلود لورين Claude Lorraine: (١٦٠٠-١٦٨٢): مصور فرنسي امتاز فنه بتصوير المشاهد الفسيحة المنيرة والمناظر البرية، اسمه الأصلي كلود جيلية، أقام في روما عام ١٦٢٧ تحت رعاية البابا أوربان الثامن.

٧٤- جيوفاني باتيستا تيبولو G. Tiepolo (١٦٩٦-١٧٧٠): مصور بندقي، أحيا منهج الباروك البندقي، اكتسب الشهرة للوحاته الجدارية التي صورها في قصر لابيا وقصر الدوج في فنيسيا، عمل في ورزبرج ومدريد (بعد عام ١٧٦٣٦)، حيث قام بعمل الجداريات (الفرسكو) بالقصور. له عدة صور زيتية، وعرف بمهارته الفذة.

٧٥- كوريجيو (١٤٩٤-١٥٣٤) Corregio: مصور إيطالي في طراز الباروك، اسمه الأصلي أنتونيو ألجيري، أثر كثيراً في الفن الإيطالي في القرنين السادس عشر والسابع عشر برسمه الصور المصغرة، وبرقة استخدامه الضوء والظل والألوان، من أهم روائعه الجصية العظيمة (صعود العذراء) المصورة على قبة كاتدرائية بارما.

٧٦- أندريا بوزو (١٦٤٢-١٧٠٩) A.Pozzo: كان أحذق جميع المصورين في الرسم المنظور، ولد وتلقى علومه في شمال ايطاليا، وأصبح قسيساً، ولذلك لقب كثيراً (بالأب)، عمل في روما، ثم سافر في فيينا حيث مات، وقد كتب رسالة في الرسم المنظور، كان له تأثير كبير بين الفنانين، وقد ترجمت إلى اللغة الإنجليزية في عام ١٦٩٣ والى الصينية عام ١٧٣٧.

٧٧- بيروجينو (١٤٤٥-١٥٢٣) Perugino: مصور ولد في أمبريا بالقرب من بروجيا، تتلمذ لليوناردو دافنشيـ في استوديو فيروكيو بفلورنس، واستدعاه البابا سكستوس السادس إلى روما عام ١٤٨٠ لتصوير بعض المناظر في كنيسة سيستين، تتلمذ رفاييل عليه في بروجيا، شهرت روائعه برقتها وجمالها.

٧٨- فرنشسكو جواردي (١٧١٢-١٧٩٣) F. Guardi: مصور مشاهد برية من البندقية، أبدع كثيراً في لوحاته وفاق أستاذه كناليتو.

٧٩- جان جوزيفسون فان جوين Van Goyen (١٥٩٦-١٦٥٦): هولندي ومصور ممتاز في المشاهد البرية، يمتاز بتفضيله الجو العام للصورة عن التفصيلات.

٨٠- هركيوليز سيجرز (١٥٨٩/٩٠-١٦٣٨) H. Saghers: مصور هولندي أجاد تصوير المشاهد البرية، وقد أثر كثيراً على فن رمبرانت، وامتاز في الرسم بأسلوب الحفر، أعماله الرائعة معروفة في كثير من متاحف الفنون.

٨١- بول سيزان (١٨٣٩-١٩٠٦) Paul Cezanne: مصور فرنسيـ له مكانة رفيعة في الفن الفرنسيـ الحديث، تتلمذ لبيسارو، وعرض بعض أعماله في معرض الانطباعيين عام ١٨٧٤، نجح كثيراً بأسلوبه الأصيل، وتأثر به كثير من الفنانين، يمتاز بألوانه الحية، وتعمقه في الظلال والخطوط العامة، له روائع زيتية ومائية، وسما في رسم المشاهد البرية لا سيما لإقليم بروفانس.

(انظر جيمس وستغال تومسون وآخرون، حضارة عصر النهضة، ترجمة عبد الرحمن زكي، دار النهضة العربية القاهرة. د.ت، ص ٥٩-٧٣).

المصادر والمراجع

- تاريخ الحضارات العام، (بإشراف) موريس كروزيه، الطبعة الثانية، منشورات عويدات، بيروت – باريس، ١٩٨٧.

- جان بيرنجيه وآخرون، أوروبا منذ بداية القرن الرابع عشر وحتى نهاية الثامن عشر، ترجمة وجيه البعيني، مراجعة أنطوان أ. الهاشم، الطبعة الأولى، منشورات عويدات، بيروت – باريس، ١٩٩٥.

- خليل علي مراد وآخرون، **دارسات في التاريخ الأوروبي الحديث والمعاصر**، دار الكتب للطباعة والنشر، جامعة الموصل، ١٩٨٦.

- عبد الحميد البطريق وعبد العزيز نوار، **التاريخ الأوروبي الحديث من عصر النهضة إلى أواخر القرن الثامن عشر**، دار الفكر العربي، القاهرة، ١٩٨٢.

- عبد العظيم رمضان، **تاريخ أوروبا والعالم الحديث من ظهور البرجوازية الأوروبية إلى الحرب الباردة**، الهيئة المصرية العامة للكتاب، القاهرة، ١٩٩٧.

- ول ديورانت، **قصة الحضارة**، ترجمة محمد بدران، ترجمة الإدارة الثقافية في جامعة الدول العربية، القاهرة (د.ت).

- نقولا قطان، **تاريخ أوروبا السياسي والثقافي**، ١٩٤٥-١٥٠٠، الطبعة الأولى، (د.ن) ١٩٥١.

المحتويات

Printed in the United States
By Bookmasters